应用型人才培养产教融合专业核心课程教材·教育学系列

四川省级一流本科课程"幼儿园实践"配套教材

学前教育实践教程

主　编：边保旗　徐冬梅
副主编：李　潘　万　锐　颜泽娅　孙晓娇

图书在版编目(CIP)数据

学前教育实践教程 / 边保旗, 徐冬梅主编. —— 北京：北京大学出版社, 2025.6. —— (应用型人才培养产教融合专业核心课程教材). —— ISBN 978-7-301-36387-4

Ⅰ.G61

中国国家版本馆CIP数据核字第2025MM1240号

书　　名	学前教育实践教程 XUEQIAN JIAOYU SHIJIAN JIAOCHENG
丛书主编	边保旗
著作责任者	边保旗　徐冬梅　主　编
策划编辑	温丹丹
责任编辑	李　玥　刘嘉宁
标准书号	ISBN 978-7-301-36387-4
出版发行	北京大学出版社
地　　址	北京市海淀区成府路205号　100871
网　　址	http://www.pup.cn　新浪微博：@北京大学出版社
电子邮箱	编辑部 zyjy@pup.cn　总编室 zpup@pup.cn
电　　话	邮购部 010-62752015　发行部 010-62750672　编辑部 010-62756923
印 刷 者	河北滦县鑫华书刊印刷厂
经 销 者	新华书店 787毫米×1092毫米　16开本　13.5印张　341千字 2025年6月第1版　2025年6月第1次印刷
定　　价	46.00元

未经许可, 不得以任何方式复制或抄袭本书之部分或全部内容。

版权所有, 侵权必究

举报电话: 010-62752024　电子邮箱: fd@pup.cn

图书如有印装质量问题, 请与出版部联系, 电话: 010-62756370

丛书总序

教育与产教融合的"吉利实践"

"除了造车，教育是我心底最柔软的情怀。"这是吉利控股集团董事长李书福在多种场合的深情表达。因材施教、释放学生潜能的教育改革，可为不同潜力的学生提供多样化的教育路径和发展机会。二十多年来，吉利一手造汽车、一手办教育，不断探索产教融合的路径与方法，始终秉持"教育是公益性慈善事业，一定要长期坚持，把好事办好，做成千秋大业"的初心。而今恰逢北京大学出版社与吉利学院联合推出产教融合系列教材，谨以"吉利实践"为蓝本，与诸位共探教育与产业协同发展的深层逻辑。

一、教育初心与产业使命

"吉利办教育既是一种责任，也是一种情怀；既是对教育事业的向往，也是因地制宜，为汽车工业发展提供人才保障。"这份初心，推动我们自1997年创办第一所职业学校起，持续探索教育与产业的深度融合。

吉利开展教育事业近三十年，始终坚持教育的非营利性，坚持产教融合，坚持守正创新，已形成覆盖中高职至研究生的多层次培养体系，累计为社会输送二十余万名应用型人才，其中80%进入汽车、智能制造等关键领域。这印证了我们的信念：教育是国家发展的基础，也是国家最重要的竞争力。

二、产教融合的"吉利方案"

在实践中，我们提出"左厂右校"的校企互通模式——产业基地建在哪里，学校就办在哪里，根据企业岗位需求开设课程，将企业真实案例编入教材，把企业研发课题引入课堂，由企业工程师和学校教师共同组成教学团队，真题真做，产学研合作，教学做一体，让学生毕业即能胜任高价值岗位。以吉利学院为例，依托成渝双城经济圈产业生态链，我们创建汽车创新设计、工业互联网、新能源汽车、绿色能源动力、航空航天、数字营销、金融科技、汽车未来技术等现代产业学院，"学科瞄准优势行业，专业对接头部企业，课程解决关键岗位问题"，实现教育链与产业链的闭环对接。

此次与北京大学出版社合作推出的产教融合系列教材，正是这一理念的延伸——"教材不仅是知识的载体，更是连接理论与实践的纽带"，将一线技术、管理经验转化为系统化知识，缩短课堂与岗位的距离，打通知识与能力的藩篱。

三、个性化教育与数字化赋能

面对技术变革与人才需求的多元化，我们提出"学习不应该是为了考试，要培养有真本事、硬功夫的学生"。吉利学院通过智慧校园平台动态分析学生兴趣与特长，利用大数据、AI技术制定个性化学习计划，打破"千人一面"的流水线模式，构建"学业+实践+特长+品德"综合评价体系,形成"千人千面"培养格局。

数字化时代,教育更需突破时空限制。我们通过"芯位教育"线上平台整合全球资源,推动虚拟实验室、智能辅导等数字化工具的应用。目前,该平台已连接东盟十余所院校,学生可远程参与马来西亚 DRB-HICOM Berhad 集团的产线实训,或通过元宇宙平台模拟智能合约开发,实现"虚实融合、终身学习"。

四、建设"三个校园",开创教育无限可能

在"2024 世界职业技术教育发展大会"上,李书福董事长提出了"三个校园"的创新设想。这"三个校园"分别为:打破院校与企业边界的"跨界校园",突破时空限制的"跨区校园",线上线下协同的"跨线并行校园"。通过"三个校园"的紧密合作,能够形成"产教通"稳定的人才梯队和合作文化,打造绿色、可持续发展的教育生态。这一设想是吉利教育思想的最新诠释。

产教融合的核心是供需双方的深度互信——"职业技术教育要基于校企各自资源的有效融合,即院校要弄懂企业经营逻辑,企业要理解院校学术逻辑,供需双方紧密合作,形成'产教通'的稳定人才梯队"。吉利学院与北京大学、海南生态软件园等共建"区块链产教融合实验室",正是这一理念的落地——企业导师驻校授课,学生参与横向课题,科研成果反哺教学。

"产学研结合,这是吉利学院的特点,学以致用。"我们始终践行"走进校园是为了更好地走向社会"的办学理念,希望这套教材能成为校企协同的新纽带,助力更多学生"在真实赛道中触摸前沿技术,课堂学理论、赛道练本领"。

未来,我们将继续以公益之心办教育,与行业、院校、出版机构携手,探索教育无限可能,让教育真正成为推动社会进步的"绿色引擎"。

吉利学院
2025 年 5 月

前　言

学前教育专业是培养高素质幼儿教师的关键领域，系统且科学的专业教育有助于培养学生扎实的理论功底、过硬的实践能力和深厚的职业素养。随着人口结构变化与社会发展，学前教育专业肩负着为行业输送优秀人才的重要使命，这对学生的专业成长提出了更高的要求。学生不仅需要掌握幼儿发展规律与教育方法，而且需要具备创新教学能力、活动设计能力和团队协作能力。本书立足学前教育专业人才培养需求，旨在帮助学生构建完整的知识体系，锤炼实践技能，使其能够从容胜任新时代幼儿教育工作，成为推动学前教育高质量发展的中坚力量。

本书是四川省级一流本科课程"幼儿园实践"的配套教材，是学前教育专业实践教学体系的重要参考用书。书中构建了"理论奠基—教育见习—教育研习—教育实习—综合实训"五段进阶式实践教学体系，贯穿学前教育专业人才培养全过程。本书共分为五篇十四章，内容涵盖了学前教育的方方面面。从幼儿园基础认知开始，通过教育见习的系统观察、教育研习的反思探究、教育实习的实操演练，最终实现综合实训的能力整合，各环节有机衔接，形成完整的专业实践培养闭环。我们希望学生不仅能够掌握扎实的学前教育理论知识，更能在实践中灵活运用，成为真正意义上的"知行合一"的学前教育工作者。

在编写过程中，我们力求体现以下几个特点：

1. 理论与实践深度融合。既注重学前教育基本理论的阐述，又强调实践操作的重要性，通过大量案例分析和实践活动设计，帮助学生将理论知识转化为实践能力。

2. 电子资源丰富。作为产教融合的典范成果，本书配套了大量在幼儿园真实场景拍摄的数字资源，包括幼儿一日生活各环节实操，教师教学活动实录及游戏指导示范等，让学生能够突破时空限制进行直观学习。

3. 全面性与系统性。本书系统涵盖学前教育的各个领域，从幼儿园管理到幼儿心理发展，从教学活动设计到游戏指导，形成了完整、系统的知识体系，为学生提供全方位的学习支持。

4. 可读性与实用性。本书语言通俗易懂，结构清晰明了，注重实用性，便于学生自主学习和实践应用。

本书由四川省级一流本科课程"幼儿园实践"负责人、吉利学院边保旗教授与成都艺术职业大学徐冬梅共同担任主编，并负责确定编写开发思路、统筹电子资源建设和完成统稿工作；吉利学院李潘、西北师范大学万锐、吉利学院颜泽娅及孙晓娇担任副主编。具体编写分工如下：颜泽娅编写第一篇，徐冬梅编写第二篇，孙晓娇编写第三篇，李潘编写第四篇，万锐编写第五篇。

在本书的编写过程中，得到了众多业内人士与单位的鼎力支持。衷心感谢吴克勤园长、陈先蓉园长、王燕园长、雷欢园长、杨晶园长、赖红园长、刘红霞园长、刘永娟园长、毛书静主任为教材编写提出的宝贵建议。此外，也特别感谢成都市第十五幼儿园、成都市龙泉驿区书房幼儿园、成都市高新区第一幼儿园、成都市高新区第二幼儿园对数字资源拍摄工作的积极配合。

我们衷心希望本书能够成为广大学前教育专业学生、学前教育工作者及研究人员的参考用书。同时，我们也期待广大读者在使用过程中提出宝贵意见和建议，以便我们不断完善和改进，共同促进学前教育事业的繁荣发展。

编 者

2025 年 6 月

本书配套资源

本二维码内包含微课视频，读者扫描右侧二维码，即可获取视频资源。本书采用"一书一码"的形式，相关资源仅供一个人使用，二次扫描将无法获取资源。

学前教育实践教程
请刮开后扫描获取本书资源
本码2030年12月31日前有效

目 录

第一篇　走进幼儿园

第一章　认识幼儿园 ·· 3
第一节　幼儿园的发展 ·· 3
第二节　幼儿园的概述 ·· 4

第二章　认识幼儿教师 ··· 8
第一节　幼儿教师工作概述 ··· 8
第二节　幼儿教师的职业道德 ··· 9

第三章　认识幼儿 ·· 13
第一节　幼儿及其身心发展的基本认识 ····································· 13
第二节　幼儿教育的基本认识 ·· 15

第二篇　教育见习指导

第四章　幼儿园一日生活流程——观察篇 ································· 23
第一节　幼儿园保育活动 ··· 23
第二节　幼儿园教育活动 ··· 35
第三节　幼儿园游戏活动 ··· 55
第四节　幼儿园环境创设 ··· 65

第五章　幼儿教师及幼儿——观察篇 ·· 72
第一节　观察、理解幼儿教师及保育员 ····································· 72
第二节　观察、理解幼儿 ··· 74

第三篇　教育研习指导

第六章　幼儿教师职业感悟 ·· 91
第一节　幼儿教师的职业性质和意义 ··· 91

第二节　幼儿教师职业感悟的构成 ·· 94

第七章　教育理念研习 ··· 98
第一节　儿童观 ··· 98
第二节　教育观 ··· 101
第三节　教师观 ··· 105

第八章　课堂教学研习 ··· 109
第一节　教学内容研习 ·· 109
第二节　教学过程研习 ·· 122
第三节　教学评价研习 ·· 123

第九章　班级管理工作研习 ··· 127
第一节　幼儿园班级 ··· 127
第二节　幼儿园班级管理工作研习 ··· 128

第十章　教育调查研究研习 ··· 134
第一节　教育调查研究的意义与内容 ·· 134
第二节　教育调查研究的主要方法 ··· 138

第四篇　教育实习指导

第十一章　幼儿园一日生活流程——实践篇 ··························· 145
第一节　幼儿园保育活动 ··· 145
第二节　幼儿园教学活动 ··· 158
第三节　幼儿园游戏活动 ··· 160
第四节　幼儿园环境创设 ··· 163
第五节　家园共育 ·· 165

第五篇　综合实训指导

第十二章　幼儿园保育技能训练 ·· 169
第一节　幼儿心理发展 ·· 169
第二节　幼儿行为管理 ·· 172
第三节　幼儿安全和急救 ··· 175
第四节　游戏与活动设计 ··· 179
第五节　语言和沟通技巧 ··· 182

第十三章 幼儿园教育活动设计 ·· *187*
　第一节　幼儿园教育活动设计概述 ·· *187*
　第二节　幼儿园教育活动设计步骤 ·· *189*

第十四章 幼儿园游戏指导与观察 ·· *192*
　第一节　幼儿园游戏概述 ·· *192*
　第二节　幼儿园游戏的评价及案例 ·· *199*

第一篇
走进幼儿园

第一章
认识幼儿园

第一节 幼儿园的发展

一、幼儿园设立的意义

幼儿园为幼儿提供了一个重要的早期教育环境,对幼儿的成长和未来发展至关重要。通过精心设计的课程和活动,幼儿园不仅帮助幼儿发展社交技能、提升认知能力,还促进幼儿的情感成熟、培养幼儿的生活技能。在这里,幼儿开始学会与他人合作、分享,解决问题的能力得到培养,同时也在老师的引导下,形成积极健康的情感态度和健全的人格。

二、幼儿园发展历史

幼儿园是几百年前从普鲁士引进的体制。旧称蒙养院、幼稚园。它是进行学前教育的学校。根据《幼儿园工作规程》规定,幼儿园是对3周岁以上学龄前幼儿实施保育和教育的机构。

欧文于19世纪初创办了第一所幼儿学校。最初出现的幼儿教育机构多由一些慈善家、工业家举办,本质上是慈善性质的社会福利机构,那时的幼儿园叫"性格形成新学园"。

1837年,福禄贝尔在德国勃兰根堡创立了一个组织并招收了一批儿童,这是世界上最早创立的教育学龄前儿童的组织之一。在这个组织中,福禄贝尔既不对幼儿进行单调的操练,也不体罚。幼儿经常被带到大自然中去,有时他们一起在花园或室内劳动。他注重培养幼儿的动手劳作和集体活动的能力。经过几年的试验后,福禄贝尔提出,这样的学园应该叫"幼儿园",从此幼儿园的名称就被传播开来了。

中国最早的幼儿园思想出现在维新运动代表康有为的《大同书》中。后来清政府颁布了中国第一个带有资产阶级性质的系统学制。学制中规定了针对3~7岁儿童开展教育的蒙养院这一教育机构,其中最早出现的是创办于1903年的武昌模范小学蒙养院。在此之后,除了政府办的外,外国传教士和中国私人创办的幼儿园也出现了。

幼儿园根据经营的经济性质可分为两种:一种是政府教育系统所办的幼儿园、特殊行业办园、公办高校附属幼儿园、企事业单位办园等多种形式的公办园;另一种是民办园。

公办幼儿园是由政府财政出资设立并运营的公益性教育机构,属于国家学前教育体系的核心组成部分。其资金主要来源于财政拨款,收费低廉且执行政府统一定价,旨在保障适龄儿童尤其是户籍或政策优待群体的教育公平。公办园由教育部门直接管理,严格执行国家

《3—6岁儿童学习与发展指南》，课程设置规范统一，注重基础能力培养与集体生活适应。教师多为事业编制，稳定性高且薪资由政府保障，但课程创新与个性化教育相对受限。公办园通常按学区招生，学位紧张且优先本地户籍家庭，硬件设施标准化但更新较慢。近年来，政策通过新建小区配套幼儿园、扩大普惠学位供给等方式强化其覆盖面，使其成为普惠性学前教育的主力。

民办幼儿园由企业、社会组织或个人投资设立，通过市场化运营满足多样化教育需求，是社会力量办学的重要形式。其资金依赖学费、企业投资等自筹渠道，收费跨度较大，部分园所提供双语、蒙氏、艺术等特色课程。民办园管理灵活，但需通过教育部门资质审核并接受监管。师资以合同制为主，流动性较高且薪资与园所效益挂钩，但服务意识强，注重家长满意度。招生不设户籍限制，覆盖城市核心区至偏远地区，高端园多定位于中高收入家庭。政策通过生均补贴、购买服务等方式引导民办园转向普惠化，推动其与公办园协同发展，形成"保基本"与"强特色"互补的格局。

在个体经营的民办园中，一种是经营者资金充足、园舍环境优美、师资力量雄厚、在社会上有较好的影响、收费较高的幼儿园。这一类幼儿园也是为了适应家长和市场的需要而创办的。随着家庭收入增多，家长抱着"不能让孩子输在教育起跑线上"的观念，争相把孩子送到这些收费较高的民办园，当然家长对幼儿园各种要求也会更高，再者民办幼儿园的场地、办园硬件、各种特长班的艺术器具、教师工资等费用也随之水涨船高，这就从根本上决定了民办园要比公办园收费多。但由于民办园教师大都受过一定的专业训练，熟悉幼儿特点及认知规律，教学效果较好，同时经营者为了自己的幼儿园能多招收幼儿增加收入，会精心购置许多幼儿活动器材，因此在软硬件的配备上，家长会更满意，所以仍然能良性运作，甚至较公办园还更有竞争力。

第二节　幼儿园的概述

一、幼儿园的定义

幼儿园是3岁至6岁幼儿学习、生活、娱乐及保教的场所，是根据幼儿生理、心理发展的客观规律及其年龄特征，促进幼儿德智体美劳全面发展以及促进幼儿身心同步健康发展的教育机构。

二、幼儿园的特点

（一）基础性、启蒙性

从教育体制的角度看，幼儿园教育是学制的最初环节，是整个学制的基础。幼儿园课程作为学前教育的载体，直接影响幼儿当下的发展，还为幼儿今后甚至一生的发展奠定基础。

从人的发展角度看，幼儿正处于人生发展的起始阶段，是从懵懂迈开脚步走向社会的开始，因此幼儿园课程不寻求传授高深、系统的知识，只需让幼儿理解关于自然、社会与人类的最浅显的知识和观念，帮助幼儿认识周围的世界，启迪幼儿的智慧与心灵，培养他们优良的个性和品质。

（二）全面性、生活性

幼儿园课程是实现幼儿教育目标的手段，是实现幼儿全面发展的中介，因此，幼儿园课程是以实现幼儿在身体、认知、情感、社会性等方面的和谐发展为目标的，具有全面性。

幼儿在现实生活中，通过与大量的人、事、物互动，从而获得知识、习得态度、体验情感，形成个性。因此，幼儿园课程必然带有浓厚的生活性。课程内容主要来自幼儿生活，课程实施也是贯穿幼儿生活的。

（三）活动性、直接经验性

幼儿身心发展的特点决定了幼儿主要是通过感官来认识世界。在丰富感性经验的基础上，幼儿才能够理解事物，对世界形成相对抽象的认识。幼儿的这种行动性和形象性的认知特点，使得幼儿园课程必须以幼儿主动参与的教育性活动为其基本的构成成分。幼儿在活动中获得的直接经验是幼儿发展的根本，是幼儿理解世界的基础。

（四）潜在性、隐蔽性

与中小学课程相比，幼儿园课程的一个突出特点就是具有潜在性和隐蔽性。当然，中小学课程也包含隐性课程，但显性课程的影响要强大得多。

三、幼儿园的性质

（一）性质

幼儿园是幼儿从家庭走向社会的第一站，也是幼儿接受正规学校教育的预备场所。幼儿园的性质是多元化的，它既是教育机构，承担幼儿的教育教学任务；也是保育机构，保障幼儿的身心健康发展；同时，它还是服务机构，为家庭提供幼儿照护和教育的支持。

（二）3~6岁幼儿教育

3~6岁是幼儿身心发展的关键时期，也是他们认知能力、语言能力、社交能力等多方面能力快速发展的阶段。在这个时期，幼儿的大脑和神经系统都在迅速发展，他们的好奇心和求知欲也十分强烈。因此，幼儿园教育需要针对幼儿这一阶段的特点，提供适合他们的教育内容和方式。

在幼儿园教育中，教师应注重培养幼儿的学习兴趣、思维能力和创新能力。通过丰富多彩的活动和游戏，让幼儿在愉快的氛围中学习和成长。同时，教师还应关注幼儿的情感发展，帮助他们建立自信心和自尊心，培养他们的协作精神和团队精神。

（三）教育目标

幼儿园的教育目标是多方面的，旨在促进幼儿的全面发展。具体来说，这些目标包括以下几个方面。

培养基本生活技能和良好生活习惯：幼儿园注重培养幼儿的生活自理能力，如穿衣、洗漱、进餐等，同时帮助他们养成良好的卫生习惯和行为习惯。

激发学习兴趣和求知欲：通过各种游戏和活动，激发幼儿的好奇心和求知欲，培养他们的学习兴趣和探究精神。

培养语言表达能力：通过故事、儿歌、游戏等形式，培养幼儿的语言表达能力和沟通交流能力，帮助他们建立良好的语言环境。

促进身体协调性和运动能力发展：通过各种体育活动和游戏，增强幼儿的身体素质，提高他们的运动能力和协调性。

培养审美情趣和创造力：通过音乐、美术、舞蹈等活动，培养幼儿的审美情趣和创造力，激发他们的艺术潜能。

培养社交能力和团队协作精神：通过小组活动、角色扮演等游戏，培养幼儿的社交能力和团队协作精神，帮助他们建立积极的人际关系。

（四）教育内容

幼儿园的教育内容是根据幼儿的身心发展特点和教育目标确定的。具体来说，这些内容包括以下几个方面。

健康与安全教育：注重培养幼儿的安全意识和自我保护能力，同时关注他们的身体健康和营养状况。

语言与文学教育：通过儿歌、故事、绘本等形式，培养幼儿的语言表达能力和文学素养。

数学与科学教育：通过游戏和实践活动，培养幼儿的数学思维和科学探究能力，激发他们的探索欲望。

艺术与体育教育：通过音乐、美术、舞蹈、体育等活动，培养幼儿的审美情趣和身体协调性，提高他们的艺术素养和身体素质。

社会与情感教育：通过角色扮演、情景模拟等活动，培养幼儿的社交能力和情感表达能力，帮助他们建立积极的人际关系和情绪管理能力。

（五）教育形式

幼儿园的教育形式多样化，可以满足幼儿不同的学习需求和发展特点。具体来说，这些形式包括以下几个方面。

游戏化教学：将游戏融入教学过程中，使幼儿在愉快的氛围中学习和成长。这种教学方式能够激发幼儿的学习兴趣，提高他们的参与度和学习效果。

探究性教学：鼓励幼儿自主探究、发现问题并解决问题。通过提问、讨论、实验等活动，培养幼儿的独立思考和创新能力。

合作教学：通过小组活动、集体游戏等形式，培养幼儿的团队协作精神和社交能力。在合作中，幼儿可以学会倾听他人的意见、尊重他人的感受并共同完成任务。

实践性教学：组织幼儿参观博物馆、动物园等场所，让他们在实践中学习和成长。这种教学方式能够使幼儿更加直观地了解世界、感知生活并拓宽视野。

（六）环境设施

幼儿园的环境设施对幼儿的成长和发展具有重要影响。良好的环境设施不仅能够为幼儿提供安全、舒适的学习和生活环境，还能够激发他们的学习兴趣和创造力。具体来说，幼儿园的环境设施包括以下几个方面。

安全卫生的场地和设施：确保幼儿在学习和玩耍时的人身安全。幼儿园应定期对场地和设施进行检查和维护，及时发现和消除安全隐患。

丰富多样的游戏和玩具：为幼儿提供多样化的游戏和玩具，满足他们不同的兴趣和需求。这些游戏和玩具应具有安全性、教育性和趣味性等特点。

舒适美观的室内环境：为幼儿营造一个温馨、舒适的室内环境。室内环境应色彩鲜明、布局合理并具有一定的文化氛围。

配备专业的师资力量：幼儿园应拥有一支专业的师资队伍，他们应具备丰富的教育经验和先进的教育理念，能够为幼儿提供高质量的教育和保育服务。

习题

1. 简述幼儿园设立的意义。
2. 简述幼儿园的发展历史。
3. 幼儿园的特点有哪些？
4. 简述幼儿园的性质。

第二章

认识幼儿教师

第一节 幼儿教师工作概述

一、幼儿教师的定义

幼儿教师是指在幼儿教育机构中，专门从事幼儿教育工作的专业人员。

二、幼儿教师工作的专业特点

1. 具备全面的教育知识
幼儿教师需要掌握幼儿身心发展的规律，了解早期教育理论和实践。
2. 具有亲和力与沟通能力
幼儿教师需要与幼儿建立亲密的师生关系，有效地与幼儿及其家长沟通。
3. 具有耐心与细心
幼儿教师应当能够处理幼儿日常生活中的各种突发情况，关心每一个孩子的成长。

三、幼儿教师在工作中扮演的教育角色与职责

1. 指导学习
通过游戏、活动等方式，引导幼儿学习基本知识和技能。
2. 生活照料
确保幼儿在日常生活中得到适当照顾，如饮食、卫生等。
3. 情感支持工作
为幼儿提供情感上的支持，帮助他们建立自信心和安全感。

四、从事幼儿教师工作应具备的专业技能与素质

1. 教学能力
能够设计并组织有趣且富有教育意义的活动。
2. 观察与评估能力
通过观察幼儿的行为，评估其发展状况，为教学提供依据。
3. 团队协作能力
与同事、家长等合作，共同促进幼儿的发展。

第二节　幼儿教师的职业道德

一、幼儿教育的重要性

幼儿时期是一个人最重要的身心发展期，这个时期，幼儿的身体正在不断地发育，思维和语言能力也在逐渐成熟。因此，幼儿教育在人生的整个教育过程中占据着重要的地位。幼儿教育不仅能够促进幼儿身心的健康发展，而且也是人类文明传承和发展的重要环节。

二、幼儿教师的教育情怀

幼儿教师是幼儿教育的重要组成部分，他们需要具备教育情怀。教育情怀是指教师对教育事业所寄予的较高情感、信仰和责任。幼儿教师的从业生涯始于教育情怀，即爱心、耐心、责任感等。这些情感和信仰是幼儿教师在工作中要始终秉持的，而这些品质也是成为一名合格幼儿教师的必备条件。

三、幼儿教师的使命感

除了教育情怀外，幼儿教师还需要具备使命感。使命感是指教师对于自己的教育事业使命的感受、承担与践行。幼儿教师的使命感具体表现在以下几个方面。

（一）致力于幼儿身心健康地成长

幼儿在幼儿园阶段需要接受多方面的身心健康教育，包括生活自理、情绪管理、人际交往、语言表达等方面。幼儿教师要充分发挥自己的专业知识和教育技能，通过多种方式让幼儿在健康、安全、快乐的氛围下成长。

（二）培养幼儿的学习兴趣和学习能力

幼儿期是学习的黄金时期，幼儿教师要通过有趣的教学方式和多样化的学习活动，培养幼儿的学习兴趣和学习能力，并为幼儿的未来奠定良好的学习基础。

（三）积极与家长沟通合作，促进幼儿全面发展

幼儿教师要与家长保持紧密联系，互相了解对方的意愿与需求，共同关心幼儿的潜力、能力和成长。通过开展亲子活动、家访等方式，加强与家长的沟通合作，帮助幼儿获得更全面的发展。

四、幼儿教师的职责

幼儿教师的职责具体包括以下几个方面。

（一）制订教学计划和教育活动方案

幼儿教师需制订具有系统性、可操作性和针对性的教学计划和教育活动方案，以确保幼儿在多元化的学习活动中有序、系统地学习和发展。

（二）实施教育活动，确保幼儿全面发展

幼儿教师要根据幼儿的身心特征，采取适当的教学方法和手段，帮助幼儿全面、科学、健康地成长。

（三）进行幼儿评价和教学反思

幼儿教师要对幼儿进行多维度、全方位、客观公正的评价，并通过教学反思进行教育活动的持续改进和提高。

（四）投身幼儿教育研究与实践，提高教育教学能力

幼儿教师应对幼儿教育的最新研究成果进行学习和掌握，并将其落实到教育实践中，进一步提高自己的教育教学能力。

五、幼儿教师职业道德的内容

（一）《幼儿园教师专业标准（试行）》对幼儿教师职业道德的规定

为促进幼儿教师专业发展，建设高素质幼儿教师队伍，根据《中华人民共和国教师法》，教育部2012年颁布了《幼儿园教师专业标准（试行）》，该标准的首要指导思想就是"专业导向，师德为先"，即幼儿园教师是对幼儿实施保育和教育职责的专业人员，需要具有特定的专业素质，具有良好的职业道德与态度、专业的教育知识和技能。《幼儿园教师专业标准（试行）》对幼儿教师的"专业理念与师德"，提出了以下具体要求：

(1) 贯彻党和国家教育方针政策，遵守教育法律法规。
(2) 理解幼儿保教工作的意义，热爱学前教育事业，具有职业理想和敬业精神。
(3) 认同幼儿园教师的专业性和独特性，注重自身专业发展。
(4) 具有良好职业道德修养，为人师表。
(5) 具有团队合作精神，积极开展协作与交流。
(6) 关爱幼儿，重视幼儿身心健康，将保护幼儿生命安全放在首位。
(7) 尊重幼儿人格，维护幼儿合法权益，平等对待每一位幼儿。不讽刺、挖苦、歧视幼儿，不体罚或变相体罚幼儿。
(8) 信任幼儿，尊重个体差异，主动了解和满足有益于幼儿身心发展的不同需求。
(9) 重视生活对幼儿健康成长的重要价值，积极创造条件，让幼儿拥有快乐的幼儿园生活。
(10) 注重保教结合，培育幼儿良好的意志品质，帮助幼儿养成良好的行为习惯。
(11) 注重保护幼儿的好奇心，培养幼儿的想象力，发掘幼儿的兴趣爱好。
(12) 重视环境和游戏对幼儿发展的独特作用，创设富有教育意义的环境氛围，将游戏作为幼儿的主要活动。

（13）重视丰富幼儿多方面的直接经验，将探索、交往等实践活动作为幼儿最重要的学习方式。

（14）重视自身日常态度言行对幼儿发展的重要影响与作用。

（15）重视幼儿园、家庭和社区的合作，综合利用各种资源。

（16）富有爱心、责任心、耐心和细心。

（17）乐观向上、热情开朗，有亲和力。

（18）善于自我调节情绪，保持平和心态。

（19）勤于学习，不断进取。

（20）衣着整洁得体，语言规范健康，举止文明礼貌。

（二）《新时代幼儿园教师职业行为十项准则》对幼儿教师职业道德的要求

为深入贯彻习近平新时代中国特色社会主义思想和党的十九大精神，深入贯彻落实全国教育大会精神，扎实推进《中共中央 国务院关于全面深化新时代教师队伍建设改革的意见》的实施，进一步加强师德师风建设，教育部于2018年印发并实施了《新时代幼儿园教师职业行为十项准则》，对幼儿教师职业道德提出了以下要求：

（1）坚定政治方向。坚持以习近平新时代中国特色社会主义思想为指导，拥护中国共产党的领导，贯彻党的教育方针；不得在保教活动中及其他场合有损害党中央权威和违背党的路线方针政策的言行。

（2）自觉爱国守法。忠于祖国，忠于人民，恪守宪法原则，遵守法律法规，依法履行教师职责；不得损害国家利益、社会公共利益，或违背社会公序良俗。

（3）传播优秀文化。带头践行社会主义核心价值观，弘扬真善美，传递正能量；不得通过保教活动、论坛、讲座、信息网络及其他渠道发表、转发错误观点，或编造散布虚假信息、不良信息。

（4）潜心培幼育人。落实立德树人根本任务，爱岗敬业，细致耐心；不得在工作期间玩忽职守、消极怠工，或空岗、未经批准找人替班，不得利用职务之便兼职兼薪。

（5）加强安全防范。增强安全意识，加强安全教育，保护幼儿安全，防范事故风险；不得在保教活动中遇突发事件、面临危险时，不顾幼儿安危，擅离职守，自行逃离。

（6）关心爱护幼儿。呵护幼儿健康，保障快乐成长；不得体罚和变相体罚幼儿，不得歧视、侮辱幼儿，严禁猥亵、虐待、伤害幼儿。

（7）遵循幼教规律。循序渐进，寓教于乐；不得采用学校教育方式提前教授小学内容，不得组织有碍幼儿身心健康的活动。

（8）秉持公平诚信。坚持原则，处事公道，光明磊落，为人正直；不得在入园招生、绩效考核、岗位聘用、职称评聘、评优评奖等工作中徇私舞弊、弄虚作假。

（9）坚守廉洁自律。严于律己，清廉从教；不得索要、收受幼儿家长财物或参加由家长付费的宴请、旅游、娱乐休闲等活动，不得推销幼儿读物、社会保险或利用家长资源谋取私利。

（10）规范保教行为。尊重幼儿权益，抵制不良风气；不得组织幼儿参加以营利为目的的表演、竞赛等活动，或泄露幼儿与家长的信息。

习题

1. 简述幼儿教师的专业特点。
2. 简述幼儿教师的定义。
3. 简述《幼儿园教师专业标准(试行)》对幼儿教师职业道德的规定。
4. 简述《新时代幼儿园教师职业行为十项准则》对幼儿教师职业道德的要求。

第三章
认识幼儿

第一节 幼儿及其身心发展的基本认识

一、幼儿的定义

广义的学前教育中，所有为提高自身素质而处于学习状态的幼儿都是学前受教育者；在狭义的学前教育中，受教育者特指学前教师"教"的对象——幼儿。幼儿是指3~6岁的儿童。

二、幼儿身心发展的特点

（一）幼儿期是身体发展的关键期

幼儿时期是身体迅速发展的时期。每年身高增长约4~7.5厘米，骨骼日益坚硬；大肌肉较为发达，小肌肉开始发展；脑重量不断增加，大脑皮质达到相当成熟的程度。

这一时期幼儿的身高、体重、神经、动作技能等方面获得迅速发展。在人的生长发育过程中，0~6岁儿童的发育有两个规律，一个是头尾律，一个是正侧律。在胎儿时期头颅最先发育。出生时，头围就约为成年人头围的65%。出生以后，头颅继续快速发育，然后是躯干，最后才是四肢。这种从头部到下肢的发育规律称为头尾律。从"二抬四翻六会坐，七滚八爬周会走"的动作发育程序来看，也能发现这一规律。所谓正侧律是指从人体中部到人体边缘的发展。婴儿开始拿东西时是满把抓，然后是几个指头拿东西，后来可以用两个指头拿，最后能用指尖拿东西，这就是发育的正侧律。从出生到发育成熟，人体各部的增长具有这样的规律：头颅增长一倍，躯干增长两倍，上肢增长三倍，下肢增长四倍。经过这样的增长，新生儿从不均衡体型逐渐发育成体型较为均衡的成年人。

（二）幼儿期是语言发展的重要时期

幼儿心理研究与长期的教育实践已经证明，幼儿期是语言发展非常重要和关键的时期。这一时期，婴幼儿的大脑发育迅速，听觉器官与发音器官相应成熟，正确发出全部语音的条件已经具备并且能分辨成人的语言，这为幼儿的语言发展提供了生理基础。在这一时期，婴幼儿由咿呀学语到词汇量迅速增长，词类范围逐步扩大，词义理解逐步明确和加深，逐步掌握各种语法结构，能用清楚的、连贯性的语言表达自己的愿望和要求并可自由地与他人交谈。此外，连贯性口头语言的表达能力也逐步提高，大班幼儿普遍能够完整地复述较长的故事，能看图编故事，还能围绕一个主题编故事。

语言发育的关键期是2~4岁。9个月到2岁是理解语言的发育关键期，2岁到4岁是表达语言的发育关键期。此时学习语言效果最佳，而且培养的语言习惯最容易长期保持。语言发育第一阶段——单词句阶段：从孩子出生第12个月到第18个月。这个时期的儿童往往会用一个简单的词汇代替和表达完整句子所包含的意义，会用手势、表情等辅助方式表达自己的意愿。语言发育第二阶段——多词句阶段：第19个月到第24个月。由于这个时期儿童对周围的环境事物有了更深刻的理解认识，词汇量迅速增加，会运用两个或者三个不相关的简单词汇代替表达完整句子的意思。如外外，车车，意思是说推小车去外面。语言发育第三阶段——简单句阶段：第25个月到第36个月之间。这个期间的儿童词汇量明显增多，会运用逻辑性较强，含有主语、谓语的简单句子。

（三）幼儿期是思维发展的关键期

思维是高级的认识活动，是智力的核心。一旦幼儿的思维在实物活动中出现了，会使他们的整个心理活动发生巨大的变化。它的产生，不仅意味着幼儿的认识过程已基本形成，同时也会引起原有的低级认识过程的质变：知觉不再单纯反映事物的外部特征，也开始反映事物的意义和事物之间的关系，成为"理解性的知觉"，即思维指导下的知觉；记忆的理解性增强了，有意性也出现了；情绪、情感逐渐深刻，意志行动产生了，即儿童的心理开始具有最初的系统性。在这一时期，幼儿的思维经历了显著的发展过渡。首先，从自我中心、不可逆的思维阶段，逐渐转变为去自我中心化、可逆性的思维。其次，思维的方向也从外部感知逐渐深入到内部感知，从具体形象思维逐步发展到抽象逻辑思维。再者，从依赖外界事物的具体操作，转变为能够进行抽象逻辑的思维运算。同时，他们的记忆方式也从借助实物表征、无意记忆，进化到有意记忆，并具备了推理和判断的能力。最后，从整体上看，幼儿的思维是从低级向高级不断进阶的。在这一特定年龄段，幼儿往往会专注于环境中的某一项特征，而拒绝接受其他与之不同的特征事物。他会对某种行为产生强烈的兴趣，并不厌其烦地重复，直到出现另一种感兴趣的行为为止，这就是幼儿思维发展中的关键期。两岁半到三岁是从直接行动思维到具体形象思维发展的关键期，五岁半到六岁是从具体形象思维到抽象逻辑思维发展的关键期。抓住关键期适时引导，可以带来事半功倍的教育效果。

（四）幼儿期是社会交往开始的形成时期

这一时期的儿童，先是产生自我意识，然后逐步区分自我与他人，再到理解他人的情绪、意图、信念等，最后能够推断和预测他人的行为和心理状态发展。儿童2~3岁是自我意识的敏感期。通过打人表达自己的不同意、不满意或说出"不，不要"等来体现和感受自我的力量。其中两岁半开始通过占有食物、玩具来获得支配物品的满足感。然后，幼儿开始学会交换食物，再到交换玩具，但幼儿没有等价交换的意识。这便是最初的一对一社交。到4~5岁，幼儿发现，在社交关系中，真正的朋友是建立在志趣相投、彼此关爱、相互理解和相互倾听的基础上。5岁以后幼儿结束了一对一社交，开始进入三四人一组的社交。在选择朋友上有了明显的志趣倾向，结束了以交换为目的的交友方式。他们开始表达爱意，消除孤独，也开始出现从心理上对别人的控制和反控制，出现了情感上的依赖和沟通，这奠定了幼儿的社交人际基础。

（五）幼儿期是个性形成的关键时期

个性就是个别性、个人性，是一个人在思想、性格、品质、意志、情感、态度等方面不同于其他人的特质。这个特质表现于外就是他的言语方式、行为方式和情感方式等，任何人都是有个性的，也只能是一种个性化的存在，个性化是人的存在方式。幼儿时期是一个人个性形成的关键时期，良好的性格培养对幼儿来说尤为重要，幼儿开始形成自己最初的个性倾向且会在自己的一生中都保留该痕迹，因而在人的心理发展中具有重要作用。

第二节　幼儿教育的基本认识

一、幼儿教育的定义

幼儿教育是指对3~6岁年龄阶段的儿童所实施的教育。从广义上说，凡是能够影响幼儿身体成长、认知、情感、性格等方面发展的有目的的活动都可说是幼儿教育，如幼儿在成年人的指导下看电视、做家务、参加社会活动等。而狭义的幼儿教育则特指幼儿园和其他专门开设的幼儿教育机构的教育。幼儿园教育在中国属于学校教育系统，和学校教育一样，幼儿园教育也具有家庭教育和社会教育没有的优点，如计划性、系统性等。

二、幼儿教育的基本原则

（1）尊重个体差异。
每个幼儿都是独特的，应尊重他们的个性、兴趣和发展。
（2）以游戏为基本活动。
游戏是幼儿最主要的学习方式，应通过游戏来促进幼儿的全面发展。
（3）注重过程而非结果。
在幼儿教育中，应更加注重学习的过程而非结果，鼓励幼儿大胆尝试和探索。

三、幼儿教育的基本认知

（一）幼儿教育的意义

幼儿教育是人类社会教育的起始阶段，它不单是个体身心发展的重要基础，更对培养未来社会人才具有重要意义。在幼儿教育中，教师需要对幼儿的基本认知有一个全面而深入的了解，以确保幼儿教育的针对性和有效性。下面将从感知觉发展、注意力培养、语言与沟通、记忆与思维、情感与社交、自理能力以及自信心培养方面，对幼儿教育的基本认识进行详细阐述。

（二）感知觉发展

1. 感知觉的定义与重要性
感知觉是人类通过感觉器官接收外界信息，经过大脑的加工处理，形成对事物的认识和理解的过程。在幼儿阶段，感知觉是幼儿认识世界的主要方式。因此，感知觉的发展对于幼儿的认识能力和学习能力具有重要影响。

2. 感知觉发展的特点

幼儿感知觉的发展具有阶段性、连续性和差异性等特点。随着年龄的增长，幼儿的感知觉能力逐渐增强，对事物的认知也更加深刻。然而，每个幼儿的感知觉发展速度和方式都存在差异，因此教师需要在教育中因材施教。

3. 感知觉发展的培养策略

为了促进幼儿感知觉的发展，教师可以采取以下策略。

（1）提供丰富的感知体验：通过游戏、观察、实验等方式，让幼儿接触不同的事物，丰富他们的感知体验。

（2）关注感知觉的训练：在日常生活中，教师可以通过一些简单的感知觉训练，如视觉训练、听觉训练等，来提高幼儿的感知觉能力。

（3）引导幼儿进行观察：教师可以引导幼儿学会观察事物的细节，提高他们的观察能力，从而加深对事物的理解。

（三）注意力培养

1. 注意力的定义与重要性

注意力是指个体在特定时间内，对某一事物或活动保持专注和集中的能力。在幼儿阶段，注意力的发展对于幼儿的认知能力和学习能力具有重要影响。

2. 注意力发展的特点

幼儿注意力的发展具有不稳定性、易分散性和短暂性等特点。幼儿很难长时间集中注意力，容易受到外界干扰。因此，教师在教育中需要关注幼儿注意力的培养。

3. 注意力培养的策略

为了培养幼儿的注意力，教师可以采取以下策略。

（1）创设有趣的学习环境：通过创设有趣的学习环境，激发幼儿的学习兴趣，提高他们的注意力水平。

（2）设置明确的学习目标：在学习活动中，教师应为幼儿设置明确的学习目标，让他们知道自己需要做什么，从而保持专注。

（3）采用多样化的教学方法：教师应采用多样化的教学方法，如游戏化教学、互动式教学等，以吸引幼儿的注意力。

（四）语言与沟通

1. 语言与沟通的定义与重要性

语言与沟通是人类进行信息传递、思想交流和情感表达的重要方式。在幼儿阶段，语言与沟通的发展对于幼儿的社交能力和认知能力具有重要影响。

2. 语言与沟通发展的特点

幼儿语言与沟通的发展具有阶段性、模仿性和创造性等特点。随着年龄的增长，幼儿的语言表达能力逐渐增强，能够使用更加复杂的句子和词汇。同时，他们也开始学会模仿他人的语言和行为，并表现出一定的创造性。

3. 语言与沟通培养的策略

为了促进幼儿语言与沟通的发展，教师可以采取以下策略。

（1）提供丰富的语言环境：教师应为幼儿提供丰富的语言环境，包括图书、音乐、游戏等，让他们在各种活动中学习和运用语言。

（2）鼓励幼儿多听多说：教师应鼓励幼儿多听多说，为他们提供机会表达自己的想法和需求，培养他们的语言表达能力。

（3）引导幼儿进行沟通：教师应引导幼儿学会与人交往、表达自己的想法和需求，培养他们的沟通能力和社交技巧。

（五）记忆与思维

1. 记忆与思维的定义与重要性

记忆是指个体对过去经验的保持和再现的能力；思维则是个体对事物进行分析、综合、判断、推理等心理活动的过程。在幼儿阶段，记忆与思维的发展对于幼儿的认知能力和学习能力具有重要影响。

2. 记忆与思维发展的特点

幼儿记忆与思维的发展具有直观性、形象性和具体性等特点。他们主要依赖具体事物的直观形象来进行记忆和思维活动。因此，教师在教育中需要关注幼儿记忆与思维的特点，采用适合他们的教学方法。

3. 记忆与思维培养的策略

为了培养幼儿的记忆与思维能力，教师可以采取以下策略。

（1）提供直观的教学材料：教师应为幼儿提供直观的教学材料，如实物、图片等，帮助他们更好地理解和记忆知识。

（2）创设问题情境：教师可以通过创设问题情境，引导幼儿进行思考和分析，培养他们的思维能力。

（3）进行记忆训练：教师可以通过一些记忆游戏和训练，如复述故事、记忆图片等，来提高幼儿的记忆能力。

（六）情感与社交

1. 情感与社交的定义与重要性

情感是指个体对事物的态度和体验；社交则是个体与他人进行交往和互动的过程。在幼儿阶段，情感与社交的发展对于幼儿的心理健康和社会适应能力具有重要影响。

2. 情感与社交发展的特点

在幼儿阶段，情感与社交的发展具有情感化、互动性和模仿性等特点。幼儿的情感表达较为直接和纯真，他们善于用简单的语言表达自己的喜怒哀乐。同时，幼儿期也是社交能力初步形成的阶段，他们开始与同伴进行互动，学习基本的社交规则和技巧。此外，幼儿还具有很强的模仿能力，他们通过观察他人的行为和情感表达，来学习和模仿他人的社交行为。

3. 情感与社交培养的策略

为了促进幼儿情感与社交的发展，教师可以采取以下策略。

（1）创设温暖的环境：教师应为幼儿创设一个充满爱和温暖的环境，让他们感受到安全和被关注。在这样的环境中，幼儿更容易表达自己的情感，与他人建立亲密的关系。

（2）鼓励情感表达：教师应鼓励幼儿表达自己的情感，包括喜怒哀乐等。通过倾听和回应幼儿的情感，教师可以帮助他们建立积极的情感体验，增强他们的情感稳定性。

（3）组织社交活动：教师可以通过组织各种社交活动，如角色扮演、合作游戏等，来培养幼儿的社交能力和团队合作精神。这些活动可以让幼儿在游戏中学习和运用社交技巧，提高他们与人交往的能力。

（4）提供社交示范：教师可以为幼儿提供积极的社交示范，如友善待人、乐于助人等。通过自身的行为和言语，向幼儿传递积极的社交价值观，帮助他们树立正确的社交观念。

（七）自理能力

1. 自理能力的定义与重要性

自理能力是指个体能够独立完成日常生活基本活动的能力。在幼儿阶段，自理能力的发展对于幼儿的独立性和自信心具有重要意义。通过培养幼儿的自理能力，可以让他们学会照顾自己，提高他们的自主性和独立性。

2. 自理能力发展的特点

幼儿自理能力的发展具有渐进性和差异性等特点。随着年龄的增长，幼儿的自理能力逐渐增强，能够独立完成更多的事情。然而，由于每个幼儿的发展速度和方式存在差异，因此教师在教育中需要关注每个幼儿的特点和需求。

3. 自理能力培养的策略

为了培养幼儿的自理能力，教师可以采取以下策略。

（1）设置明确的目标：教师可以为幼儿设置明确的自理目标，如学会自己穿脱衣服、自己吃饭等。这些目标应该符合幼儿的实际能力和需求，并具有一定的挑战性。

（2）提供适当的支持：在幼儿学习自理技能的过程中，教师应给予适当的支持和指导。当幼儿遇到困难时，教师应鼓励他们尝试自己解决问题，并在必要时给予帮助。

（3）鼓励自主实践：教师应鼓励幼儿自主实践，让他们在实践中学习和掌握自理技能。通过反复实践，幼儿可以逐渐提高自己的自理能力。

（4）给予积极反馈：当幼儿成功完成自理任务时，教师应给予积极的反馈和表扬。这可以激发幼儿的自信心和积极性，促进他们进一步学习和提高自理能力。

（八）自信心培养

1. 自信心的定义与重要性

自信心是指个体对自己能力和价值的积极评价和信任。在幼儿阶段，自信心的培养对于幼儿的心理健康和个性发展具有重要意义。一个具有自信心的幼儿更敢于尝试新事物，在面对挑战和困难时更能够保持冷静和自信。

2. 自信心培养的策略

为了培养幼儿的自信心，教师可以采取以下策略。

（1）给予积极的评价：教师应给予幼儿积极的评价和反馈，让他们感受到自己的能力和价值被人认可。这可以激发幼儿的自信心和积极性。

（2）鼓励尝试新事物：教师应鼓励幼儿尝试新事物和新活动，让他们在实践中学习和成长。通过不断尝试和积累经验，幼儿能够逐渐增强自己的自信心。

（3）提供支持和帮助：当幼儿遇到困难时，教师应及时给予支持和帮助，让他们感受到自己的能力和努力是被看到和认可的。这可以帮助幼儿保持自信和积极性，在面对困难时更能够坚定信念。

（4）设置挑战目标：教师可以为幼儿设置一些具有挑战性的目标，鼓励他们通过自己的努力和实践去实现这些目标。当幼儿成功实现目标时，他们会感受到自己的能力和价值被充分展现和认可，从而增强自信心。

习题

1. 简述幼儿的定义。
2. 简述幼儿身心发展的特点。
3. 简述幼儿记忆与思维在幼儿教育过程中的定义与重要性。
4. 分点阐述幼儿情感与社交的培养策略。
5. 请简述幼儿自信心培养的定义与重要性。

第二篇
教育见习指导

第四章

幼儿园一日生活流程——观察篇

第一节 幼儿园保育活动

教育见习是学前教育专业实践教学的重要组成部分，是培养合格教师的重要环节，是提升学生专业思想和教育教学实践能力的重要方式。随着我国课程改革的不断深入，教育见习在培养合格人才方面的重要性不断得到提升和认同。幼儿园教育见习是指学前教育专业学生在校学习期间亲临幼儿园教育现场，在教师指导下，通过有目的、有计划地观察，对幼儿园的具体现象和事件进行分析并学习的实践活动。旨在为该专业学生提供机会了解幼儿园教学的各项常规工作，在见习中反省自身，发现自身的不足，增强今后学习的目的性和针对性。本节从幼儿园保育活动出发，探寻幼儿园一日生活流程中入园、晨间活动、盥洗、如厕、饮水、进餐、午睡、离园环节的见习内容，帮助学生清楚这些环节要点，使学生掌握各环节的操作方法。

一、入园

（一）入园环节见习目标

（1）熟悉幼儿园入园环节的时间段，了解入园的保教流程和基本常识。
（2）熟悉入园环节的保育工作内容和要求。
（3）观察保育员和教师在入园环节的工作内容，记录各环节所需要做的保育工作。

（二）入园环节见习内容

1. 入园环节要点
（1）事先做好入园准备，保持幼儿园内外的清洁卫生。
（2）热情、亲切地接待幼儿，有礼貌地向家长问好，用简洁的语言了解幼儿在家的情况，听取家长的建议和意见，做好个别幼儿的衣物、药品、营养品等交接工作。
（3）做好幼儿晨检工作。一般方法是：一摸，检查额头是否发烧，腮腺是否肿大；二看，检查脸色、皮肤、眼神和咽喉是否异常；三问，询问身体有无不适，了解幼儿在家的饮食、睡觉和大小便情况；四查，检查有无携带不安全物品。
（4）积极引导幼儿晨间活动。准备好活动材料和玩具，引导幼儿参加晨间活动，根据幼儿的兴趣和爱好，让其自由选择活动内容和伙伴。注意个别教育，对不爱活动、性格孤僻的幼儿要个别关照，给予帮助。

2. 入园环节见习观察记录

入园环节见习观察记录见表4-1。

表4-1 入园环节见习观察记录

幼儿园：	班级：	日期：
内容	观察要点	观察结果描述
教师的准备工作与精神状态	□着装得体大方 □情绪愉快，精神饱满 □准备好相关卫生器材	
活动室的通风、温度与光线	□空气清新，无异味，通风良好 □温度、湿度适宜，夏季：24～26℃，冬季：18～20℃ □光线充足，色彩柔和	
活动室的清洁卫生状况	□地面整洁，无垃圾，无污渍 □门窗玻璃干净透亮，纱窗和门窗无积尘 □墙面干净，室内家具摆放整齐，无尘垢 □玩具摆放有序，清洁无尘	
活动室安全状况	□家具摆放平稳，窗前没有摆放方便幼儿爬窗的家具物品 □桌椅高度适合幼儿身高体型，木质家具无钉子凸起，无锋利尖角 □玩具消毒干净，无破损 □用电安全，插座无漏电，插座和接线板的高度不低于1.3米 □消毒用品锁在柜子里或放在幼儿拿不到的地方 □开水瓶和教师茶杯放在幼儿无法拿到的地方 □自然角的动植物无腐烂、死亡，如有，及时清理	
幼儿盥洗用品与饮用水的准备	□备有清洗后、消毒好的擦手毛巾 □盥洗室内洗手肥皂、厕纸充足够用 □备有水温合适的饮用水	
晨检环节的保育工作	□有专门保健医生进行晨检 □看幼儿精神状态是否饱满，看幼儿面色是否正常；对情绪不佳的幼儿，教师及时进行安抚 □摸幼儿额头或用测温仪测幼儿体温是否正常 □对有不适的幼儿，与其家长及时进行沟通，询问前一天和早晨幼儿在家的健康情况 □查看幼儿是否携带小物件入园，及时将有隐患的小物件进行保管	
接待幼儿与家长	□入园接待时，教师态度热情积极，让幼儿感受到温暖和关爱 □带班教师主动向幼儿和家长问好，积极地回应幼儿的问好，及时和家长进行沟通 □引导幼儿将书包、衣物等放在指定储物柜中，引导幼儿自主签到	
仔细观察某幼儿园入园环节的保育工作，对观察到的现象进行分析评价，并提出合理建议		

二、晨间活动

（一）晨间活动环节见习目标

（1）清楚幼儿园晨间活动的时间段，了解晨间活动的保教流程和基本常识。
（2）熟悉幼儿园晨间活动环节的工作内容和要求。
（3）观察保育员和教师在晨间活动环节的工作内容，记录各环节所需要做的保育工作。

（二）晨间活动环节见习内容

1. 晨间活动环节要点

（1）对晨间活动场地进行安全检查，检查服饰是否适合开展活动，根据需要为幼儿的后背垫上吸汗巾（毛巾）。
（2）注重形式的多样性和趣味性，利用丰富而有趣的内容及形式，吸引幼儿积极主动地参与晨间活动。
（3）活动中根据幼儿的年龄特点有效组织各种活动，关注幼儿的活动情况，并适时调整活动形式和活动量。
（4）准备好活动材料和玩具，引导幼儿参加晨间活动，自由选择活动内容和伙伴，注意个别教育。
（5）提醒个别幼儿适当休息，帮助幼儿脱衣、换衣，指导他们擦汗等，关注幼儿生活习惯的培养。

2. 晨间活动环节见习观察记录

晨间活动环节见习观察记录见表4-2。

表4-2 晨间活动环节见习观察记录

幼儿园：	班级：	日期：

观察内容	观察结果描述
□对晨间活动场地进行安全检查，排除安全隐患，检查服饰是否适合开展活动	
□根据需要为幼儿的后背垫上吸汗巾（毛巾），根据天气、活动情况适当为其增减衣服	
□活动内容有趣，符合班级幼儿的年龄特点，活动形式多样	
□活动量适宜，有强度和密度的合理搭配	
□使用的材料有趣，对幼儿有挑战性	
□材料数量充足，能保证每个幼儿的参与	
□材料的利用率高，有一物多玩的价值	
□能以游戏者身份参与到幼儿的游戏中，并能对幼儿适时地进行观察与指导	
□组织形式多样，做到了面向全体并关注个别幼儿	
□幼儿在活动中的参与度高，较少出现过多等待现象	
□幼儿在活动中能大胆探索，尝试器械的不同玩法	

(续表)

观察内容	观察结果描述
□幼儿有整理器械及自己物品的习惯	
仔细观察某幼儿园晨间活动环节的保育工作，对观察到的现象进行分析评价，并提出合理建议	

三、盥洗

（一）盥洗环节见习目标

（1）熟悉幼儿园盥洗的时间段，了解盥洗的保教流程和基本常识。

（2）熟悉幼儿园盥洗环节的工作内容和要求。

（3）观察保育员和教师在盥洗环节的工作内容，记录各环节所需要做的保育工作。

（二）盥洗环节见习内容

1. 盥洗环节要点

（1）洗手活动要点。

①根据盥洗室的空间大小，将幼儿合理分组，保持盥洗室安静有序。

②帮助或指导每个幼儿将袖子挽至胳膊处，防止溅湿衣袖。

③指导幼儿节约用水，控制水流大小，运用"七步洗手法"洗净双手。

④帮助幼儿洗完手后用正确的方法擦干双手，将衣袖放下，整理平整。

⑤幼儿盥洗结束后，及时用干拖把擦干地面上的水，等最后一个幼儿洗完手后再离开盥洗室。

⑥采用竖大拇指、亲抱幼儿、语言鼓励、同伴示范、环境暗示等方法，及时鼓励幼儿洗手过程中的良好表现，促进幼儿良好洗手习惯的养成。

（2）漱口指导要点。

①组织幼儿餐后拿着自己的饭碗或者取出自己的水杯，在饮水桶内接半碗或者半杯漱口水，安静有序地漱口。

②引导幼儿用鼓漱法进行漱口，提醒幼儿将漱口水含在嘴里鼓漱3~5次，再轻轻吐进水池中，避免把水咽进肚中。

③关注幼儿漱口过程，发现漱口不正确的幼儿，应及时耐心地给予语言和动作提示，引导幼儿漱完口后把自己的碗或水杯放回原处并摆放整齐。

2. 盥洗环节见习观察记录

盥洗环节见习观察记录见表4-3。

表 4-3 盥洗环节见习观察记录

幼儿园：	班级：	日期：
项目	观察要点	观察结果描述
盥洗室清洁卫生状况	□盥洗室地面洁净、干燥、无积水、无污渍 □毛巾架、水杯架、饮水桶摆放整齐，洁净无污渍 □洗手池、下水道无油腻、无污物	
盥洗时的指导要点	□在幼儿入园后、饮水前、饭前便后及手脏时提醒幼儿洗手 □有意识地帮助幼儿养成良好的洗手习惯，教会幼儿正确的洗手方法 □提供洗手的步骤图示，提示幼儿动作顺序 □运用有趣的儿歌或直观形象的图片教会幼儿掌握正确漱口方法，帮助幼儿养成饭后漱口的良好习惯 □有意识地培养幼儿掌握正确的刷牙方法，培养幼儿良好的刷牙习惯 □引导幼儿学习正确的洗脸方法	
仔细观察某幼儿园盥洗环节的保育工作，对观察到的现象进行分析评价，并提出合理建议		

四、如厕

（一）如厕环节见习目标

（1）熟悉幼儿园如厕的时间段，了解如厕的保教流程和基本常识。
（2）熟悉幼儿园如厕环节的工作内容和要求。
（3）观察保育员和教师在如厕环节的工作内容，记录所需要做的保育工作。

（二）如厕环节见习内容

1. 如厕环节要点
（1）消除幼儿对在幼儿园如厕的恐惧感。
（2）在便池边安装小扶手，让幼儿可以把握，帮助幼儿顺利排便。
（3）采用张贴图片或标记等方法引导幼儿正确、有序如厕。
（4）在和幼儿如厕时高度相同处放置便纸盒。
（5）引导幼儿主动做好集体活动、户外活动、进餐、午睡等前的如厕准备。
2. 如厕环节见习观察记录
如厕环节见习观察记录见表 4-4。

表 4-4　如厕环节见习观察记录

幼儿园：	班级：	日期：
项目	观察要点	观察结果描述
卫生间的清洁卫生要求	□空气清新，无异味 □地面干爽，随时擦拭 □清洁物品分类摆放整齐，做好标识 □幼儿便池随时冲刷，尿渍、便渍及时清理 □毛巾分开，晾晒干净，通风干燥，摆放整齐 □成人卫生间和幼儿卫生间分开，教师不得使用幼儿卫生间	
创设温馨、轻松的如厕环境	□为幼儿准备足够、长度合适的卫生纸，如果是蹲便，为幼儿设置小扶手，方便小班幼儿如厕时蹲下和站起 □利用墙面创设有趣的故事情景，帮助幼儿轻松如厕 □保护幼儿自尊心，对大小便弄在身上的幼儿做到不批评、不埋怨、不当众换洗，并耐心安慰幼儿 □鼓励幼儿遇到困难时主动寻求帮助 □和幼儿一起讨论、制定如厕规则，引导幼儿注意安全自护，人多时排好队，注意地面，小心台阶，当心滑倒	
指导幼儿如厕的方法	小班： □关注小班幼儿大小便情况，当幼儿遇到困难时，及时给予帮助 中班： □鼓励幼儿自己学习擦屁股，引导幼儿自主完成如厕环节 □通过讲故事、说儿歌、集体讨论等多种方式引导幼儿进行有规律的大小便，便后及时洗手 □可以把常规要求用图片形式贴在墙面上，提示幼儿主动如厕，不憋大小便，如厕后主动洗手，检查自己的衣服是否整理好，便后冲厕所等 大班： □教会幼儿正确使用卫生纸，引导幼儿观察小便颜色、大便形状，理解其与自身健康的关系 □有条件的幼儿园，可以安排男女幼儿分开如厕 □引导幼儿能在规定的便池内大小便，小便时对准便池，不尿在外边，提示女孩小便后从前往后擦屁股，便后用肥皂洗手	
仔细观察某幼儿园如厕环节的保育工作，对观察到的现象进行分析评价，并提出合理建议		

五、饮水

（一）饮水环节见习目标

（1）熟悉幼儿饮水的时间段，了解幼儿饮水时的保教流程和基本常识。

（2）熟悉幼儿园饮水环节的工作内容和要求。

(3) 观察保育员和教师在饮水环节的工作内容,记录所需要做的保育工作。

(二) 饮水环节见习内容

1. 饮水环节要点

(1) 教师定期清洗、消毒饮水设备或水杯等,保证幼儿在饮水环节的卫生与安全。

(2) 确保幼儿能够及时补充水分,通常在早操后、午餐前、午睡后等时间段安排幼儿饮水。

(3) 保证幼儿的饮用水温度适中,不宜过冷或过热。饮用水温度应控制在40度以下,避免烫伤幼儿。

(4) 鼓励幼儿自主取水,培养他们的独立性和自理能力。

(5) 密切观察幼儿的饮水情况,并做好记录。记录内容应包括幼儿的饮水量、饮水次数和时间等。

(6) 引导幼儿在饮水过程中保持文明礼貌,如排队取水、不喧哗等。

2. 饮水环节见习观察记录

饮水环节见习观察记录见表4-5。

表4-5 饮水环节见习观察记录

幼儿园:	班级:	日期:

项目	观察要点	观察结果描述
一天饮水时间、频率、量的要求	□建议幼儿每天饮水6~8次,每次喝水量为100~150毫升 □鼓励幼儿根据自己的需要主动饮水、随时饮水 □使幼儿午睡前尽量不喝水,养成睡前排尿的好习惯	
饮水环节的准备	□幼儿入园前,准备好全天饮水量,夏季为白开水,春秋、冬季为温水 □饮水桶加盖并上锁,定期清洗、消毒饮水桶或饮水机 □鼓励幼儿自己倒水,自主控制水量	
饮水环节的指导要点	□喝水前,指导幼儿把手洗干净 □不限制饮水量和饮水次数,关注每位幼儿饮水量 □提醒幼儿不拥挤、不打闹,不要把鼻子放入水杯里 □提醒幼儿喝水前,用眼睛看看水有没有热气,摸摸水杯外壁烫不烫,嘴巴轻轻贴水试一试,关注水的温度是否适宜 □如遇幼儿洒水情况,及时帮助幼儿擦干 □通过游戏化的方式引导幼儿循序渐进地学会喝白开水,喜欢喝白开水	
饮水用具的清洁	□有专门存放水杯的柜子,每个幼儿一格,格上做好明显标记 □指导幼儿喝完水后把水杯放回原位,注意水杯的存放卫生,放置时水杯朝上,杯把朝外 □每天统一对水杯进行清洗和消毒	
仔细观察某幼儿园饮水环节的保育工作,对观察到的现象进行分析评价,并提出合理建议		

六、进餐

(一) 进餐环节见习目标

(1) 熟悉幼儿园进餐的时间段,了解进餐环节的保教流程和基本常识。
(2) 熟悉幼儿园进餐环节的工作内容和要求。
(3) 观察保育员和教师在进餐环节的工作内容,记录所需要做的保育工作。

(二) 进餐环节见习内容

1. 进餐环节要点

(1) 餐前 30 分钟开始餐桌清洁、消毒和准备工作。
(2) 营造良好的进餐环境,进餐前组织幼儿进行一些安静的室内活动。
(3) 指导幼儿餐前盥洗,养成良好的餐前卫生习惯。
(4) 鼓励幼儿自主取餐、自主进食,培养他们的独立性和自理能力。
(5) 进餐过程中,教师应提醒幼儿细嚼慢咽,避免过快或过慢的进食速度,以免影响消化和食欲。
(6) 教育幼儿不偏食、不挑食,鼓励他们尝试各种不同的食物。
(7) 观察幼儿的进食情况,了解幼儿的食欲状况和口味偏好。对于食欲不振的幼儿,应及时找出原因并采取相应的措施。
(8) 鼓励幼儿自主进行餐后整理、归还餐具。指导幼儿餐后擦嘴和漱口。
(9) 幼儿进餐结束后,应及时整理餐桌,清扫地面,保持环境卫生。

2. 进餐环节见习观察记录

进餐环节见习观察记录见表 4-6。

表 4-6 进餐环节见习观察记录

幼儿园:		班级:	日期:	
项目		观察要点		观察结果描述
餐前准备	1. 营造良好的进餐环境	□餐前 30 分钟开始餐桌清洁、消毒和准备工作。教师或保育员洗净双手,配置好消毒液备用,按照"清水、消毒液、清水"的顺序对桌面及四周进行清洁、消毒 □为幼儿营造良好的进餐氛围。进餐前 10 分钟左右,可以组织幼儿进行一些安静的室内活动或轻松的游戏,也可以播放一些舒缓、轻柔的背景音乐		
	2. 指导幼儿餐前盥洗	□在饭菜刚刚取送到班上时请幼儿洗手 □分组盥洗,一位教师在盥洗室指导幼儿洗手,另一位教师组织其他幼儿活动 □幼儿洗完手后,保育员或教师将盥洗室地面水渍拖干		
	3. 分发餐具	□餐具符合幼儿年龄,小班幼儿使用勺子,中、大班可以使用筷子。分发餐具时,不能用手直接抓握餐具的就餐部位。餐具摆放应便于幼儿就餐		
	4. 指导幼儿做值日	□可以尝试安排值日生参与餐前准备环节的工作。例如,帮忙摆放椅子,分发餐具等		

(续表)

项目		观察要点	观察结果描述
进餐指导	1. 分餐与取餐	□在幼儿力所能及的情况下，鼓励幼儿尝试自主进餐。小班和中班上学期的幼儿可以在教师的指导下尝试自己取简单、不易洒的主食。中班下学期、大班的幼儿可以逐渐学会自己盛取主食、菜和其他食物 □教师分餐时，先分主食，再分配菜，各种配菜要均衡。分发饭菜时不要盛得太满 □引导幼儿排队取餐，提醒幼儿将餐具端平，避免泼洒，躲开障碍物；回到座位后，要先放餐具，再轻轻坐下，安静用餐	
	2. 培养幼儿良好的进餐习惯	□指导幼儿双脚平放，坐姿端正 □指导幼儿正确使用勺子和筷子 □指导幼儿一手扶碗，一手拿勺子或筷子 □指导幼儿正确咀嚼，每一口食物量要适当，细嚼慢咽，双侧咀嚼或轮流咀嚼，吃带骨肉或鱼时，仔细咀嚼	
餐后整理		□为幼儿提供集中放置餐具的小桌子、餐车或盆，指导幼儿放回餐具时，轻轻摆放，不挤不抢。为每张餐桌准备一个放残渣的盘子或碗，供幼儿放置残渣等 □指导幼儿餐后擦嘴和漱口 □全体幼儿进餐结束后，要整理餐桌，清扫地面，保持环境卫生	
特殊体质幼儿的进餐护理		□营养不良幼儿的进餐护理：鼓励幼儿多进食，提醒幼儿认真进餐，可以把他们和一些进餐较快的幼儿安排在同一餐桌，必要时可以请厨房专门为其制作营养丰富且容易消化的营养餐 □单纯性肥胖幼儿的进餐护理：控制进餐速度，引导幼儿学会缓慢而放松地进食，鼓励幼儿慢慢咀嚼，控制进食量，减少主食摄入 □食物过敏幼儿的进餐护理：充分了解幼儿的过敏原，在制作食谱时，充分考虑食物过敏幼儿；不让幼儿接触和使用过敏食物，可以在幼儿进餐的地方张贴过敏幼儿的名单和过敏食物的名称，作为提示	
仔细观察某幼儿园进餐环节的保育工作，对观察到的现象进行分析评价，并提出合理建议			

七、午睡

（一）午睡环节见习目标

（1）熟悉幼儿园午睡的时间段，了解午睡环节的保教流程和基本常识。
（2）熟悉幼儿园午睡环节的工作内容和要求。
（3）观察保育员和教师在午睡环节的工作内容，记录所需要做的保育工作。

(二) 午睡环节见习内容

1. 午睡环节要点

(1) 创设安全、温馨、柔和的睡眠环境，为幼儿营造舒适的睡眠空间。

(2) 组织幼儿进行睡前安静活动。

(3) 在午睡前，对幼儿进行身体检查，包括体温、呼吸、面色等，发现异常情况及时处理。对于有特殊疾病的幼儿，教师应该了解其病情和用药情况，做好相应的护理措施。

(4) 在幼儿午睡过程中加强巡视，细心观察幼儿的状态，充分重视幼儿午睡的安全，加强其午睡的护理与管理。

(5) 引导幼儿起床后自主穿脱衣物、鞋子，培养独立自主的意识。

(6) 起床后应进行午检，观察幼儿精神状态是否自然、平和，摸摸幼儿额头检查体温是否正常，做好午检记录。

2. 午睡环节见习观察记录

午睡环节见习观察记录见表4-7。

表4-7 午睡环节见习观察记录

幼儿园：	班级：	日期：	
项目	观察要点		观察结果描述
睡眠室的清洁卫生	□家具设备摆放整齐，床上用品平整干净，折叠有序 □墙壁干净，有遮光窗帘和空调，睡眠室温馨柔和 □被褥至少每两周晾晒一次，拍打被褥上的粉尘，使被褥保持干净 □理想的睡眠室温度为20~24℃，湿度为50%~60%。冬季和夏季注意空调的合适使用，可提前半小时左右将睡眠室的空调打开，为幼儿营造一个舒适的睡眠空间		
睡前准备	□睡前可以安排幼儿进行一些轻松、安静的活动 □午睡前，为幼儿铺好被子。邻床两名幼儿应交叉各睡一头，避免口对口呼吸 □午睡前提醒幼儿大小便，提醒并帮助幼儿解开辫子，摘下发卡、皮筋等头饰 □检查幼儿是否携带小玩具、绳线等物品，排除安全隐患 □关闭窗户，拉好窗帘，避免冷风直吹幼儿 □可采用放轻柔的音乐、讲故事等方法营造午睡气氛，用手势代替语言，暗示幼儿保持安静，尽快入睡		
健康检查	□睡前进行幼儿健康检查，重点关注幼儿的精神状态、体温等。熟悉手足口、水痘等幼儿常见传染病的症状和体征，对身体状况不佳的幼儿进行重点关注 □安全检查，检查幼儿口腔内是否有未咽下的食物残渣，是否将小玩具、小线绳等带上床 □在给幼儿盖被子、掖被子的同时关注幼儿是否在玩玩具或手脚上是否有线绳 □起床午检，观察幼儿精神状态是否自然、平和，摸摸额头检查幼儿体温是否正常 □耐心安抚因没睡醒而哭闹的幼儿，做好午检记录		

(续表)

项目	观察要点	观察结果描述
午睡中的护理	□关注幼儿午睡时的着装是否适合，秋、冬、春季，幼儿应穿秋衣秋裤午睡；夏季，幼儿应穿背心短裤午睡 □引导幼儿朝右睡，侧身睡。避免幼儿把手放在胸前 □加强巡视，细心观察幼儿的状态，注意听幼儿的呼吸是否正常，看幼儿的脸色、神态有无异常，摸额头检查幼儿的体温是否正常。充分重视幼儿午睡的安全，加强午睡的护理与管理 □对不愿意午睡的幼儿，可以转移其注意力，或坐在他们旁边，摸摸头、拍拍背，给予幼儿一定的心理安慰 □提醒一些容易尿床的幼儿如厕 □幼儿午睡时，不在睡眠室闲谈或打瞌睡，保证睡眠室的安静	
穿脱衣服环节的护理	□帮助幼儿学习正确的方法穿脱衣服。脱衣服的顺序：先换上拖鞋，把换下的鞋子摆放整齐，先脱裤子再脱上衣，便于保暖，防止着凉。穿衣服时先穿上衣再穿裤子 □引导幼儿将衣服折叠整齐并按规范摆放	
起床的护理	□幼儿起床前，查看室内温度是否符合要求，检查活动室和盥洗室的窗户是否关好。提前打开空调，保持适宜的温度 □提前5分钟叫醒幼儿，让幼儿有一个缓冲时间，叫醒幼儿时要温柔，轻拍轻唤 □幼儿起床后，教师将被子翻过来，把被子晾一晾再整理 □引导幼儿迅速穿好衣服，先穿上衣，再穿裤子，最后穿鞋 □引导中、大班幼儿学习自己整理床铺	
仔细观察并记录某幼儿园午睡环节的保育工作，对观察到的现象进行分析评价，并提出合理建议		

八、离园

（一）离园环节见习目标

（1）熟悉幼儿园离园的时间段，了解离园环节的保教流程和基本常识。
（2）熟悉幼儿园离园环节的工作内容和要求。
（3）观察保育员和教师在离园环节的工作内容，记录所需要做的保育工作。

（二）离园环节见习内容

1. 离园环节要点

（1）指导幼儿整理好自己的物品，如书包、衣物等，提醒幼儿检查是否有遗漏，自己物品是否已经取回。

(2) 运用"一看二测三检查"的方法确认幼儿身体状况。

(3) 有效组织离园前的安静活动。

(4) 提醒幼儿离开活动室时将玩具、材料收拾归位。

(5) 幼儿离园时确认交接家长，与家长沟通交流，引导幼儿告别。

(6) 做好活动材料整理、准备及活动室清洁工作。

(7) 做好离园前检查工作，做好一日保育工作记录、消毒记录等。

2. 离园环节见习观察记录

离园环节见习观察记录见表4-8。

表4-8 离园环节见习观察记录

幼儿园：	班级：	日期：
项目	观察要点	观察结果描述
幼儿离园前清理衣物用品	□引导、帮助幼儿对一天的集体生活和自己的物品进行整理。引导和帮助幼儿将自己的物品放进书包内，整理着装 □提醒幼儿安静地进行离园前活动，等待家长的到来	
幼儿离园前教师检查幼儿身体状况	□一看：看幼儿的个人卫生是否良好，是否有精神不振的幼儿 □二测：测一测是否有发烧的幼儿，如果有要及时与家长联系 □三检查：检查幼儿是否有老师没注意到的擦伤、碰伤，若有，离园时与家长解释清楚以免引起误会，检查幼儿是否携带幼儿园玩具回家，若有要及时制止，让幼儿养成良好的行为习惯。检查幼儿穿衣戴帽是否整齐，是否有遗落下的物品	
教师组织离园前安静活动	□帮助幼儿回顾一天中快乐的事情，稳定他们的情绪，让幼儿获得愉悦的情绪和成功的体验 □可以采用集体、分组、个别等形式组织幼儿唱歌、听故事、谈话等进行较安静的活动，小结当日活动的情况，帮助幼儿梳理当日在园活动内容 □提醒幼儿离开活动室时将玩具、材料收拾归位，让幼儿从小养成完成任务的意识	
幼儿离园时确认交接家长，与家长沟通交流，引导幼儿告别	□做到热情地接待家长，将幼儿交到家长手中，应主动与家长谈话，有计划地针对幼儿当天的在园情况与家长进行简短交流 □确认交接家长，坚持使用接送卡，如出现忘带接送卡的情况，应及时让家长做记录；如出现代接孩子情况，教师应与家长取得电话联系，落实代接人身份并让幼儿接听家长电话，复印代接人有效证件，确保代接人办理代接手续 □如果有幼儿发生特殊情况，教师应单独与家长做好交接工作 □鼓励幼儿主动与老师、小朋友告别，培养其文明有礼的行为习惯	
教师做好活动材料整理、准备及活动室清洁工作	□在幼儿全部离园后整理好活动室材料，保证活动室整洁与材料的完整 □根据第二天的活动内容准备好活动材料 □清洁活动室，及时清除垃圾、污物等，做好活动室的消毒工作	
教师做好检查工作	□做好一日保育工作记录、消毒记录等相关表格的填写 □确保班级门窗、水电全部都关好，贵重物品放置安全妥当后再离园	

(续表)

仔细观察某幼儿园离园环节的保育工作，对观察到的现象进行分析评价，并提出合理建议

第二节　幼儿园教育活动

幼儿园教育活动在幼儿成长过程中扮演着至关重要的角色。通过丰富多彩的活动，不仅能够培养幼儿的基础技能，如语言表达、动手能力和初步逻辑思维，还能激发他们的创造力与想象力。同时，幼儿园教育活动还有助于养成幼儿的良好习惯，培养他们的独立性和责任感。此外，幼儿园教育活动强调培养幼儿的问题解决能力，鼓励幼儿面对问题时积极思考，自己寻找解决办法。因此，幼儿园教育活动在幼儿全面发展中发挥着不可或缺的作用。本节从幼儿园教育活动出发，探寻幼儿园教育活动中健康、语言、社会、科学、艺术领域的见习内容。帮助学生进一步弄清这些内容要点，使学生掌握各领域教育的内容及方法。在见习过程中，学生可以通过观察、访谈和调查等形式了解幼儿园教育活动的开展情况，学习幼儿园如何利用地域文化资源开发课程，实现课程的生活化与适宜性。

一、幼儿园健康教育活动

（一）幼儿园健康教育活动见习目标

（1）通过观摩幼儿园健康教育活动，了解幼儿园健康教育活动的内容、特点和要求，掌握幼儿园健康教育活动的基本知识和技能。

（2）通过观摩幼儿园健康教育活动，熟悉健康教育活动的组织流程，学习如何设计、组织、实施和评价幼儿园健康教育活动。

（3）观摩不同类型的健康教育活动，对活动过程及效果进行反思和评价。

（二）幼儿园健康教育活动见习内容

1. 幼儿园健康教育活动要点

（1）确定活动目标。

活动目标应具有针对性和可操作性，根据幼儿的年龄特点和实际情况制定。目标应涵盖知识技能、情感态度和价值观等方面，为活动的设计和实施提供明确的指导。

（2）选择适宜内容。

活动内容应符合幼儿的认知发展水平，贴近幼儿的生活经验，注重内容的科学性、实用性和趣味性。同时，要确保内容健康、积极向上，能够促进幼儿的身心健康发展。

(3) 创新活动形式。

健康教育活动的形式应多样化，以激发幼儿的兴趣和参与热情。教师可以通过游戏、故事、歌曲、舞蹈等形式开展活动，让幼儿在轻松愉快的氛围中学习健康知识，培养健康行为。同时，要注重活动的互动性和参与性，鼓励幼儿积极参与，发挥其主体作用。

(4) 引导家园共育。

教师应积极与家长沟通，引导家长参与健康教育活动，形成家园共育的良好氛围。

(5) 强化安全意识。

教师应强化幼儿的安全意识，教授幼儿基本的安全知识和自我保护技能。同时，要加强对活动场地的安全检查，确保活动过程的安全。

2. 幼儿园健康教育活动见习观察记录

幼儿园健康教育活动见习观察记录见表4-9。

表4-9 幼儿园健康教育活动见习观察记录

项目	观察要点	观察结果描述
活动目标及准备	□目标明确，符合幼儿的年龄特点、已有经验和发展需要，能体现健康教育活动的特征 □有机整合情感、态度、能力、知识、技能等方面的发展要求 □教师按照教学需要准备能实际为教学目标和内容服务的教具，且教具能吸引幼儿兴趣 □活动材料丰富，满足小班幼儿一人一份，中、大班幼儿小组各一份 □幼儿操作材料准备充分并能实际由幼儿操作完成并达到目标	
活动内容	□贴近幼儿生活，既符合幼儿现有水平，体现一定挑战性，又有助于开拓幼儿的经验和视野，开发幼儿的潜能 □善于合理利用和开发教学资源等活动，突出重点，体现学科性、可行性	
活动过程	□活动形式灵活，学习环境安全、平等、温馨、丰富 □活动时间充分，活动空间、设施、材料适宜，教师能够有效引导幼儿与环境、材料积极互动 □教师教学基本功扎实，教学语言生动活泼、简洁流畅，富有启发性和感染性，能够激发幼儿主动学习的兴趣和热情 □教师教学思路清晰、环节分明、张弛有度，能恰当地运用多元化的教学方法和手段，采用适宜的指导策略，形成有效的师幼、幼幼互动 □教师关注幼儿在活动中的表现和反应，能灵活调整活动的进程与指导策略，尊重幼儿的个体差异，实施因人而异的个别辅导 □教师教学过程完整、有序（有导入、有过程、有小结、有延伸） □教师对于整节课各环节的时间安排合理，能够重点突出完成目标	
教姿、教态	□教师语言严谨、准确，无太多口头语 □教师的提问方式多为开放式提问，以此引导幼儿寻找答案 □教师的语速、语气符合本年龄段的幼儿，有恰当的肢体动作辅助教学	

二、幼儿园语言教育活动

（一）幼儿园语言教育活动见习目标

（1）通过观摩幼儿园语言教育活动，了解幼儿园语言教育活动的内容、特点和要求，掌握幼儿园语言教育活动的基本知识和技能。

（2）通过观摩幼儿园语言教育活动，熟悉语言教育活动的组织流程，学习如何设计、组织、实施和评价幼儿园语言教育活动。

（3）观摩不同类型的语言教育活动，对活动过程及效果进行反思、评价。

（二）幼儿园语言教育活动见习内容

1. 幼儿园语言教育活动要点

（1）幼儿园谈话活动要点。

①设定明确话题。

在幼儿园语言教育谈话活动中，首先需要设定明确的话题，话题的选择应贴近幼儿的实际生活，符合他们的兴趣爱好和认知水平。

②营造宽松氛围。

教师应该积极创设良好的谈话环境，鼓励幼儿自由发表自己的观点和感受，尊重他们的意见和想法，让他们在谈话中感受到轻松、愉悦和自信。

③鼓励幼儿表达。

教师应鼓励幼儿积极表达自己的观点和感受，培养他们的表达能力和自信心。对于幼儿在表达中出现的语言错误或不完整的情况，教师应耐心倾听，及时纠正和补充，引导他们用完整、准确的语言进行表达。

④引导深入交流。

教师可以采用提问开放性问题、案例分析、小组讨论等形式，激发幼儿的思维和交流欲望，促进他们之间的互动和思考。

⑤及时反馈评价。

教师需要及时对幼儿的表达和交流进行评价和反馈，评价应以鼓励和引导为主，同时要帮助幼儿认识自己的不足并给予改进建议。

⑥培养良好习惯。

教师需要注重培养幼儿的良好习惯，如认真倾听、尊重他人、有序发言等。

（2）幼儿园文学活动要点。

①选择适合幼儿年龄的文学作品。

教师应根据幼儿的认知水平和兴趣爱好，选择情节生动、语言优美、富有教育意义的文学作品，如绘本、童话、寓言等。

②激发幼儿对文学的兴趣和好奇心。

教师可以通过生动的故事讲述、有趣的角色扮演，并搭配优美的音乐和有趣的画面等手段，吸引幼儿的注意力，让他们感受到文学的魅力和趣味。同时，教师还可以通过设置悬念、提问等方式，引导幼儿主动探究文学作品的主题和情感，激发他们的好奇心和求知欲。

③引导幼儿理解文学作品的主题和情感。

教师通过讲解、讨论、演示等方式，帮助幼儿理解文学作品的主题思想、情节发展、角色性格等，引导他们体会作品所表达的情感和意境。

④培养幼儿的阅读能力和语言表达能力。

教师可以通过指导幼儿阅读文学作品、复述故事情节、进行角色扮演等形式，培养他们的阅读能力和语言表达能力。

⑤鼓励幼儿表达自己的想法和感受。

教师需要鼓励幼儿创造性地表达自己的想法和感受。通过引导幼儿对文学作品进行改编、续写等活动，激发他们的想象力和创造力。

⑥引导幼儿发现和欣赏文学作品中的美和价值。

教师需要引导幼儿发现和欣赏文学作品中的美和价值。通过讲解、演示、讨论等方式，帮助幼儿理解作品中所蕴含的美和价值观念，如诚实、勇敢、友谊等。

（3）幼儿园讲述活动要点。

①激发兴趣，引导幼儿积极参与讲述活动。

教师应通过生动的故事情节、有趣的图片展示、设置悬念等方式，激发幼儿对讲述活动的兴趣，引导他们积极参与。

②提供丰富多样的讲述素材，如故事、图片等。

教师需要提供丰富多样的讲述素材，如生动有趣的故事、形象直观的图片等激发幼儿的思维和语言表达能力，帮助他们更好地理解和表达讲述内容。

③引导幼儿用完整的语言表达意思。

教师通过示范、讲解、提问等方式，帮助幼儿理解完整句子的结构、语法和表达方式，鼓励他们运用所学知识进行讲述。

④鼓励幼儿在讲述中使用丰富的词汇和表达方式。

教师通过示范、讲解、扩展等方式，引导幼儿学习和运用成语、修辞等语言表达技巧，提高他们的语言表现力和感染力。同时，教师还应关注幼儿的发音和语调问题，及时纠正和指导。

⑤帮助幼儿理解讲述的顺序和结构。

教师需要通过讲解、演示、提问等方式，引导他们掌握时间、地点、人物等要素的关系和逻辑，培养他们的逻辑思维和条理性。

⑥指导幼儿运用语言技巧进行有感情的讲述。

教师需要指导幼儿运用语言技巧进行有感情的讲述，通过示范、讲解、讨论等方式，引导幼儿掌握语调、语气、表情等语言表达技巧。

⑦鼓励幼儿在集体面前进行讲述。

教师需要鼓励幼儿在集体面前进行讲述，通过组织小组活动、互动游戏等方式，创造机会让幼儿在同伴面前表达自己的观点和想法。

⑧创设良好的语言环境，促进幼儿自由讲述。

教师需要创设一个宽松、自由的语言环境，鼓励幼儿自由表达自己的观点和感受。

（4）幼儿园听说游戏要点。

①设计富有吸引力的听说游戏。

游戏的内容应该贴近幼儿的生活，情节生动有趣，能够引发幼儿的好奇心和探索欲望。

②确保听说游戏的难度适宜。

教师应该根据幼儿的年龄和认知水平，选择难度适宜的游戏。

③注重听说游戏的互动性。

在游戏中，教师应利用富有感染力的语言和表情，引导幼儿积极参与游戏。同时，教师还应该关注幼儿的表现，及时给予反馈和鼓励，让他们在游戏中感受成功的喜悦。

④培养幼儿良好的听说习惯。

教师应该引导幼儿认真倾听他人的发言，不打断他人的发言，尊重他人的意见。同时，教师还应该鼓励幼儿用清晰、准确的语言表达自己的观点和想法。

⑤注重游戏的评价与反思。

在听说游戏结束后，教师需要对游戏进行评价和反思。评价内容包括幼儿在游戏中的表现、游戏的难度是否适宜、游戏的目标是否达成等。

（5）幼儿园早期阅读活动要点。

①培养阅读兴趣。

在早期阅读中，教师应该把重点放在培养幼儿的阅读兴趣上。通过选择适合幼儿年龄和兴趣的读物，利用故事、儿歌等多种形式，激发幼儿对阅读的兴趣和好奇心。

②提升阅读理解能力。

教师应通过指导幼儿观察图画、图表等方式，引导他们理解文本的内容和意义。

③丰富词汇量。

教师应通过带领幼儿阅读各种类型的读物，引导其学习新词汇并掌握词汇的含义和用法。

④引导阅读习惯。

教师需要引导幼儿养成良好的阅读习惯，如定时阅读、姿势正确等。

⑤创造阅读环境。

教师需要为幼儿创造一个温馨、舒适、充满童趣的阅读环境，如建立图书角，提供丰富多样的读物，鼓励幼儿自带图书等。

⑥结合游戏教学。

教师需要根据读物的特点和内容设计各种游戏，如角色扮演、猜谜语、拼图等，让幼儿在游戏中加深对读物的理解和记忆。同时，教师还可以利用多媒体手段（如动画、音效等）增强游戏的趣味性和互动性，让幼儿在轻松愉快的氛围中提高阅读能力。

2. 幼儿园语言教育活动见习观察记录

幼儿园语言教育活动见习观察记录见表4-10～表4-14。

表4-10 幼儿园谈话活动观察记录

项目	观察要点	
谈话活动的特点	□有一个明确、有趣的话题中心 □具有宽松、自由的交流氛围，允许幼儿发表自己的独特看法 □教师起着间接引导的作用，鼓励幼儿多交谈 □具有丰富的谈话素材	
谈话活动分类	形式分类	□日常生活谈话　□日常个别谈话 □日常集体谈话　□日常小组谈话
	内容分类	□看图谈话　□参观、观察后谈话 □游戏或活动后谈话　□突发事件后谈话　□其他：
谈话活动的设计步骤	□创设谈话情境，引出谈话主题 □幼儿围绕话题自由交谈 □教师引导幼儿逐步拓展谈话范围，鼓励每位幼儿积极参与谈话 □教师总结谈话结论或引导、示范新的谈话经验	

（续表）

请详细记录一个幼儿园的谈话活动：
幼儿园：　　　　班级：　　　　谈话者：　　　　谈话对象：　　　　观察日期：　　　　记录者：
谈话主题： 活动名称： 活动目标： 谈话背景或经验准备： 活动过程： 活动延伸： 活动反思与评价：

表4-11　幼儿园文学活动观察记录

项目	观察要点
文学活动类型	□诗歌、散文活动　□故事活动　□童话 □寓言　□早期阅读　□其他：
幼儿诗歌、散文活动设计	□设置情境，引出作品　□教师示范朗诵诗歌、散文 □多途径帮助幼儿理解诗歌、散文 □通过音乐、挂图、幻灯片、多媒体课件等，帮助幼儿理解诗歌、散文 □通过描述性、思考性、建设性等提问，帮助幼儿理解诗歌、散文 □理解诗歌、散文中的字词句　□理解诗歌、散文中的情绪、情感 □理解诗歌、散文的表现形式　□学习朗诵诗歌、散文 □围绕诗歌、散文主题开展相关活动 □诗歌表演游戏　□诗歌模仿、改编活动　□绘画　□唱诵　□配乐朗诵
幼儿故事、寓言活动设计	□创设情境，引出故事 □通过幻灯片、绘本、录音、视频或课件等，讲述故事 □利用挂图、教具、故事表演等，通过描述性、思考性、建设性的提问方式，帮助幼儿理解故事主题、情节、人物性格 □迁移故事经验，围绕故事主题开展系列创造性的语言活动

请详细记录一个幼儿园的文学活动：
幼儿园：　　　　班级：　　　　授课教师：　　　　观察日期：　　　　观察者：
活动名称： 活动目标： 活动准备： 活动过程： 活动延伸： 活动评价：

表 4-12 幼儿园讲述活动观察记录

项目	观察要点	
讲述活动分类	讲述类型分类	□图片讲述　□实物讲述　□情景讲述 □生活经验讲述　□创造性讲述
	讲述内容分类	□叙事性讲述　□描述性讲述 □说明性讲述　□议论性讲述
讲述活动过程设计	1. 感知理解讲述对象： □依据讲述类型的特点感知、理解讲述对象 □依据具体活动要求的特点感知、理解讲述对象 2. 运用已有经验讲述： □运用已有经验集体讲述　□运用已有经验小组讲述 □运用已有经验个别交流讲述 3. 引入新的讲述经验： □教师示范新的讲述经验　□教师通过提示引入新的讲述经验 □教师与幼儿一起讨论新的讲述思路 4. 巩固和迁移新的讲述经验： □小组讲述，进行巩固和再实践	
请详细记录一个幼儿园的讲述活动：		
幼儿园：　　　班级：　　　授课教师：　　　观察日期：　　　观察者：		
活动名称： 活动目标： 活动准备： 活动过程： 活动延伸： 活动评价：		

表 4-13 幼儿园听说游戏观察记录

项目	观察要点
听说游戏分类	□语音游戏　□词汇游戏　□句子游戏 □描述性游戏　□故事表演游戏
听说游戏过程设计	1. 设置游戏情景，引起幼儿兴趣： □用物品创设游戏情景　□用动作创设游戏情景　□用语言创设游戏情景 2. 说明游戏规则： □用简洁明了的语言讲解游戏规则 □清楚讲述游戏的规则要点和游戏的开展顺序 □用较慢的语速进行讲解和示范 3. 教师带领幼儿开展游戏： □教师以游戏角色参与幼儿游戏　□教师指导幼儿游戏 4. 幼儿自主游戏： □集体活动形式进行游戏　□小组活动形式进行游戏
请详细记录一个幼儿园的听说游戏：	

(续表)

| 幼儿园： | 班级： | 授课教师： | 观察日期： | 观察者： |

活动名称：
活动目标：
活动准备：
活动过程：
活动延伸：
活动评价：

表4-14 幼儿园早期阅读活动观察记录

项目		观察要点
早期阅读资源	幼儿园园内资源	□班级有充足的阅读材料，图书、画报、早期读物等 □读书角摆放了合适的阅读材料 □幼儿园有专门的图书室或阅读中心 □班与班之间有公共阅读区域　□有幼儿自制阅读材料
	家庭阅读资源	□家庭有充足的阅读材料，如图画书、早期读物等 □家长定期带幼儿去公共图书馆借阅早期阅读材料
	社区阅读资源	□社区有专门的幼儿阅览室　□附近有可借阅图书的场所
幼儿园早期阅读途径		□集体阅读　　　□自主阅读　　　□小组阅读
幼儿园早期阅读频率		□每天定时阅读　□每周固定阅读　□随机阅读
幼儿园早期阅读指导		□提供阅读的机会和场所，营造宽松、舒适的阅读环境 □尊重差异，满足不同幼儿的阅读需求 □阅读材料应和幼儿生活紧密联系，鼓励幼儿将所学知识运用到生活中 □鼓励幼儿相互交流、分享
请详细记录一个幼儿园的早期阅读活动：		
幼儿园： 班级： 阅读者： 观察日期： 观察者：		
阅读内容： 阅读时长： 阅读方式： 阅读过程： 对幼儿园早期阅读活动的评价及建议：		

三、幼儿园社会教育活动

（一）幼儿园社会教育活动见习目标

（1）通过观摩幼儿园社会教育活动，了解幼儿园社会教育活动的内容、特点和要求，掌握幼儿园社会教育活动的基本知识和技能。

（2）通过观摩幼儿园社会教育活动，熟悉社会教育活动的组织流程，学习如何设计、组织、实施和评价幼儿园社会教育活动。

（3）观摩不同类型的社会教育活动，对教育活动过程及效果进行反思、评价。

（4）观察交往不同类型同伴的幼儿在日常生活中的表现，记录、分析其社会交往的特点。

（5）尝试和幼儿交流，了解他们自我意识发展的特点。

（二）幼儿园社会教育活动见习内容

1. 幼儿园社会教育活动要点

（1）培养幼儿的基本社会认知。

教师应通过课堂讲解、角色扮演、故事讨论等方式，帮助幼儿建立对社会的基本认知。

（2）激发幼儿的社会情感。

教师应通过讲述故事、组织团队活动、互动游戏等方式，引导幼儿体验和表达喜怒哀乐等基本情感，培养他们的同情心、友谊感和集体荣誉感。

（3）引导幼儿的社会行为。

教师应通过制定明确的规则、示范正确的行为、表扬和鼓励良好的行为等方式，帮助幼儿养成良好的行为习惯。

（4）营造良好的社交环境。

教师要为幼儿营造一个安全、温馨、友爱的班级氛围，促进幼儿之间的友好交往。

（5）促进幼儿社会性的发展。

教师应通过组织各种团队活动、互动游戏、参观访问等方式，提高幼儿的人际交往能力，培养他们的合作精神和竞争意识。

（6）培养幼儿良好的社交习惯。

教师要引导幼儿学会倾听、表达和交流，培养他们的合作意识和分享精神。同时，教师还应教育幼儿尊重他人、关心集体，培养他们的公共道德意识。

2. 幼儿园社会教育活动见习观察记录

幼儿园社会教育活动见习观察记录见表 4-15。

表 4-15 幼儿园社会教育活动见习观察记录

项目	观察要点
社会教育活动目标	□使幼儿能主动地参与各项活动，有自信心 □使幼儿乐意与人交往，学习互助、合作和分享，有同情心 □使幼儿理解并遵守日常生活中基本的社会行为规则 □使幼儿能努力做好力所能及的事，不怕困难，有初步的责任感 □引导幼儿爱父母、长辈、老师和同伴，爱集体、家乡和祖国
社会教育活动内容	□自我意识　□社会认知　□社会情感 □社会交往技能　□社会适应能力　□个性品质
活动的原则	□规则意识原则　□正面教育原则　□行为练习原则 □环境熏陶原则　□一贯性原则
活动方法	□榜样示范法　□同伴学习法　□情景体验法　□移情法　□价值澄清法
活动准备	□物质准备：各种教具、玩具、奖品、课件等 □环境准备：座位摆放、环境布置、情境表演等 □知识经验的准备：事先参观、事先学习等

(续表)

社会教育活动过程设计	1. 导入 □讲述故事导入　□出示教具导入　□猜谜导入 □谈话导入　□游戏导入　□其他导入 2. 活动展开 □引导幼儿讨论，使活动层次清楚，环环相扣　□引导幼儿积极主动地参与 □关注全体幼儿的发展，使幼儿处于主体地位　□互动方式灵活多样，生动有趣
活动延伸	□家园共育　□领域渗透　□环境创设　□区角活动　□生活、游戏
请详细记录一个幼儿园的社会教育活动：	
幼儿园：　　　班级：　　　授课教师：　　　观察日期：　　　观察者：	
活动名称： 活动目标： 活动准备： 活动过程： 活动延伸： 活动评价：	

四、幼儿园科学教育活动

（一）幼儿园科学教育活动见习目标

（1）通过观摩幼儿园科学教育活动，了解幼儿园科学教育活动的内容、特点和要求，掌握幼儿园科学教育活动的基本知识和技能。

（2）通过观摩幼儿园科学教育活动，熟悉科学教育活动的组织流程，学习如何设计、组织、实施和评价幼儿园科学教育活动。

（3）观摩不同类型的科学教育活动，对教师活动过程及效果进行反思、评价。

（4）调查幼儿园科学资源的情况，初步学习开发幼儿园科学教育活动资源。

（二）幼儿园科学教育活动见习内容

1. 幼儿园科学教育活动要点

幼儿园科学教育活动要点包括以下几方面。

①激发幼儿好奇心和探究欲望。

教师应为幼儿提供丰富多样的科学探究环境和材料，鼓励幼儿自由探索，满足幼儿的好奇心和探究欲望。

②培养幼儿科学探究能力。

教师应引导幼儿通过观察、实验、思考、交流等方式，主动发现问题、提出问题、分析问题和解决问题，培养他们的科学探究能力。

③培养幼儿观察能力。

教师应注重培养幼儿的观察能力，引导他们通过观察发现事物的特点和规律，从而更好地理解和掌握科学知识。

④培养幼儿实验操作能力。

教师应引导幼儿积极参与实验操作活动，通过亲自动手操作，培养他们的实验操作能力和动手能力。

⑤培养幼儿记录与表达能力。

教师应鼓励幼儿用图画、文字、符号等方式记录和观察实验的过程和结果，培养他们的记录与表达能力。

⑥培养幼儿合作与交流能力。

教师应组织幼儿进行小组合作学习、交流讨论等活动，培养他们的合作与交流能力。

⑦培养幼儿解决问题的能力。

教师应通过引导幼儿观察、思考、操作等方式，让幼儿在解决实际问题的过程中，学会运用所学知识进行分析和解决，提高幼儿的实践能力和创新精神。

2. 幼儿园科学教育活动见习观察记录

幼儿园科学教育活动见习观察记录见表4-16～表4-20。

表4-16 幼儿园种植、饲养及实验类科学活动观察记录

项目	观察要点
植物种植	指导幼儿观察： □户外土壤种植　□盆栽种植　□水养种植　□无土栽培种植 □其他：
动物饲养	指导幼儿观察： □家禽，如鸡、鸭、鹅等　□家畜，如小兔、猫等 □昆虫，如蚕、知了、蝈蝈等　□水生动物，如鱼、龟、虾、蝌蚪等 □其他：
科学小实验	指导幼儿进行： □种子发芽实验　□空气到处都有实验 □物体沉浮实验　□影子实验 □水的三态变化实验　□阳光与颜色关系实验 □力的平衡实验　□电的功能实验 □磁铁吸铁实验　□小动物生长需要空气实验 □植物生长需要水、阳光、空气实验　□融化实验
科学教育中的观察	观察法类型： □个别物体和现象的观察　□比较性观察　□长期系统性观察 观察法要点： □指导幼儿观察对象的显著特征 □指导幼儿运用多种感官发现事物特征　□引导幼儿全面、系统、有序地观察 □引导幼儿通过对观察对象的操作实践，把观察和操作相结合，全面观察事物，了解观察对象的变化 □鼓励幼儿用语言表达观察中的发现 □指导幼儿学习用不同方法记录观察结果
科学教育中的记录	记录的类型： □动作表征　□语言表达　□符号记录　□艺术体现　□间接补充 记录的要点： □记录时有明确的目的，并指导幼儿进行有意义的记录 □随时随地培养幼儿的记录意识、记录习惯与记录能力 □提供记录的工具，将幼儿的记录整理、归纳，形成档案 □引导幼儿就记录的内容进行讨论

(续表)

请详细记录一个幼儿园有关动植物、科学实验的科学教育活动：
幼儿园：　　　　班级：　　　　授课教师：　　　　观察日期：　　　　观察者：
活动名称： 活动目标： 活动准备： 活动过程： 活动延伸： 活动评价：

表 4-17　有关数的概念的科学教育活动观察记录

项目		观察要点
数的概念的教学内容	小班	□感知 5 以内的数字　□学习 5 个以内的实物 □学习拿取 5 个以内的相应数量的物品
	中班	□学习 10 以内的数字，理解数字的含义，会用数字表示物体的数量 □学习在不受物体空间排列形式和物体大小等外部因素干扰的情况下，正确判断 10 以内的数量，逐步建立等量的观念 □观察、比较、判断 10 以内数量关系的多少 □感知和体验 10 以内的自然数列中相邻两数的数差关系 □认识 10 以内的序数
	大班	□学习 10 以内的单、双数和相邻数　□认识零 □能从 10 以内任意一个数开始进行顺数和倒数 □初步学习从不同方向确定物体在序列中的位置，会用序数比较准确地表示物体在序列中的位置 □学习 10 以内数的分解和组成，体验总数与部分数之间的包含关系 □学习 10 以内数的加减法，认识加号、减号、等号，初步理解加法、减法的含义 □理解符号"="所表示的意思，以及用符号表示 10 以内的数量关系 □认识 100 元以内的人民币，能说出它们的单位名称，知道它们的面值是不同的

请详细记录一个有关数的概念的科学教育活动：
幼儿园：　　　　班级：　　　　授课教师：　　　　观察日期：　　　　观察者：
活动名称： 活动目标： 活动准备： 活动过程： 活动延伸： 活动评价：

表 4-18　有关量的概念的科学教育活动观察记录

项目		观察要点
教学内容	量的比较	小班 □比较两个物体的大小、长短，按物体的大小、长短给 4 个物体排序 □认识"1"和"许多"，初步感知"1"和"许多"的关系 □用"一一对应"的方法比较两组物体的数量，感知多、少和一样多的概念

(续表)

项目		观察要点
教学内容	量的比较	中班 □比较高矮、宽窄、粗细、厚薄等量的差异 □按物体的高矮、宽窄分类 大班 □学习用自然物测量物体
请详细记录一个幼儿园有关量的概念的科学教育活动：		
幼儿园：　　　班级：　　　授课教师：　　　观察日期：　　　观察者：		
活动名称： 活动目标： 活动准备： 活动过程： 活动延伸： 活动评价：		

表4-19　有关时间、空间的科学教育活动观察记录

项目		观察要点
教学内容	时间、空间	小班 □认识白天、黑夜，有早晚的时间概念，知道早晚有代表性情节的日常变化 □学习以自身为中心区分上下、前后的空间方位 中班 □有昨天、今天、明天的概念，知道上午、中午、下午的时间概念 □学习以自身为中心或他人为中心辨认里、外、远、近等 大班 □知道星期、年、月的名称及顺序；认识时钟，了解长针、短针及其功用，认识整点和半点 □学习以自身为中心辨别左右
请详细记录一个幼儿园有关时间、空间的科学教育活动：		
幼儿园：　　　班级：　　　授课教师：　　　观察日期：　　　观察者：		
活动名称： 活动目标： 活动准备： 活动过程： 活动延伸： 活动评价：		

表4-20　有关图形的科学教育活动观察记录

项目		观察要点
教学内容	图形	小班 □认识和区分圆形、正方形、三角形 □能够辨认生活中常见的圆形、正方形、三角形物体 中班 □认识和区分长方形、椭圆形、梯形、半圆形等

(续表)

项目		观察要点
教学内容	图形	☐体验图形的边角关系 ☐理解平面图形之间的关系，并能进行组合、分解和拼搭 大班 ☐认识和区分立体图形（几何体）：球体、正方体、圆柱体、长方体 ☐理解和区分平面图形与立体图形之间的关系 ☐能够依据形体特征将图形进行分类 ☐利用各种立体图形进行拼搭和建构活动，体验图形的边角关系

请详细记录一个幼儿园有关图形的科学教育活动：

幼儿园：　　　　班级：　　　　授课教师：　　　　观察日期：　　　　观察者：

活动名称：
活动目标：
活动准备：
活动过程：
活动延伸：
活动评价：

五、幼儿园艺术教育活动

（一）幼儿园艺术教育活动见习目标

（1）通过观摩幼儿园艺术教育活动，了解幼儿园艺术教育活动的内容、特点和要求，掌握幼儿园艺术教育活动的基本知识和技能。

（2）通过观摩幼儿园艺术教育活动，熟悉艺术教育活动的组织流程，学习如何设计、组织、实施和评价幼儿园艺术教育活动。

（3）观摩不同类型的艺术教育活动，对教师活动过程及效果进行反思、评价。

（4）观摩幼儿在艺术学习中的表现，分析幼儿艺术作品的特点。

（二）幼儿园艺术教育活动见习内容

1. 幼儿园艺术教育活动要点

（1）幼儿园歌唱活动要点。

①歌曲选择应考虑幼儿的年龄、兴趣和音乐能力，教师应选择节奏明快、旋律优美的歌曲，歌词应简单易懂，能够引起幼儿的兴趣。

②教师应通过示范和指导，帮助幼儿掌握正确的歌唱技巧，包括正确的呼吸方法、发声方式、咬字等。

③教师应通过拍手、跺脚、摇摆身体等方式，引导幼儿感知音乐的节奏和节拍。还可以让幼儿使用打击乐器，培养他们的节奏感和协调性。

④教师通过倾听、唱歌、跳舞等活动，让幼儿感受音乐的韵律和美感，培养他们对音乐的敏感性和兴趣。

⑤教师通过分声部合唱、小组合作等方式，让幼儿学会相互倾听、配合与协作，培养他们的团队合作精神。

⑥教师可以通过角色扮演等方式引导幼儿发挥想象力和创造力，丰富歌唱活动的形式和内容。

（2）幼儿园韵律活动要点。

①教师应选择节奏明快、旋律优美的音乐，以激发幼儿的兴趣和热情。同时，要注意选择适合幼儿年龄和感知能力的音乐，避免过于复杂或难度过高的音乐。

②教师应注重选择简单、易学的动作，并逐步引导幼儿学习和掌握。同时，要根据幼儿的身体发展水平，设计适合他们的动作和舞蹈步伐。

③教师应通过拍手、跺脚、摇摆身体等方式，引导幼儿感知音乐的节奏和节拍，培养他们的节奏感。

④教师应通过角色扮演等方式引导幼儿发挥想象力和创造力，丰富韵律活动的形式和内容。

⑤教师应在活动开始前明确告知幼儿活动的规则和要求，并强调遵守规则的重要性。

⑥教师应通过亲切的语言、积极的评价和鼓励，以及丰富多彩的活动形式，激发幼儿对韵律活动的兴趣和热情。同时，要给予幼儿充分的自由和表达机会，让他们在愉悦的氛围中享受韵律活动的乐趣。

（3）幼儿园打击乐活动要点。

①教师应通过播放不同类型的音乐，引导幼儿倾听，感受音乐的节奏和旋律，提高他们对音乐的敏感性和欣赏能力。

②教师应向幼儿介绍各种打击乐器的名称、特点和操作方式，并演示基本的演奏方法。

③教师应引导幼儿学会与其他小朋友合作，共同完成音乐的演奏。教师可以通过分组合奏、轮流演奏等形式，培养幼儿的合作意识和团队精神。

④教师可以鼓励幼儿自由创作节奏、即兴演奏等，激发他们的创造力和想象力。

⑤教师应鼓励幼儿通过演奏表现音乐的情感和意义。

（4）幼儿园音乐欣赏活动要点。

①在选择音乐素材时，教师应充分考虑幼儿的年龄特点、兴趣爱好和认知水平，选择具有鲜明特点、易于幼儿理解和感受的音乐作品。

②教师可以通过在教室内外播放适宜的音乐，利用音乐背景来营造积极、愉快的学习氛围。此外，还可以设立专门的音乐角或音乐活动室，提供丰富的音乐道具和乐器，让幼儿能够随时随地进行音乐探索和表达。

③教师应引导幼儿倾听音乐，感受音乐的节奏、旋律和情感内涵，鼓励幼儿用语言、动作等方式表达自己的感受和理解。同时，教师还可以通过讲解、示范等方式，帮助幼儿了解音乐作品的背景和意义，加深幼儿对音乐的理解和感受。

④教师可以通过设计各种音乐游戏、舞蹈、合唱等活动，激发幼儿对音乐的兴趣和热情，让幼儿在愉悦的氛围中感受音乐的魅力。

（5）幼儿园绘画活动要点。

①教师可以通过丰富多彩的绘画主题、生动有趣的绘画材料以及绘画过程中的互动游戏，激发幼儿的绘画兴趣。

②教师可以通过提供开放性的主题，引导幼儿从不同的角度思考，激发他们的创造力。

③教师需要教授幼儿一些基础的绘画技能，如线条的掌握、色彩的运用、形状的认知等。通过这些绘画技能的教授，可以让幼儿借助绘画更好地表达自己的想法和感受。

④教师需要引导幼儿认真观察周围的事物，发现事物的特点，从而在绘画中更好地表现出来。

⑤教师需要鼓励幼儿自由表达自己的想法和感受。无论他们的作品是否符合成年人的审美标准，都要给予一定的肯定和鼓励，让幼儿在绘画中体验到成功的喜悦。

⑥教师需引导幼儿发现美、欣赏美。可以通过欣赏名画、讲解色彩搭配等方式，培养幼儿的审美意识，让他们在绘画中追求美。

（6）幼儿园手工活动要点。

①教师应鼓励幼儿发挥想象力，尝试创作与众不同的作品。可以通过提供开放性的主题和材料，引导幼儿探索不同的创作方式，激发他们的创造力。

②教师应在活动中给予幼儿充分的操作机会，让他们亲自动手，掌握手工技能，增强实践能力。

③教师应鼓励幼儿发挥想象，创作有新意的作品。可以通过引导幼儿观察周围的事物，启发他们从不同的角度思考，激发他们的想象力。

④教师应引导幼儿欣赏自己和他人的作品，让他们感受美的元素，了解美的规律，从而提高他们的审美意识和艺术鉴赏能力。

⑤教师可以组织亲子手工活动，让家长和幼儿一起参与创作。这样的活动不仅有利于提高幼儿的动手能力，还能增强亲子关系，促进家庭和谐。

⑥教师可以组织小组合作创作，让幼儿共同完成一件作品，培养幼儿的合作精神，让他们学会相互协作。同时，通过分享幼儿自己的作品和心得，增强他们的沟通和表达能力。

2. 幼儿园艺术教育活动见习观察记录

幼儿园艺术教育活动见习观察记录见表4-21～表4-26。

表4-21 幼儿园歌唱活动观察记录

项目	观察要点
歌唱活动目标	□享受歌唱活动的快乐 □学会用嗓音进行艺术表现、培养音乐表现能力 □培养个性、社会性、积极的情绪、情感 □其他
歌唱活动内容	□幼儿歌曲　□童谣　□节奏朗诵　□外国歌曲改编 □幼儿即兴发挥创作的歌谣　□其他：
歌唱活动材料特点	□歌词具有童趣、有教育意义，便于幼儿理解 □歌词适合用动作来表现　□歌词富有韵律美 音域范围：□6度以下　□7～8度　□9～12度　□13度及以上 □其他： 节奏类型：□2/4拍　□3/4拍　□4/4拍　□3/8拍 结构长短：□6小节以下　□7～10小节　□11～14小节　□15小节及以上 词曲关系：□一字一音较多　□一字多音较多
歌唱表演形式	□独唱　□齐唱　□轮唱　□合唱　□对唱　□接唱 □领唱齐唱　□歌舞表演
幼儿学习的歌唱技能	□正确的歌唱姿势：身体正直，两眼平视，两臂自然下垂 □正确的发声方法：下巴自然放松，嘴自然张开 □正确的呼吸方法：自然呼吸，均匀用气，吸气时不耸肩 □正确的演唱技能：轻松自如演唱，表情自然 □默契的合作技能：注意倾听自己和他人的歌声，与他人和谐配合，注意伴奏

(续表)

请详细记录一个幼儿园的歌唱活动：
幼儿园：　　　　班级：　　　　授课教师：　　　　观察日期：　　　　观察者：
活动名称： 活动目标： 活动准备： 活动过程： 活动延伸： 活动评价：

表4-22　幼儿园韵律活动观察记录

项目	观察要点
韵律活动目标	□享受韵律活动的快乐 □培养个性、社会性，积极的情绪、情感　□其他：
韵律活动类型	□简单律动　□舞蹈（表演舞、集体舞、自娱舞） □动作表演游戏　□歌舞表演
韵律活动动作	□基本动作：走、跑、跳、摇头、点头、抓握、弯腰、摆手等 □模仿动作：模仿动植物造型、模仿日常生活动作、模仿事物运动状态 □舞蹈动作：基本舞步（跑跳步、小碎步、小跑步、蹦跳步等）、民族舞蹈动作、上臂舞蹈动作（提压腕、手腕转动）
韵律活动表演形式	□独舞　□双人舞或三人舞　□领舞　□群舞　□其他：
幼儿学习的韵律活动技能	□变化动作的技能：变化运动方向或方式、变化动作幅度和力度、控制重心、变化动作姿势 □组织动作的技能：按情节组织、按对称原则组织、按主题动作组织、按某种秩序组织、按音乐重复与变化规律组织 □韵律活动常识：听音乐信号起立或坐下，听音乐信号开始或结束活动，结束后自己收拾道具和整理场地
韵律活动材料选择	□音乐：节奏鲜明、结构工整、旋律优美、速度适宜 □道具：增加活动趣味性、实用美观、扩大动作表现力
韵律活动导入形式	□从观察开始　□从回忆动作或场景开始 □从基本动作学习或复习开始　□从舞蹈队形开始 □从游戏开始　□从故事讲述开始　□从音乐欣赏开始
请详细记录一个幼儿园的韵律活动：		
幼儿园：　　　　班级：　　　　授课教师：　　　　观察日期：　　　　观察者：		
活动名称： 活动目标： 活动准备： 活动过程： 活动延伸： 活动评价：		

表4-23　幼儿园打击乐活动观察记录

项目	观察要点
活动目标	□享受打击乐活动的快乐　□学会用奏乐的方式来表现音乐 □培养个性、社会性、积极的情绪、情感　□其他：
乐器的选择	碎响音色类乐器： □沙球　□铃鼓　□串铃　□棒铃　□摇铃　□铃圈　□沙蛋等 脆响音色类乐器： □木鱼　□响板　□双响筒、单响筒　□木梆子　□节奏棒 圆润音色类乐器： □三角铁　□碰铃 混响音色类乐器： □大鼓　□腰鼓　□手鼓　□小镲　□小锣　□小钹 其他特殊乐器： □蛙鸣筒　□卡巴萨　□其他：
音乐的选择	□一段体　□两段体　□三段体　□节奏清晰，旋律优美 □有鲜明、规律的对比因素，乐句或乐段间有明显差异 □是幼儿较熟悉的歌曲或韵律活动的音乐
配器方案的特点	□图形总谱，用形状和色彩表现配器方案　□动作总谱，用身体动作来表现配器方案　□语音总谱，用嗓音来表现配器方案
配器的基本步骤	□熟悉音乐，对音乐进行反复倾听、哼唱、体验 □根据音乐风格和特点设计节奏型　□布局乐器 □尝试演奏，并根据实际进行调整　□记谱，转化乐谱
打击乐演奏中幼儿学习的知识技能	□学习用自然协调的动作演奏乐器　□学习奏出适中的音量和美好的音色 □在演奏中注意聆听音乐和他人的演奏 □学习按音色给乐器分类　□学习利用乐器的搭配来制造良好的音响效果 □学习设计节奏类型和音色 □教师用动作表示准备、开始和结束，幼儿可以做出恰当反应 □教师在指挥时用眼睛注视幼儿，用身体姿势进行暗示，幼儿能注视指挥者，积极与之交流 □教师的指挥动作与音乐的变化和节奏一致，幼儿能按照教师的手势做出整齐的动作 □结束后幼儿收拾乐器、整理场地 □演奏时注意力集中，不做与演奏无关的事情
打击乐演奏的导入形式	□从总谱学习开始　□从总谱创编开始 □从主要声部学习或创编开始　□从音乐欣赏开始 □从故事讲述开始　□从歌唱或韵律活动开始
基本程序	□先整体后分步的程序　□层层累加的程序

请详细记录一个幼儿园的打击乐活动：

幼儿园：　　　班级：　　　授课教师：　　　观察日期：　　　观察者：

(续表)

活动名称：
活动目标：
活动准备：
活动过程：
活动延伸：
活动评价：

表 4-24　幼儿园音乐欣赏活动观察记录

项目	观察要点
音乐欣赏活动内容	□聆听周围环境中的音乐　□欣赏音乐作品 □学习音乐欣赏的简单知识技能
音乐欣赏活动设计	初步欣赏： □引导性谈话　□运用直观教具　□教师演示或利用动画片演示 分段欣赏： □分段欣赏音乐作品前对幼儿提出具体的欣赏要求 □利用一切可以利用的因素及幼儿已有的知识和生活经验，帮助他们感受和理解音乐的表现手段 □对音乐作品进行对比和归类 □引导幼儿注意音乐的主要部分及整体 □鼓励幼儿用多种方式（语言、图画、动作等）表达对音乐的感受和理解 整体欣赏： □完整欣赏作品，并根据作品特点，选择合适方式表现

请详细记录一个幼儿园的音乐欣赏活动：

幼儿园：	班级：	授课教师：	观察日期：	观察者：

活动名称：
活动目标：
活动准备：
活动过程：
活动延伸：
活动评价：

表 4-25　幼儿园绘画活动观察记录

项目	观察要点
绘画活动类型	按题材分： □人物画　□动物画　□景物画 按工具材料分： □硬笔画：水彩笔、蜡笔、油画棒等 □颜料画：水粉颜料、水彩颜料、国画颜料 □创意画：拓印画、吹画、纸版画、油水分离画、喷洒画 按指导主题分： □命题画　□意愿画　□装饰画

(续表)

项目	观察要点
绘画活动的目标	□认识、体验不同绘画工具、材料的特性，探索学习各种表现方法 □认识常见颜色、线条和形状 □以幼儿自己喜欢的方式，用线条、色彩、构图等进行绘画活动，体验绘画创作的乐趣 □综合使用多种绘画工具和材料进行绘画活动，大胆表达幼儿自己的情感和想法
绘画活动的教学方法	□语言指导法：讲授、谈话、讨论等　　□直观感知法：观察、演示等 □指导练习法：示范、操作练习等　　□情境熏陶法：联想、情境创设等 □引导探究法：尝试、探究等
绘画活动中教师的指导要点	感知与体验环节： □提供幼儿多样性、丰富性、典型性的美术作品作为感知对象 □引导幼儿分析事物的基本结构，帮助幼儿把握物体的形态特征 □提供幼儿的感知作品与创作主题相匹配 □引导幼儿运用多种感官进行体验 探索与发现环节： □为幼儿提供接触和使用工具材料的机会，鼓励幼儿在操作过程中了解工具材料的特性和技法 □鼓励幼儿自主探究、自我发现 □适当进行演示，帮助幼儿掌握操作技法 创作与表现环节： □创作前交代创作的要求，帮助幼儿明确构思、创作的主题 □创设宽松的环境，尊重幼儿创意，不随意贬低幼儿作品 □鼓励幼儿在掌握方法的基础上不断创新，创作出与众不同的作品 展示与评议环节： □展示幼儿作品，鼓励幼儿用自己的作品或艺术品布置环境 □作品评价与过程评价相结合 □鼓励幼儿自述、同伴相互欣赏、教师引导为主的评价方式

请详细记录一个幼儿园的绘画活动：

幼儿园：　　　　班级：　　　　授课教师：　　　　观察日期：　　　　观察者：

活动名称：
活动目标：
活动准备：
活动过程：
活动延伸：
活动评价：

表 4-26　幼儿园手工活动观察记录

项目	观察要点
手工活动的类型	□泥工，用双手和简单工具将橡皮泥、面泥、陶泥、超轻黏土、纸黏土等塑造成立体作品的活动 □纸工，如剪纸、折纸、撕纸、拼贴纸、染纸、编纸等 □综合性手工制作，如面具制作、废旧材料制作、蔬果造型制作等

(续表)

项目	观察要点
手工活动的目标	□认识各种手工材料和手工工具 □掌握剪、折、撕、粘、搓、压、印等手工技能，会用不同手工工具和材料制作平面或立体作品 □使幼儿大胆运用各种手工材料按照自己的意愿进行制作，乐于用手工活动表达自己的想法和情感
手工活动的基本技能	泥工活动的基本技能： □搓圆，双手手掌用力匀速搓动，将泥团搓成圆球 □搓长，将泥放在手心，双手前后搓动，搓成长条或圆柱体 □压扁，将搓长的长条或搓成的圆球压成片状 □捏泥，用拇指、食指、中指的指尖互相配合，以捏的技巧塑造细节部分 □抻拉，从一整块泥中，按物体的结构抻拉出各部分 □粘接，直接将两端塑成一边凸出另一边凹进的形状，两边粘接后压紧或用牙签、小木棍等连接两端后压紧 □分泥，用目测的方法将大块泥按比例分成若干小块 纸工活动的基本技能： 折纸技能： □对边折　□对角折　□集中一角折　□四角向中心折 □双正方形折　□双三角形折　□双菱形折 剪纸技能： □目测剪　□沿轮廓剪　□折叠剪 撕纸技能： □纸的拿法　□起撕　□直撕　□转撕　□折叠撕 □自由撕　□按轮廓撕

请详细记录一个幼儿园的手工活动：

幼儿园：	班级：	授课教师：	观察日期：	观察者：

活动名称：
活动目标：
活动准备：
活动过程：
活动延伸：
活动评价：

第三节　幼儿园游戏活动

　　幼儿园游戏活动对幼儿的发展具有深远影响，如在培养社交能力，锻炼肢体协调能力，激发创造力和想象力，促进语言和沟通能力，提升解决问题能力，培养合作和竞争意识以及促进情感发展等方面发挥着关键作用。这些活动为幼儿提供了一个安全、有趣的环境，让他们在游戏中学习和成长，为未来的全面发展奠定基础。本节从创造性游戏（如角色游戏、结构游戏、表演游戏）和规则游戏（如智力游戏、体育游戏、音乐游戏）出发，探寻幼儿园游戏活动的见习内容。帮助学生进一步弄清这些内容要点，使学生初步掌握各类游戏活动的内容及要点。

在见习过程中，学生可以通过观察、访谈和调查等形式了解幼儿园各类游戏活动开展的情况，对幼儿在游戏中的行为进行观察记录，将其作为探究幼儿心理发展规律及特点的重要手段。

一、幼儿园角色游戏

角色游戏是幼儿依据自己的兴趣和意愿，借助模仿和想象，通过扮演角色，创造性地反映其生活环境、生活体验和生活感受的游戏。角色游戏强调自主性、主动性、创造性，是幼儿期典型的游戏形式。

（一）幼儿园角色游戏见习目标

（1）熟悉不同年龄阶段幼儿角色游戏的水平和特点，学会观察幼儿在角色游戏中的表现。
（2）在观察中学习如何对角色游戏环境和材料进行评定。
（3）对幼儿角色游戏行为进行描述性记录，并提出合理的教育建议。

（二）幼儿园角色游戏见习内容

1. 幼儿园角色游戏要点
（1）激发兴趣。
教师应通过生动有趣的故事、歌曲、动画等形式，引导幼儿了解各种角色和相关的社会行为规范，让他们对角色游戏充满期待和好奇心。
（2）创设环境。
教师应根据幼儿的兴趣和年龄特点，提供丰富的游戏材料和道具，如玩具娃娃、厨房用具、医疗用品等，让幼儿能够根据自己的想象和创意进行角色扮演。
（3）角色选择与创造。
教师应观察幼儿在角色游戏中的角色选择，明确幼儿是按照自己的兴趣和意愿选择，还是受到了其他因素的影响。同时，鼓励幼儿创造新的角色和身份，如超级英雄、动画角色等，以激发他们的想象力和创造力。
（4）布置游戏情境。
教师应观察幼儿在角色游戏中如何布置和设计游戏情境，如医院、超市、学校等。评估他们是否能够根据角色的需要和情节的发展，合理地布置游戏情境。
（5）培养沟通与协作能力。
观察幼儿在角色游戏中与同伴的沟通情况，确认幼儿是否能清晰地表达自己的意见和需求，是否能有效地解决沟通中的问题。
（6）发挥想象力与创造力。
观察幼儿在角色游戏中是否能够充分发挥自己的想象力，创造出与现实生活相似的情节和故事。
（7）制定与遵守游戏规则。
观察幼儿在角色游戏中是否懂得在游戏开始前与同伴共同制定游戏规则，是否能理解并遵守游戏规则。
（8）游戏评价与反思。
在游戏结束后，鼓励幼儿对游戏过程进行评价和反思，总结游戏中的收获和不足。

2. 幼儿园角色游戏见习观察记录

幼儿园角色游戏见习观察记录见表4-27。

表4-27 幼儿园角色游戏见习观察记录

幼儿园：	班级：	观察日期：	
观察对象：	性别：	年龄：	
观察情景描述：			
观察线索	幼儿姓名及具体表现	幼儿姓名及具体表现	幼儿姓名及具体表现
1. 主题的确定； 2. 在游戏中是否运用材料； 3. 新颖性与创新性； 4. 游戏常规的执行； 5. 社会参与水平，与伙伴合作与交往行为； 6. 游戏持续时间； 7. 独立自主性（自选伙伴，主动交流，协调关系等）			
教师指导类型	指导过程描述		
1. 游戏前指导； 2. 游戏过程中指导； 3. 游戏后指导			
游戏评析：			

二、幼儿园结构游戏

结构游戏是创造性游戏的一种，又叫"建筑游戏""建构游戏"，是指幼儿利用各种不同的结构玩具或结构材料来构造物体的一种游戏。

（一）幼儿园结构游戏见习目标

（1）熟悉不同年龄阶段幼儿结构游戏的目标和材料，学会分析其适宜性。
（2）在观察中学习如何对结构游戏环境和材料进行评定。
（3）观察幼儿在结构游戏中的行为表现，了解他们的结构兴趣、结构经验和结构能力。
（4）对幼儿结构游戏行为进行描述性记录，并提出合理的教育建议。

（二）幼儿园结构游戏见习内容

1. 幼儿园结构游戏要点
（1）游戏主题。
观察幼儿结构游戏的主题，注意幼儿的兴趣点是什么，他们选择的搭建内容是否与他们的生活经验相关。
（2）游戏材料。
考虑幼儿的年龄和兴趣，选择适合他们的游戏材料。对于年龄较小的幼儿，可以选择一些简单、安全的材料，如小型积木、塑料拼图等；对于年龄较大的幼儿，可以选择一些有挑战性的材料，如大型积木、橡皮泥等。

（3）游戏指导。

根据不同类型的结构游戏进行不同的指导。对于积木游戏，教师可以教授幼儿如何选择合适的积木来搭建稳固的框架；对于拼图游戏，教师可以引导幼儿观察图案，教授他们如何拼凑出完整的图案；对于橡皮泥塑形游戏，教师可以教授幼儿如何揉捏、塑形，创造出各种作品。

（4）游戏玩法。

观察幼儿在结构游戏中的玩法，了解他们是否能够按照一定的规则进行游戏，如按照图纸搭建、按照自己的想象搭建等。

（5）游戏时间。

观察幼儿在结构游戏中花费的时间，了解他们是否能够在规定的时间内完成搭建任务。同时，也要注意幼儿在游戏过程中是否有耐心，是否能够坚持完成一个搭建项目。

（6）游戏环境。

观察幼儿在结构游戏中的环境创设，了解他们是否能够在良好的游戏环境中进行游戏。

（7）幼儿参与度。

观察幼儿在结构游戏中的参与度，了解他们是否能够积极地参与到游戏中去，以及他们在游戏中的表现是否活跃。

（8）游戏效果。

观察幼儿在结构游戏中的表现和成果，评估游戏的效果。例如，幼儿是否能够完成搭建目标，他们的作品是否具有创造性和想象力等。

2. 幼儿园结构游戏见习观察记录

幼儿园结构游戏见习观察记录见表4-28。

表4-28 幼儿园结构游戏见习观察记录

幼儿园：		班级：		观察日期：
观察对象：		性别：		年龄：
观察情景描述：				
观察线索		幼儿姓名及具体表现	幼儿姓名及具体表现	幼儿姓名及具体表现
1. 主题的确定； 2. 运用游戏材料的技能（叠高、平铺、围合等）； 3. 新颖性与创新性； 4. 游戏常规的执行； 5. 社会参与水平，伙伴合作与交往行为； 6. 游戏持续时间； 7. 造型能力				
教师指导类型		指导过程描述		
1. 游戏前指导； 2. 游戏过程中指导； 3. 游戏后指导				

（续表）

游戏评析：

三、幼儿园表演游戏

表演游戏是幼儿以故事为线索展开的游戏活动，所谓的故事不仅可以指儿童文学作品，也可以是幼儿自己创编的故事以及他们经历过的事件，是幼儿通过角色扮演，运用语言（对话、独白）、动作、表情等再现文艺作品内容的一种创造性游戏。

（一）幼儿园表演游戏见习目标

（1）熟悉不同年龄阶段幼儿表演游戏的水平和特点，学会记录幼儿在表演游戏中的表现。

（2）在观察中学习如何对表演游戏环境和材料进行评定。

（3）对幼儿表演游戏行为进行描述性观察记录，并提出合理的教育建议。

（二）幼儿园表演游戏见习内容

1. 幼儿园表演游戏要点

（1）主题选择。

教师选择的主题应符合幼儿的年龄和发展水平，具有教育意义和趣味性。同时，主题的选择应该能够激发幼儿的兴趣和想象力，让他们积极参与其中。

（2）场景布置。

根据主题和游戏内容，教师应利用现有的教具、玩具等材料进行场景布置，也可以引导幼儿参与场景布置，发挥他们的创造力和动手能力。

（3）角色分配。

教师应充分了解每个幼儿的性格特点和能力，合理地分配角色。此外，教师还应该鼓励幼儿尝试扮演不同的角色，以提高他们的角色认知和自我调控能力。

（4）游戏规则。

在游戏开始之前，教师需要向幼儿介绍游戏的规则和玩法。对于一些较为复杂的游戏规则，教师可以采用简单明了的语言进行解释，或者通过示范的方式让幼儿更好地理解。

（5）互动交流。

教师需要引导幼儿在游戏中积极与其他同伴互动交流，提高他们的语言表达能力和社交能力。

（6）创新启发。

教师应引导幼儿在游戏中发挥想象力，添加自己的元素和想法，或者鼓励他们尝试不同的表演方式和方法。

2. 幼儿园表演游戏见习观察记录

幼儿园表演游戏见习观察记录见表4-29。

表4-29 幼儿园表演游戏见习观察记录

幼儿园：		班级：		观察日期：	
观察对象：		性别：		年龄：	
观察情景描述：					
观察线索			幼儿姓名及具体表现	幼儿姓名及具体表现	幼儿姓名及具体表现
1. 主题的确定； 2. 在游戏中是否运用材料； 3. 角色的分配； 4. 新颖性与创新性； 5. 游戏常规的执行； 6. 社会参与水平，伙伴合作与交往行为； 7. 游戏持续时间； 8. 技能发展与身体协调性					
教师指导类型			指导过程描述		
1. 游戏前指导； 2. 游戏过程中指导； 3. 游戏后指导					
游戏评析：					

四、幼儿园智力游戏

智力游戏是根据一定的智育任务设计的，以生动有趣的形式使幼儿在自愿、愉快的活动中增进知识，发展智力的一种有规则的游戏。

（一）幼儿园智力游戏见习目标

（1）熟悉不同年龄阶段幼儿智力游戏的水平和类型，熟悉智力游戏的玩法。

（2）观察幼儿在智力游戏中的行为表现，进行描述性记录和分析。

（3）能够对智力游戏进行反思，提出有效建议。

（二）幼儿园智力游戏见习内容

1. 幼儿园智力游戏要点

（1）激发学习兴趣。

教师应引导幼儿发现和体验学习的乐趣，使他们对新知识充满好奇和渴望。通过生动有趣的游戏情节和多样化的游戏形式，吸引幼儿的注意力，让他们在游戏中主动探索和学习。

（2）培养动手能力。

教师应设置一些需要幼儿动手操作的任务，如拼图、搭积木、制作手工等。通过这些活动，让幼儿在实践中锻炼协调能力和动手能力，培养他们的实践精神和创造力。

（3）促进思维发展。

教师应引导幼儿运用分析、比较、归纳、推理等思维方式解决问题。通过设置开放性的问题，激发幼儿的思考、探索欲望，培养他们的批判性思维和创造性思维。

（4）提高语言表达能力。

教师应引导幼儿通过语言表达自己的想法和感受，锻炼他们的口语表达能力。同时，教师还可以通过故事讲述、角色扮演等形式，培养幼儿的语言理解能力和表达能力，促进他们的语言发展。

（5）增强社交能力。

教师应鼓励幼儿与其他幼儿一起玩耍和合作，培养他们的合作意识和社交技能。通过游戏中的互动交流，让幼儿学会分享、尊重他人、解决冲突等社交技巧。同时，教师还要关注幼儿的情感需求，帮助他们建立积极的人际关系和情感支持系统。

（6）培养创造力。

教师应鼓励幼儿发挥自己的想象力和创造力，尝试新的玩法和思路。同时，教师还可以通过提供丰富的游戏材料和道具，激发幼儿的创造力，让他们在游戏中自由探索和创新。

2. 幼儿园智力游戏见习观察记录

幼儿园智力游戏见习观察记录见表4-30。

表4-30　幼儿园智力游戏见习观察记录

班级：	观察对象：	日期：	观察者：
游戏名称：			
游戏场地：			
游戏器材：			

项目	观察要点	观察结果描述
智力游戏类型	□发展观察力的智力游戏：听觉游戏、视觉游戏、触觉游戏等 □发展注意力和记忆力的游戏：配对游戏 □发展想象力的游戏：猜谜游戏、补缺游戏、拼图游戏、听描述做动作游戏 □发展思维的智力游戏：分类及归类游戏、运算推理游戏 □牌类游戏 □棋类游戏：围棋、象棋、飞行棋、五子棋等	
智力游戏规则	□游戏规则适合幼儿年龄特征和认知特点 □具有趣味性和刺激性　□规则清晰易懂	
智力游戏指导	□教师根据幼儿发展水平编选和设计合适的智力游戏 □用简明生动的语言和适当示范，将游戏的目的、要求、玩法和规则介绍给幼儿 □难度较大的游戏可分步练习，分阶段练习 □督促幼儿遵守游戏规则	
请详细记录一个幼儿园的智力游戏：		

(续表)

活动目的： 活动规则： 玩法： 幼儿表现： 评价与反思：

五、幼儿园体育游戏

体育游戏是根据一定的体育任务设计的，由身体动作、情节、角色等组成的一种规则游戏，是幼儿体育活动的一种主要形式。

（一）幼儿园体育游戏见习目标

（1）熟悉不同年龄阶段幼儿体育游戏的水平和内容，熟悉体育游戏的玩法。
（2）观察幼儿在体育游戏中的行为表现，进行描述性记录和分析。
（3）能够对体育游戏进行反思，提出有效建议。

（二）幼儿园体育游戏见习内容

1. 幼儿园体育游戏要点
（1）安全意识教育。
教师需要确保幼儿了解游戏设施和环境的安全规则，教育他们如何避免危险，以及在发生危险情况时如何自我保护。
（2）趣味为主。
教师应利用各种道具、角色扮演、情境模拟等方式，增加游戏的趣味性和吸引力，使幼儿在游戏中享受快乐，积极参与。
（3）锻炼体能。
教师应引导幼儿通过跳跃、奔跑、攀爬、保持平衡等基本动作的练习，培养幼儿的身体协调性和灵活性。
（4）培养协作。
教师应通过小组游戏、团队合作等形式，让幼儿了解团队协作的重要性，学会分工合作、沟通交流和解决团队中的问题。
（5）促进智力发展。
教师可以引导幼儿在游戏中发现问题、解决问题，鼓励他们发挥想象力和创造力，促进幼儿的全面发展。
（6）规范行为。
教师通过示范和引导，教育幼儿学会遵守规则，尊重裁判、对手，树立正确的价值观和行为习惯。
（7）教师引导。
教师应该在游戏中起到引导和帮助的作用，鼓励幼儿积极参与游戏，促进幼儿的身体和心理发展。

2. 幼儿园体育游戏见习观察记录

幼儿园体育游戏见习观察记录见表4-31。

表4-31 幼儿园体育游戏见习观察记录

班级：	观察对象：	日期：	观察者：
游戏名称：			
游戏场地：			
游戏器材：			

项目	观察要点	观察结果描述
体育游戏类型	按活动形式分类： □接力游戏　□追拍游戏 □争夺游戏　□角力游戏 □猜摸游戏	
游戏中的组织	□告知幼儿游戏名称 □准备游戏所需教具、器械和玩具等 □查看幼儿服装是否适合进行体育游戏 □进行游戏前的准备、热身活动 □引导幼儿集合、报数、排列队形 □介绍游戏的名称、方法、动作要求、规则等 □帮助幼儿了解游戏方法　□示范游戏动作 □让幼儿进行一定的练习，学习新动作。充分调动幼儿游戏的积极性 □保持各队人数合理，力量搭配得当。合理分配角色，采用民主法来确定角色	
游戏中的指导	□把握适当的运动量，根据幼儿实际情况制定运动量 □提醒幼儿遵守游戏规则 □注意幼儿身体姿势和动作的正确性　□注意安全 □游戏结束时做伸展放松活动	
请详细记录一个幼儿园的体育游戏：		
活动目的： 活动规则： 玩法： 幼儿表现： 评价与反思：		

六、幼儿园音乐游戏

音乐游戏是在幼儿园教育环境中，教师利用音乐作为媒介，设计并进行的一系列富有趣味性、互动性和教育性的游戏。这些游戏旨在通过音乐的旋律、节奏、音色等元素，引导幼儿积极参与，促进他们的全面发展。

（一）幼儿园音乐游戏见习目标

（1）熟悉不同年龄阶段幼儿音乐游戏的水平和内容，熟悉音乐游戏的玩法。
（2）观察幼儿在音乐游戏中的行为表现，进行描述性记录和分析。
（3）能够对音乐游戏进行反思，提出有效建议。

（二）幼儿园音乐游戏见习内容

1. 幼儿园音乐游戏要点
（1）音乐选择。
教师应选择节奏明快、旋律优美的幼儿歌曲或乐曲，确保音乐内容积极向上，能够激发幼儿的兴趣和创造力。
（2）游戏设计。
教师应根据音乐的主题和内容，设计有趣的游戏情节和角色，让幼儿在游戏中感受音乐的魅力。
（3）动作指导。
教师应根据音乐的节奏和旋律，设计简单易学、符合幼儿身体发展特点的动作，引导幼儿跟随音乐进行表演。同时，也要注意动作的安全性和规范性，避免幼儿在游戏中受伤。
（4）音乐感知。
教师应通过游戏的形式，引导幼儿聆听音乐的节奏、旋律和音色，培养他们的音乐欣赏能力和审美情趣。
（5）合作游戏。
教师应鼓励幼儿在游戏中相互配合、协作完成游戏任务，培养他们的团队合作精神和沟通技巧。
（6）创新探索。
教师应根据幼儿的实际情况和需求，不断尝试新的游戏内容和形式，激发幼儿的兴趣和创造力。同时，教师还可以为幼儿提供更加丰富多彩的音乐游戏体验，促进他们的全面发展。

2. 幼儿园音乐游戏见习观察记录
幼儿园音乐游戏见习观察记录见表4-32。

表4-32 幼儿园音乐游戏见习观察记录

班级：	观察对象：	日期：	观察者：
游戏名称：			
游戏场地：			
游戏材料：			

项目	观察要点	观察结果描述
音乐游戏类型	按活动形式分类： □节奏游戏　□歌唱游戏 □听觉游戏　□舞蹈游戏	

(续表)

项目	观察要点	观察结果描述
游戏中的规则	□游戏方法适合幼儿年龄特征和认知特点 □具有趣味性和创新性 □规则清晰易懂 □动作规范 □感受音乐的节奏、旋律和美感	
游戏中的指导	□把握音乐节奏，根据不同音乐节奏设计动作 □提醒幼儿遵守游戏规则 □注意幼儿身体姿势、动作正确性 □注意安全 □提升幼儿的音乐感知能力	
请详细记录一个幼儿园的音乐游戏：		
活动目的： 活动规则： 玩法： 幼儿表现： 评价与反思：		

第四节 幼儿园环境创设

幼儿园环境创设对幼儿的身心发展具有重要意义。一个温馨、美观、安全、富有童趣的幼儿园环境，不仅能够为幼儿提供舒适的学习、生活条件，还能够激发他们的想象力和创造力，培养他们的审美能力和社会适应能力。同时，良好的环境还能够促进幼儿的认知发展，激发他们的学习兴趣和好奇心，为他们的未来发展奠定坚实的基础。因此，幼儿园应当重视环境创设，为幼儿创造一个积极、健康、和谐的成长环境。本节从幼儿园整体环境创设、幼儿园户外环境创设、幼儿园室内环境创设出发，探寻幼儿园环境创设的见习内容。帮助学生进一步弄清幼儿园环境创设要点，使学生初步掌握幼儿园环境创设的内容及要点。在见习过程中，学生可以通过观察、访谈和调查等形式了解幼儿园环境创设的情况。

一、幼儿园整体环境创设

（一）幼儿园整体环境创设见习目标

（1）观察幼儿园整体环境创设，记录幼儿园整体环境创设的特点。
（2）观察幼儿园整体环境创设，分析幼儿园整体环境创设的方法。
（3）在观察中学习如何对幼儿园整体环境进行评定。

（二）幼儿园整体环境创设见习内容

1. 幼儿园整体环境创设要点
（1）安全性。
在幼儿园整体环境创设中，应充分考虑以下安全因素。

①设施安全：确保所有设施符合相关国家安全标准，如边角应为圆弧设计，避免锐角；电源插座应设在幼儿触摸不到的地方，防止幼儿触电。

②卫生环境：保持室内空气流通，定期清洁和消毒玩具、桌椅、地面等，预防传染病在幼儿园内传播。

③教职工培训：加强对教职工的安全教育培训，让他们了解和掌握应对各种突发状况的措施，以便在紧急情况下能够迅速、正确地采取行动。

（2）教育性。

幼儿园整体环境创设应充分考虑教育性，为幼儿提供丰富多彩的学习体验。具体来说可以从以下几个方面进行考虑。

①主题墙：通过主题墙展示教育主题的内容，引导幼儿主动观察、思考和学习，培养他们的认知能力。

②学习区：设置丰富多样的学习材料和教具，激发幼儿的学习兴趣和创造力，培养他们的探索精神。

③自然环境：在幼儿园内设置种植区、动物饲养区等，让幼儿能够亲近动植物，培养他们的观察力和环保意识。

（3）互动性。

在幼儿园整体环境创设中，应充分考虑互动性，促进幼儿之间的交流与合作。具体可从以下几个方面进行考虑。

①游戏设施：设置丰富多彩的游戏设施，让幼儿在游戏中互动、合作和竞争，培养他们的社交能力和团队合作精神。

②亲子活动区：设置亲子活动区，为家长和幼儿提供互动的机会，增进亲子关系，促进家园共育。

③墙面互动：在墙面上设计可互动的元素，如可擦写的墙面、可贴纸的磁性墙等，让幼儿能够自由发挥想象力和创造力。

（4）舒适性。

幼儿园整体环境创设应注重舒适性，为幼儿营造温馨、愉悦的学习氛围和生活氛围。具体可从以下几个方面进行考虑。

①温度和湿度：保持室内适宜的温度和湿度，为幼儿提供舒适的学习和生活环境。

②采光和通风：保证室内有良好的采光和通风条件，让幼儿能够呼吸新鲜空气，减少病菌滋生。

③室内布置：合理布置室内空间，采用优质的材料，营造温馨、愉悦的氛围。

（5）美观性。

幼儿园整体环境创设应注重美观性，为幼儿提供愉悦的视觉享受。具体可从以下几个方面进行考虑。

①色彩选择：选用明快、亮丽的色彩，营造欢快、温馨的氛围。

②室内装饰：运用丰富的装饰元素和材料，如墙画、窗帘、地毯等，提升室内美观度。

③室外环境：合理规划室外空间，种植花草树木，设置景观小品等，营造宜人的室外环境。

（6）多样性。

幼儿园整体环境创设应注重多样性，满足不同幼儿的兴趣和发展需求。具体可从以下几个方面进行考虑。

①活动形式：活动形式应多样化，如绘画、手工制作、音乐律动等，以激发幼儿的兴趣和潜能。

②空间布局：合理规划室内外空间布局，设置多种功能区域，如阅读区、科学探索区、艺术创作区等。

2. 幼儿园整体环境创设见习观察记录

幼儿园整体环境创设见习观察记录见表4-33。

表4-33 幼儿园整体环境创设见习观察记录

幼儿园：	地理位置：□城区 □乡镇
日期：	调查者：
幼儿园性质：	
幼儿园等级：	
幼儿园获得的荣誉称号：	
幼儿园班级规模： 共有班级（　　）个，在园人数（　　）人 其中托班（　　）个，每班（　　）人 其中小班（　　）个，每班（　　）人 其中中班（　　）个，每班（　　）人 其中大班（　　）个，每班（　　）人	
幼儿园教职员工情况： 共有教职员工（　　）人：其中专任教师（　　）人，保育员（　　）人 专任教师学历：专科（　　）人，本科（　　）人，硕士及以上（　　）人	
幼儿园用地： 占地面积（　　）平方米，建筑面积（　　）平方米 绿化面积（　　）平方米，户外活动面积（　　）平方米	
幼儿园选址是否符合下列原则： □地质条件较好，环境适宜，空气流通、日照充足、交通方便、排水通畅、基础设施完善、周边绿色植被丰富 □与铁路、高速公路、机场等有足够安全、卫生的防护距离。避开主要交通干道、建筑的阴影区 □避开地震危险地段，以及可能发生地质灾害等的不安全地带 □不与喧嚣脏乱、不利于幼儿身心健康的场所毗邻	
幼儿园整体环境创设是否符合下列原则： □主题墙：通过主题墙展示教育主题的内容，引导幼儿主动观察、思考和学习，培养他们的认知能力 □学习区：设置丰富多样的学习材料和教具，激发幼儿的学习兴趣和创造力，培养他们的探索精神 □自然环境：在幼儿园内设置种植区、动物饲养区等，让幼儿能够亲近动植物，培养他们的观察力和环保意识 □游戏设施：设置丰富多彩的游戏设施，让幼儿在游戏中互动、合作和竞争，培养他们的社交能力和团队合作精神 □亲子活动区：设置亲子活动区，为家长和幼儿提供互动的机会，增进亲子关系，促进家园共育 □墙面互动：在墙面上设计可互动的元素，如可擦写的墙面、可贴纸的磁性墙等，让幼儿能够自由发挥想象力和创造力 □色彩选择：选用明快、亮丽的色彩，营造欢快、温馨的氛围 □室内装饰：运用丰富的装饰元素和材料，如墙画、窗帘、地毯等，提升室内美观度 □室外环境：合理规划室外空间，种植花草树木，设置景观小品等，营造宜人的室外环境	

二、幼儿园户外环境创设

（一）幼儿园户外环境创设见习目标

（1）观察幼儿园户外环境创设，记录幼儿园户外环境创设的特点。
（2）观察幼儿园户外环境创设，分析户外环境创设的方法。
（3）观察幼儿园户外环境创设与幼儿游戏行为之间的联系，记录幼儿的游戏行为。

（二）幼儿园户外环境创设见习内容

1. 幼儿园户外环境创设要点
（1）安全性。
①确保所有设备和设施符合国家和地方的安全规定。
②使用安全标识和警示标识。
③对可能产生危险的地方采取防护措施。
④为幼儿提供符合其身体大小的设备，如秋千、滑梯等。
（2）教育性。
①利用户外环境进行多元化教学，如自然、科学、数学教学等。
②提供具有探索性的设施和材料，激发幼儿的好奇心。
③设计能够促进幼儿体能发展的设施，如攀爬架、沙坑等。
④提供读写空间，如户外阅读角。
（3）趣味性。
①设计色彩丰富、造型有趣的设施，吸引幼儿的注意力。
②引入游戏元素，使幼儿在玩耍中学习。
③定期更新设施和材料，保持新鲜感。
④鼓励幼儿参与环境创设，如画壁画、种植植物等。
（4）多样性。
①提供多种类型的设施，满足幼儿的不同需求。
②设计多样化的活动区域，如静态观察区、动态活动区等。
③引入多种材质和元素，如水、沙、石等。
④鼓励幼儿尝试不同的活动和设施，培养其探索精神。
（5）适应性。
①设计环境时应考虑季节、气候等因素。
②根据幼儿的需求和能力进行适应性调整。
③在设计中留有一定的调整空间，以便应对未来的变化。
④在选择设施和材料时，考虑幼儿的年龄和身体状况，提供适宜的设备。
（6）环保性。
①在设计和材料选择上注重环保，使用可再生或可回收材料。
②合理利用资源，避免浪费。
③创设自然环境，如种植区、动物饲养区等。
④通过教育活动培养幼儿的环保意识。

（7）空间布局。

①根据幼儿活动的类型和规模进行合理的空间布局。

②确保空间布局的通透性和开放性，方便幼儿自由活动。

③利用地形、植物等元素进行空间划分，创造不同的活动区域。

④考虑日照、风向等自然因素，为幼儿提供舒适的活动环境。

2. 幼儿园户外环境创设见习观察记录

幼儿园户外环境创设见习观察记录见表4-34。

表4-34 幼儿园户外环境创设见习观察记录

幼儿园：	观察日期：	观察者：
户外游戏场地观察要点			
□幼儿园应当有与其规模适应的户外活动场地，配备必要的游戏和体育活动设施，创造条件开辟沙地、水池、种植园等，并根据幼儿活动的需要绿化、美化园地 □活动器械和设施必须符合有关的国家安全标准，做好日常维护工作，定期检查、维修 □为幼儿提供适合他们年龄特点的运动器械，合理配置不同种类的运动器械		
户外游戏场地的整体布局与规划（面积、区域数量、可开展游戏类型）：		
户外游戏场地的使用情况：		
户外游戏场地存在的安全隐患及安全防护情况（观察地上有无危险物；器械安装是否牢固；公共设备是否完善；设备是否适合幼儿身体及运动能力；教师有无安全意识）：		
对幼儿园户外游戏场地及设施进行总体评价：		
存在的问题及改进措施：		

三、幼儿园室内环境创设

（一）幼儿园室内环境创设见习目标

（1）观察幼儿园室内环境创设，记录幼儿园室内环境创设的特点。

（2）观察幼儿园室内环境创设，分析室内环境创设的方法。

（3）观察室内环境创设与幼儿游戏行为之间的联系，记录幼儿的游戏行为。

（二）幼儿园室内环境创设见习内容

1. 幼儿园室内环境创设要点

（1）确保安全。

①确保室内环境无锐利的边缘和突出物，以防幼儿碰伤。

②选用无毒、无异味的环保装修材料，保证幼儿健康。

③在电源插座等潜在危险处设置安全防护措施。

④地面应采用防滑材料,防止幼儿滑倒。
(2) 色彩搭配。
①选用明亮、温馨的色彩,营造愉悦、活泼的氛围。
②色彩搭配应符合幼儿的审美,提高他们的审美能力。
③色彩应有一定的变化,避免单调,但也要保持整体协调。
(3) 空间布局。
①根据幼儿的活动需求和习惯,合理规划空间布局。
②保证空间通透,便于幼儿自由活动。
③设置足够的储物空间,保持室内整洁。
④考虑采光和通风,保证室内光线充足,空气流通。
(4) 趣味性。
①在室内布置各种有趣的活动设施,激发幼儿的兴趣。
②利用墙绘、挂饰等装饰元素增加趣味性。
③设计富有挑战性的游戏活动,培养幼儿的探索精神。
④鼓励幼儿参与环境创设,提高他们的创造力。
(5) 教育意义。
①创设多元化的学习区域,如阅读区、科学区、艺术区等。
②提供具有教育意义的玩具和图书,促进幼儿全面发展。
③通过使幼儿参与环境创设,培养幼儿良好的行为习惯和道德品质。
④利用墙面等空间进行知识普及,如粘贴拼音、数字、字母等。
(6) 互动性。
①设计便于幼儿互动的设施和游戏,促进幼儿之间的交流合作。
②为家长和幼儿创设互动空间,增强亲子关系。
③利用数字技术实现人机互动,提高幼儿的认知能力。
④鼓励幼儿与教师互动,提高他们的社交能力。
2. 幼儿园室内环境创设见习观察记录
幼儿园室内环境创设见习观察记录见表4-35~表4-36。

表4-35 幼儿园室内环境中公共区域的见习观察记录

幼儿园:		观察日期:			观察者:	
室内环境中公共区域主要指教师在走廊、门厅、公共活动室等场所布置的供不同班级共享的游戏区域							
观察要点							
□可以充分利用门厅、走廊、过道等室内公共空间创设游戏区域 □可以创设专用活动室,供全园幼儿轮流使用 □满足幼儿混龄游戏、大型游戏、特色游戏的开展							
室内环境中公共区域整体布局的描述:							
公共区域名称	位置	面积	材料数量	容纳幼儿人数	开放时间	开放规则

(续表)

对幼儿园室内环境中的公共区域进行总体评价：							
存在的问题及改进措施：							

表 4-36　幼儿园室内环境中班级游戏区域的见习观察记录

幼儿园：	观察日期：	观察者：

室内环境中班级游戏区域主要指教师在班级活动室内或走廊等场所布置的供本班幼儿进行的游戏区域

观察要点

□一般 4～6 个为宜。可以固定几个常规活动区，配上一些可调整的游戏区
□活动区设置有目的性，并结合教育目标及各领域教学活动目标来设置区域内容
□鼓励幼儿参与活动区命名、规则制定

室内环境中班级游戏区的布局描述：（可画图或文字描述）

班级游戏区域名称	位置	面积	材料数量	容纳幼儿人数	开放时间	开放规则

对幼儿园室内环境中的班级游戏区域进行总体评价：

存在的问题及改进措施：

习题

1. 入园与离园环节的保育要点是什么？
2. 午睡环节的教师操作方法包括什么内容？
3. 请观察一个幼儿园一日生活流程中各环节教师操作的情况并记录。
4. 简述幼儿园语言教育活动的类型及要点。
5. 简述幼儿园绘画活动的观察要点。
6. 观察一个幼儿园教育活动的情况并记录。
7. 幼儿园游戏活动有哪些类型？
8. 创造性游戏的观察要点分别是什么？
9. 规则游戏的观察要点包括什么内容？
10. 幼儿园整体环境创设的要点是什么？
11. 简述幼儿园户外环境创设与室内环境创设的要点。
12. 请观察一个幼儿园环境创设的情况并记录。

第五章

幼儿教师及幼儿——观察篇

第一节　观察、理解幼儿教师及保育员

幼儿教师是幼儿成长过程中的重要引路人。他们不仅传授知识，更是引导幼儿认识世界、启迪智慧的启蒙者。幼儿教师通过情感教育，培养幼儿自尊、自信和自爱，塑造其健全的人格。在社交技能方面，幼儿教师教会幼儿如何与人相处，为日后其融入社会打下坚实基础。同时，他们引导幼儿养成良好的生活习惯，树立正确的价值观。在创造力方面，幼儿教师鼓励幼儿发挥想象力和创新思维，激发其无限潜能。因此，幼儿教师对孩子身心健康的成长具有深远影响，其重要性不言而喻。本节从幼儿教师、保育员出发，观摩幼儿教师及保育员的要点内容，帮助学生熟悉幼儿教师及保育员的日常工作。

一、幼儿教师工作观察

（一）见习目标

（1）熟悉幼儿教师一日工作环节的时间段。
（2）熟悉幼儿教师一日工作的内容和要求。
（3）能够记录幼儿教师一日的工作内容并合理分析、评价。

（二）见习内容

1. 幼儿教师工作要点
（1）建立并维护良好的班级秩序，确保幼儿在园安全。
（2）关注每个幼儿的个性发展，提供必要的指导和支持。
（3）定期与家长沟通，了解幼儿在家情况。
（4）定期组织班级活动，促进幼儿全面发展。
（5）对幼儿进行必要的心理疏导，促进其身心健康的发展。
（6）制订科学的教育计划，确保幼儿接受全面的教育。
（7）根据幼儿的年龄特点，选择合适的教学方法，激发幼儿的学习兴趣。
（8）定期组织各类教育活动，如主题活动、游戏等，提高幼儿的实践能力。
（9）关注幼儿的学习进展，及时调整教学策略，提高教学效果。
（10）鼓励幼儿提问，培养其独立思考和解决问题的能力。
（11）定期举办家长会，与家长共同探讨幼儿的教育问题。
（12）及时向家长反馈幼儿在园表现，了解家长的需求和建议。

（13）利用多种渠道，如微信群、电话等，保持与家长的日常沟通。

（14）为幼儿创设一个安全、舒适、富有教育意义的学习环境。

（15）合理利用空间，设置多种功能区，满足幼儿全面发展的需求。

2. 幼儿教师一日工作观察记录

幼儿教师一日工作观察记录见表5-1。

表5-1 幼儿教师一日工作观察记录

幼儿园：	观察日期：	观察对象：	观察者：
工作时间	工作环节		幼儿教师工作内容记录
对幼儿教师工作的认识：			

二、保育员工作观察

（一）见习目标

（1）熟悉保育员一日工作环节的时间段。

（2）熟悉保育员一日工作的内容和要求。

（3）能够记录保育员一日的工作内容并合理分析、评价。

（二）见习内容

1. 保育员工作要点

（1）确保幼儿饮食健康、营养均衡，为幼儿提供卫生、可口的饭菜。

（2）协助幼儿养成良好的睡眠习惯，保证其充足的睡眠时间。

（3）关注幼儿的卫生情况，督促幼儿养成勤洗手、勤洗澡等良好的卫生习惯。

（4）定期检查幼儿的身体状况，及时发现并处理其疾病或异常的情况。

（5）做好日常消毒工作，保持室内空气流通，预防传染病的发生。

（6）教授幼儿基本的健康知识，提高其自我保护意识。

（7）鼓励幼儿独立完成力所能及的事情，如穿衣、刷牙、上厕所等。

（8）在日常生活和游戏中，培养幼儿的生活自理能力和独立性。

（9）适当安排幼儿参与力所能及的劳动，培养其责任感和团队合作精神。

（10）为幼儿提供一个整洁、舒适的活动环境，确保室内空气新鲜、阳光充足。

(11) 注意室内外环境的安全，排除安全隐患，确保幼儿人身安全。
(12) 定期检查玩具、教具等物品的安全性，确保无破损、无锐利边角。
(13) 与家长定期交流，了解幼儿在家的情况和表现。

2. 保育员一日工作观察记录

保育员一日工作观察记录见表5-2。

表5-2 保育员一日工作观察记录

幼儿园：	观察日期：	观察对象：	观察者：
工作时间		工作环节	保育员工作内容记录
对保育员工作的认识：			

第二节 观察、理解幼儿

在见习中观察幼儿，不仅能够深入了解幼儿的需求，准确评估其发展状况，而且能为教师调整教育方法提供有力的依据。此外，对提升学前教育专业学生的专业素养也起着至关重要的作用。观察幼儿包含两大方面：一是观察幼儿各方面的发展状况，包括幼儿的身体特征、气质、行为方式、交往方式、学习方式、适宜性行为等；二是观察幼儿的活动，包括生活活动、游戏活动和运动等。本节从幼儿身体动作发展观察、幼儿认知发展观察、幼儿语言发展观察、幼儿情感和社会性发展观察四方面出发，探寻在幼儿园中幼儿发展的情况与内容，帮助学生进一步全面观察、理解幼儿。

一、幼儿身体动作发展观察

(一) 幼儿身体动作发展观察目标

(1) 能够了解粗大动作与精细动作的主要内容。
(2) 能够进行幼儿身体动作发展的描述性观察记录。
(3) 能够对幼儿的粗大动作与精细动作进行观察评定。

(二) 幼儿身体动作发展观察内容

1. 幼儿身体动作发展观察要点

(1) 动作的协调性：观察幼儿在运动中动作是否协调流畅，如跑步、跳跃、滚动等。

（2）手眼协调能力：观察幼儿在接球、投篮等运动中，手眼协调是否良好。手眼协调能力的提高有助于提高幼儿的运动技能和认知能力。

（3）平衡能力：观察幼儿在站立、走路、跑步时的平衡能力，以及在单脚站立、跳跃等动作中是否能够保持平衡。

（4）空间定向能力：观察幼儿在进行跳绳、跳跃等动作时，对空间的定向能力，提高幼儿的空间认知和方向感。

（5）身体力量和耐力：观察幼儿在进行运动时的身体力量和耐力表现，这反映了幼儿的肌肉发育情况。

（6）身体姿势和动作规范性：观察幼儿的站立、走路、跑步等动作是否规范，身体姿势是否正确。

（7）运动兴趣和习惯：观察幼儿对运动的兴趣和习惯，包括其是否喜欢参加运动，运动的持续时间和频率等。

2. 幼儿身体动作发展观察记录

幼儿身体动作发展观察记录见表5-3～表5-4。

表5-3 幼儿粗大动作发展观察记录

观察目标：了解幼儿粗大动作发展的主要特点，能够对幼儿粗大动作的发展进行观察评定。	
班级： 观察日期： 观察对象： 性别： 年龄：	
项目	幼儿行为表现
3岁： 1. 能够沿地面直线或在较窄的低矮物体上走一段距离； 2. 能够双脚灵活地交替上下楼梯； 3. 能够身体平稳双脚连续向前跳； 4. 分散跑时能够躲避他人的碰撞； 5. 能够双手向上抛球； 6. 能够双手抓杠悬空吊起10秒左右； 7. 能够单手将沙包向前投掷2米左右； 8. 能够单脚连续向前跳2米左右； 9. 能够快跑15米左右	
4岁： 1. 能够在较窄的低矮物体上平稳地走一段距离； 2. 能够以匍匐、膝盖悬空等多种方式钻、爬； 3. 能够助跑跨、跳过一定距离或一定高度的物体； 4. 能够与他人玩追逐跑、躲闪跑的游戏； 5. 能够连续拿球自抛、自接； 6. 能够双手抓杠悬空吊起15秒左右； 7. 能够单手将沙包向前投掷4米左右； 8. 能够单脚连续向前跳5米左右； 9. 能够快跑20米左右	
5～6岁： 1. 能够在斜坡等地方较平稳地行走； 2. 能够以手脚并用的方式安全地爬攀登架、网架等； 3. 能够连续跳绳；	

(续表)

4. 能够躲避滚过来的球或他人扔过来的沙包； 5. 能够连续拍球； 6. 能够双手抓杠悬空吊起 20 秒左右； 7. 能够单手将沙包向前投掷 5 米左右； 8. 能够单脚连续向前跳 8 米左右； 9. 能够快跑 25 米左右	
对照幼儿粗大动作的发展目标，利用见习机会观察一名或几名幼儿粗大动作发展的状况，分析幼儿粗大动作的发展水平并提出合理的教育建议	

表 5-4 幼儿精细动作发展观察记录

观察目标：了解幼儿精细动作发展的主要特点，能够对幼儿精细动作的发展进行观察评定。	
班级：　　　　　观察日期：　　　　　观察对象：　　　　　性别：　　　　　年龄：	
项目	幼儿行为表现
3 岁： 1. 手腕转动灵活，能够控制抓握的方式； 2. 能够将珠子放入瓶中； 3. 会用剪刀剪出直线或曲线； 4. 能够协调使用勺子； 5. 能够画出简单的线条、图形； 6. 能够拼 4 块以内的拼图	
4 岁： 1. 能够长时间抓握物体； 2. 能够准确穿珠子； 3. 能够沿着画好的圆形、三角形的边线剪出相应图形； 4. 会拉拉链、解纽扣、撕拉魔术贴等； 5. 能够自如画出圆形、方形、三角形等； 6. 能够用三角形拼成正方形	
5~6 岁： 1. 能够自如地用三指握笔，会用筷子； 2. 能够剪出较复杂的图案，如花朵、树叶等； 3. 会使用餐具，如端碗时比较平稳； 4. 能够灵活用模具玩面团、黏土等； 5. 能够画三角形、六角形等，并用三角形拼成梯形、大三角形	
对照幼儿精细动作的发展目标，利用见习机会观察一名或几名幼儿精细动作发展的状况，分析幼儿精细动作的发展水平并提出合理的教育建议	

二、幼儿认知发展观察

(一)幼儿认知发展观察目标

(1) 能够了解幼儿感知能力、注意力、记忆力、语言和沟通、思维能力的发展特点。
(2) 能够进行幼儿认知发展的描述性观察记录。
(3) 能够对幼儿的认知发展进行观察评定。

(二)幼儿认知发展观察内容

1. 幼儿认知发展观察要点
(1) 感知能力。
①观察幼儿是否能够运用各种器官感知物体的基本特征,如通过触摸感知物体的软硬、大小、形状等。
②观察幼儿对不同感觉刺激的反应,如听觉、视觉、触觉等,了解他们对环境的敏感度。
③观察幼儿是否能够区分相似和不同的物体,如物体的大小、颜色、形状等。
④观察幼儿是否能够理解事物的序列关系,如高低、大小、先后等。
(2) 注意力。
①观察幼儿在游戏和活动中的专注程度,是否能保持较长时间的注意力集中。
②观察幼儿是否能够根据任务和要求转移注意力,如从一个活动转移到另一个活动。
③观察幼儿在完成一项任务时,是否能够抵制其他干扰和诱惑,保持注意力的稳定性。
(3) 记忆力。
①观察幼儿是否能够记忆故事情节、人物名称等简单的信息。
②观察幼儿是否能够根据顺序记忆数字、字母等有规律的序列信息。
③观察幼儿是否能够通过视觉、听觉等多种方式记忆信息,如看图记忆、听音记忆等。
④观察幼儿是否能够利用联想和分类等方法提高记忆效果。
(4) 想象力。
①观察幼儿在讲述故事时,能否自发创造角色和情节,将现实与幻想元素巧妙融合,展现丰富的想象力。
②观察在角色扮演游戏中,幼儿是否能够确定想象的主题,明确想象的任务,创造并丰富角色行为、语言和情境。
③观察在艺术创作时,幼儿是否能够运用多种色彩、形状和线条表达个人想法,创作出独特且富有创意的作品。
④观察在面对问题时,幼儿是否能运用想象力提出多种解决方案,尝试不同方法,展现其在问题解决中的想象力和创新思维。
(5) 思维能力。
①观察幼儿是否能够进行基本的分类和归纳,如将玩具按照颜色、形状分类和归纳等。
②观察幼儿是否能够进行简单的计数和计算,如数数、比较大小等。

2. 幼儿认知发展观察记录

幼儿认知发展观察记录见表 5-5~表 5-9。

表 5-5　幼儿感知能力发展观察记录

班级：　　　观察日期：　　　观察对象：　　　性别：　　　年龄：	
项目	幼儿行为表现
颜色视觉： 1. 能辨认基本颜色（红、黄、蓝、绿、橙、紫等）； 2. 能说出基本颜色的名称； 3. 能辨认混合色和近似色，画画时能找出需要的颜色	
形状知觉： 1. 能辨别上、下方位； 2. 能辨别前、后方位； 3. 能以自身为中心辨别左、右方位； 4. 能以别人为基准辨别左、右方位	
时间知觉： 1. 理解并正确说出一日中的早上、中午、晚上； 2. 能分清上午、下午和白天、黑夜； 3. 能理解并正确说出昨天、今天、明天； 4. 能辨别大前天、前天、后天、大后天； 5. 能感知一周内的时序，认识一年四季的时序，能看懂钟表	

表 5-6　幼儿注意力发展观察记录

班级：　　　观察日期：　　　观察对象：　　　性别：　　　年龄：			
类别	项目内容		幼儿具体表现
注意力的表现	□呼吸的变化　□动作的变化　□抗干扰的能力		
注意力保持的时间	□3～5 分钟　□6～10 分钟　□11～15 分钟　□15 分钟以上		
注意力的性质	注意力的稳定性	□注意的对象新鲜、独特、生动有趣 □注意的对象单调、普通、无变化 □在游戏条件下与在枯燥活动条件下注意力持续的时间	
	注意力的分配	□同时进行的两种活动中至少有一种非常熟练 □两种活动之间能建立紧密的联系	
	注意力的转移	□对前一种活动注意集中 □对后一种活动特别感兴趣 □两种活动没什么内在联系	
	注意力的广度	□注意的对象集中排列且有规律 □具有相关的知识经验	
注意力分散的情况	原因	□疲劳 □缺乏兴趣和必要的情感支持 □无关刺激的干扰	
	分散的次数	□在一次集体活动中分散的次数较多	

(续表)

类别	项目内容	幼儿具体表现
观察力	□能根据任务有目的地观察，但遇到困难或干扰，观察力容易转移 □能根据任务细致观察，有目的地克服困难和干扰 □观察时间大约持续（　　）分钟 □能观察物体的细节，能有顺序地观察 □在观察过程中能理解事物的因果联系或空间关系	
以1~5名幼儿为观察对象，采用时间取样法，观察幼儿在游戏活动或集体教学中注意力的表现，确定观察时距、观察间隔、行为分类		

表5-7　幼儿记忆力发展观察记录

班级：　　　观察日期：　　　观察对象：　　　性别：　　　年龄：

类别		项目内容	幼儿具体表现
幼儿记忆力水平	幼儿的态度	□观察幼儿在各种活动中为记忆而做出的努力，如在日常生活中为了完成他人交代的任务，是否明显表现出认真记忆或努力回忆等	
	幼儿的有意性	□对于感兴趣的任务能记住，对于不感兴趣的任务不容易记住，记忆力比较明显地表现为"自然而然"的状态 □能够接受成年人布置的记忆任务（如背诵儿歌，或完成学习任务等），大多数情况下能够努力去完成，能付出一定的意志努力进行记忆 □能根据自己的需要或成年人的要求付出努力去记住一定的对象，并能运用一些帮助记忆的方法来使记忆任务更好完成，对自己的记忆行为和能力有一定的意识	
	记忆力的持久性	□在生活经验讲述、总结性谈话以及各类复习活动中，观察幼儿对经历过的事、感知过的对象、学习过的知识技能记忆的牢固程度	
	记忆力的精确性	□观察幼儿对过去的事或感知过的对象在回忆时语言描述的正确性 □观察幼儿完成他人交代的记忆任务的合格程度	
有意识地制造一个记忆事件（如教会幼儿一首儿歌），在一个星期内进行观察记录，评定幼儿在记忆该事件方面的有意性、持久性、精确性			

表5-8　幼儿想象力发展观察

班级：　　　观察日期：　　　观察对象：　　　性别：　　　年龄：

类别	项目内容	幼儿具体表现
想象的类型	□无意想象：没有明确目的的想象，内容简单贫乏，没有前后一贯的主题	

(续表)

类别	项目内容	幼儿具体表现
想象的类型	□有意想象：有明确目的，能根据主题进行想象，可分为再造想象和创造想象 □再造想象：依据词语或符号的描述、示意在头脑中形成与之相应的新形象的过程 □创造想象：按照一定目的、任务，使用自己以往积累的表象，在头脑中独立地创造出新形象的过程	
幼儿想象力的发展水平	□3岁左右：想象完全没有目的，内容简单贫乏，完全依靠感知动作 □4岁左右：想象活动基本上是自由联想性质的无意想象，内容零碎，没有前后一贯的主题，数量少而单调 □5岁左右：无意想象中出现了有意成分，想象开始具有初步的目的性，想象的内容也比以前丰富，但仍然零碎 □6岁左右：开始出现有意的创造想象，能从受局限的日常生活中进行突破，展开丰富的联想，想象的目的性更加明确，想象内容更加丰富、完整和新颖	
观察一名幼儿在角色游戏中的表现，评估其是否能够确定想象的主题，明确想象的任务，是否能够按照所确定的主题任务来进行想象。记录幼儿的语言和行为，对其想象的水平进行分析		

表 5-9　幼儿思维能力发展观察记录

班级：	观察日期：	观察对象：	性别：	年龄：

类别	项目内容	幼儿具体表现
思维方式的分类	□直觉行动思维：最初水平的思维方式，思维的支柱是直接的感知和实际的动作，思维伴随着动作进行，动作停止思维也停止 □具体形象思维：思维依靠客观事物的具体形象，头脑中的表象、当前的直观形象在思维过程中起着支配作用。掌握的概念内涵不够精确，判断、推理时多以事物的外部联系及自身的生活经验为依据 □抽象逻辑思维：思维依靠概念（词）、判断和推理等，反映了事物本质属性和规律性联系。一般表现为能初步理解数、时间等抽象概念	
思维的敏捷性和灵活性	□较弱：反应速度比一般幼儿慢，不容易适应新的变化，不容易接受新的要求，有个别"刻板行为"出现 □一般：反应速度中等，在别人的提示下能根据新的情况进行修改，比较容易接受新要求 □灵活：反应速度较快，在各种动脑筋、想办法的场合，产生答案所需的时间比在场的大部分幼儿都短，比较容易接受新要求	
思维的创造性	□思维过程中表现出依赖性，愿意服从他人，跟随和仿照他人，愿意沿袭过去的方法 □有时能提出一些新的看法，说出一些新的意图，在自由创作活动中愿意自己动脑筋，不喜欢仿照他人 □活动中经常出现一些"与众不同"的看法、答案、意图、成果，不喜欢跟随和仿照他人，喜欢"别出心裁"；在自由创作活动中有"自己的风格"	

(续表)

在日常生活、学习、游戏等活动中观察一名幼儿在需要"动脑筋""想办法"时的表现,分析他的思维水平和发展特点

三、幼儿语言发展观察

(一)幼儿语言发展观察目标

(1)能够倾听幼儿的日常语言,了解幼儿语音、词汇、语言表达等特点。
(2)能够对幼儿语言发展进行描述性观察记录。
(3)能够对幼儿语言发展进行观察评定。

(二)幼儿语言发展观察内容

1. 幼儿语言发展观察要点
(1)语音感知。
①观察幼儿是否能准确辨识和模仿基本的发音。
②观察幼儿是否能够区分相似或不同的发音。
③评估幼儿在口语中发音的清晰度。
(2)词汇积累。
①观察幼儿是否能够理解并运用常见的名词、动词、形容词等。
②注意幼儿是否能够描述事物特征,使用描述性词汇。
③评估幼儿在日常生活情境中的词汇量。
(3)语法理解。
①观察幼儿是否能够理解和运用基本的句子结构。
②注意幼儿是否能够理解和构造复杂句式,如复合句、被动句等。
③评估幼儿对时态、语态等语法规则的理解和运用。
(4)语言表达。
①观察幼儿是否能够连贯地表达自己的想法和感受,不出现过多的停顿或重复。
②注意幼儿是否能够使用合适的语气和语调表达情感。
③评估幼儿在公共场合或与他人交流时的自信心和表达能力。
(5)早期阅读。
①观察幼儿是否对阅读有兴趣,能否主动选择图书进行阅读。
②注意幼儿在阅读时的专注力和持续时间。
③评估幼儿对简单文字的理解能力,如识字、认字等。
(6)听力和口语训练。
①观察幼儿在听力测试中的表现,如是否能准确听取指令和信息。
②注意幼儿在日常交流中的口语表达是否流畅,有无明显的语言障碍。
③评估幼儿在听力理解和口语表达方面的进步情况。
④观察幼儿是否存在语言系统发育迟缓,出现口齿不清、语法错误等问题。

⑤注意幼儿在语言表达和理解方面是否存在明显困难，如理解指令困难、无法理解复杂句式等。

2. 幼儿语言发展观察记录

幼儿语言发展观察记录见表5-10～表5-11。

表5-10　幼儿语音发展观察记录

班级：	观察日期：	观察对象：	性别：	年龄：
声母（21个）		典型词汇		发音准确性描述
双唇音：b，m，p		帮忙，门票，不怕		
唇齿音：f		分开		
舌尖音：d，t，n，l		冬天，奶酪，电脑，铁路		
舌根音：g，k，h		果壳，口红，桂花		
平舌音：z，c，s		早餐，苍松，紫色		
舌面音：j，q，x		机器，雪球，相机		
翘舌音：zh，ch，sh，r		纸船，种树，树枝，商人		
制作10张左右的图形卡片，选择幼儿熟悉的、带有舌根音、平舌音、翘舌音等幼儿较难发的或易混淆发音的物体名称，出示图片，请幼儿连续读三遍，记录幼儿发音的正确率。对幼儿的语音表达能力进行评定，并提出合理建议				

表5-11　幼儿语言发展观察记录

班级：	观察日期：	观察对象：	性别：	年龄：
项目		具体指标		评定幼儿表现
认真听并能听懂常用语言	3岁： □别人对自己说话时能注意听并做出回应 □能听懂日常会话				
	4岁： □在群体中能有意识地听与自己有关的信息 □能结合情境感受不同语气、语调表达的不同意思 □方言地区和少数民族幼儿能基本听懂普通话				
	5～6岁： □在集体中能注意听老师或其他人讲话 □听不懂或有疑问时能主动提问 □能结合情境理解一些表示因果、假设等相对复杂的句子				

(续表)

项目	具体指标	评定幼儿表现
愿意讲话并能清楚地表达	3 岁： □愿意在熟悉的人面前说话，能大方地与人打招呼 □基本会说本民族或本地区的语言 □愿意表达自己的需求和想法，必要时能搭配手势动作 □能口齿清楚地说儿歌、童谣或复述简短的故事	
	4 岁： □愿意与他人交谈，喜欢谈论自己感兴趣的话题 □会说本民族或本地区的语言，基本会说普通话。少数民族聚居地区的幼儿会用普通话进行日常会话 □能基本完整地讲述自己的所见所闻和经历的事情 □讲述比较连贯	
	5~6 岁： □愿意与他人讨论问题，敢在众人面前说话 □会说本民族或本地区的语言和普通话，发音正确清晰。少数民族聚居地区的幼儿基本会说普通话 □能有序、连贯、清楚地讲述一件事情 □讲述时能使用常见的形容词、同义词等，语言比较生动	
具有文明的语言习惯	3 岁： □与别人交谈时知道眼睛要看着对方 □说话自然，声音大小适中 □能在成年人的提醒下使用恰当的礼貌用语	
	4 岁： □别人对自己讲话时能回应 □能根据场合调节自己说话声音的大小 □能主动使用礼貌用语，不说脏话、粗话	
	5~6 岁： □别人讲话时能积极主动地回应 □能根据谈话对象和需要调整说话的语气 □懂得按次序轮流讲话，不随意打断别人 □能依据所处情境使用恰当的语言，如在别人难过时会用恰当的语言表示安慰	
结合《3—6岁儿童学习与发展指南》语言领域的目标，选择一名幼儿在日常生活中观察他的语言表达能力，对其语言发展进行评定，并提出合理建议		

四、幼儿情感和社会性发展观察

(一) 幼儿情感和社会性发展观察目标

(1) 观察幼儿在日常生活中情绪表达的方式，对幼儿的情绪变化进行记录分析。
(2) 能够对幼儿自我意识的发展进行评定。
(3) 能够对幼儿的情感和社会性发展进行观察评定。

(二) 幼儿情感和社会性发展观察内容

1. 幼儿情感和社会性发展观察要点
(1) 情绪表达和调节。
①观察幼儿在不同情境下的情绪反应，判断其是否能够自然地表达高兴、生气、伤心等基本情绪。
②注意幼儿是否能够通过语言、表情、动作等方式来调节自己的情绪，如告诉自己不要哭、转移注意力等。
③评估幼儿在面对挫折和困难时是否能够积极应对，而不是过于消极或应激。
(2) 社会交往能力。
①观察幼儿在与其他孩子和成人交往时是否能够主动问候、分享玩具、合作游戏等。
②注意幼儿是否能够尊重他人的权利和意见，如不打断别人说话、不强行抢夺别人的东西等。
③评估幼儿在交往中是否能够解决冲突和问题，如协商玩具的处理、分配，解决与其他幼儿的矛盾等。
(3) 独立性和自理能力。
①观察幼儿在日常生活方面是否能够自理，如穿脱衣服、洗手、洗脸、上厕所等。
②注意幼儿在遇到困难时是否能够主动寻求帮助或尝试自己解决问题，而不是过分依赖他人。
③评估幼儿在完成任务时是否能够专注并坚持到底，如完成简单的家务劳动或学习任务。
(4) 道德意识和行为规范。
①观察幼儿是否能够理解和遵守一些基本的道德规范，如不打人、不偷东西、不撒谎等。
②注意幼儿在面对是非问题时是否能够有正确的判断，并表现出符合社会期望的行为。
③评估幼儿在公共场合的表现，如是否能够遵守秩序、尊重他人权益等。
(5) 自信和自尊心。
①观察幼儿在面对挑战或新事物时是否能够勇敢尝试，而不是过分害怕或逃避。
②注意幼儿对自己的评价和态度，是否能够接受自己的优点和不足，并自信地表达自己的观点和需求。
③评估幼儿在完成任务后是否能够得到自我肯定和满足，从而增强自信心。

2. 幼儿情感和社会性发展观察记录

幼儿情感和社会性发展观察记录见表 5-12～表 5-15。

表 5-12　幼儿情绪表达和控制能力观察记录

班级：	观察日期：	观察对象：	性别：	年龄：
年龄段和具体指标			幼儿表现	评价
3 岁： □情绪比较稳定，很少因一点小事哭闹不止 □在有比较强烈的情绪反应时，能在成年人的安抚下逐渐平静 □能识别他人的情绪状态，如识别他人高兴、难过、生气 4 岁： □经常保持愉快的情绪，不高兴时能较快缓解 □在有比较强烈的情绪反应时，能在成年人的提醒下逐渐平静 □愿意把自己的情绪告诉亲近的人，一起分享快乐或求得安慰 5～6 岁： □经常保持愉快的情绪，知道引起自己某种情绪的原因，并努力缓解 □表达情绪的方式比较适度，不乱发脾气 □能随着活动的需要转换情绪和注意力			
采用自然观察法，对幼儿生活中情绪表达和控制能力方面的表现进行记录，判断幼儿情绪表达和控制能力发展的水平，提出合理目标期望和建议				

表 5-13　幼儿人际交往观察记录

班级：	观察日期：	观察对象：	性别：	年龄：
年龄段和具体指标			幼儿表现	评价
3 岁： □愿意和小朋友一起做游戏 □当想加入同伴的游戏时，能友好地提出请求 □在成年人的指导下，不争抢、不独霸玩具 □当与同伴发生冲突时，能听从成年人的劝解 4 岁： □喜欢和小朋友一起做游戏，有经常一起玩的小伙伴 □会运用介绍自己、交换玩具等简单技巧加入同伴的游戏 □对大家都喜欢的东西能交流、分享 □当与同伴发生冲突时，能在他人的帮助下和平解决 □活动时愿意接受同伴的意见和建议 □不欺负弱小 5～6 岁： □有自己的好朋友，也喜欢结交新朋友 □有问题愿意向别人请教 □有高兴的或有趣的事愿意与大家分享 □能想办法吸引同伴和自己一起做游戏			

（续表）

年龄段和具体指标	幼儿表现	评价
□活动时能与同伴分工合作，遇到困难能一起克服 □与同伴发生冲突时能自己协商解决 □知道别人的想法有时和自己不一样，能倾听和接受别人的意见，不能接受时能说明理由		
对照《3—6岁儿童学习与发展指南》社会领域中关于"人际交往"和"社会适应"方面的发展目标，观察一名幼儿在情感和社会性发展中表现出来的年龄特征，结合幼儿发展心理学等课程中关于情感和社会性发展的相关理论，对幼儿情感和社会性发展进行评价，提出合理目标期望和建议			

表 5-14 幼儿自我意识发展观察记录

班级： 　　观察日期： 　　观察对象： 　　性别： 　　年龄：

问题	幼儿回答及表现	评价
你叫什么名字？ 你是男孩还是女孩？ 你是爸爸妈妈的什么人？你是弟弟妹妹的什么人？ 你几岁了？ 你长大后能当妈妈还是爸爸？ 你的生日是什么时候？ 你什么时候是顾客？ 你什么时候是主人？ 你什么时候是客人？ 你在班上是力气最大的人吗？为什么？ 你在班上是个子最高的人吗？为什么？ 你的好朋友多吗？他们是谁？		
你喜欢玩哪些游戏？为什么？		
拟定一些有关幼儿自我意识的话题与幼儿进行个别谈话，了解幼儿对自己身份（年龄、性别、社会角色）、自身生理特征、心理特征的认识。记录幼儿的回答和他的解释，分析幼儿自我意识发展的特点，并提出合理建议		

表 5-15 幼儿社会性行为观察记录

同伴交往行为事件取样记录	
班级：　　　　观察日期：　　　　观察对象：　　　　性别：　　　　年龄：	
交往地点：	具体事件描述
交往类型（主动、被动、相互交往）：	^
交往方式（语言、行为、物品、材料……）：	^
交往持续时间：	^
交往中的情绪表现（高兴、兴奋、平静、生气、难过……）：	^
互动方式（请求、商量、交换、命令、协商……）：	^
对幼儿交往行为进行评价：	
同伴冲突行为事件取样记录	
发生地点：	具体事件描述
冲突类型：	^
冲突缘由（争夺物品、争夺资源、维护规则、游戏角色……）：	^
冲突方式（语言、行为、物品、材料……）： 言语冲突（争辩、告状、语言威胁、商量、理由解释、语言攻击、转移对方注意力……）： 非语言冲突（物品争夺、身体攻击、力量比拼、强制占有、破坏物品、僵持、武力威胁……）：	^
冲突双方的关系和亲密度：	^
冲突持续时间：	^
冲突中的情绪表现和程度（哭泣、生气、难过、愤怒、激动……）：	^
冲突解决方式（教师介入、双方协商、一方服从另外一方、同伴介入、不了了之……）：	^
对幼儿冲突行为进行评价：	
建议：	

习题

1. 幼儿教师的工作要点包括什么？
2. 保育员的工作要点是什么？
3. 请观察一个幼儿园中保育员的一日工作内容并记录。
4. 请观察某个幼儿的身体动作发展情况并记录分析。
5. 幼儿语言发展的观察目标及要点是什么？
6. 幼儿情感和社会性发展观察要点包括什么内容？

第三篇

教育研习指导

第六章

幼儿教师职业感悟

第一节　幼儿教师的职业性质和意义

在现代社会，幼儿教师的工作不仅是一份职业，更是一项充满责任和使命感的事业。本节将深入探讨幼儿教师的职业性质、意义。首先，我们将探讨幼儿教师的职业性质，包括其作为一项专业工作的特点、要求和挑战。其次，我们将探讨幼儿教师职业的意义，明确其对幼儿成长、发展和社会进步的重要意义。通过本节的学习，学生将能够全面了解幼儿教师工作的本质和要求，认识幼儿教师工作的重要性和价值，进一步明确幼儿教师工作中需要具备的能力和素质，并掌握相应的操作方法和技能。这将有助于学生更好地适应和应对幼儿教师工作中的各种挑战和任务，提升其专业水平和职业素养，为幼儿的健康成长和全面发展提供更好的支持和服务。

一、幼儿教师的职业性质

（一）幼儿教师职业性质的研习目标

（1）通过学习相关文献和案例，了解幼儿教师职业的本质和职责。
（2）掌握幼儿教师与相近职业的区别。
（3）培养对幼儿的关爱和耐心，激发对学前教育事业的热情与投入。

（二）幼儿教师职业性质的研习内容

性质是指事物本身所具有的与其他事物不同的根本属性，幼儿教师的职业性质即幼儿教师这个职业所具有的特性。《中华人民共和国教师法》指出：教师是履行教育教学职责的专业人员，承担教书育人，培养社会主义事业建设者和接班人、提高民族素质的使命。这一界定包含了两个方面的内容。

1. 教师职业是一个专门职业，教师是专业人员

教师是从事教育教学的专业人员，其工作具有专业性，这是教师职业的基本性质。教师职业具有自己独特的职业要求和执业条件，有专门的培养制度和管理制度。

（1）教师专业既包括学科专业性，也包括教育专业性，国家对教师任职既有规定的学历标准，也有必要的教育知识、教育能力标准和相应的职业道德要求；
（2）国家有教师教育的专门机构、专门教育内容和措施；
（3）国家有对教师资格和教师教育机构的认定制度和管理制度；
（4）教师的职业成长要通过比较长时间的专业训练，专业训练是教师职业成长的基本

内容。教师专业发展是一个持续不断的过程，教师专业化也是一个发展的概念，既是一种状态，又是一个不断深化的过程。

2. 教师是教育者，教师职业是促进个体社会化的职业

（1）教师职业是以培养人、服务社会为宗旨的。在个体社会化过程中，承担教化任务的是教师。他们根据一定社会的要求，向年轻一代传授人类长期积累的知识经验，规范他们的行为品格，塑造他们的价值观念，引导他们把外在的社会要求内化为个体的素质，实现个体的社会化。我国教师承担着教书育人，培养社会主义事业建设者和接班人，提高民族素质的使命。

（2）教师在自己的专业范围内有一定的自主权力，如教育内容的选择权、教育时机的把握权等。

（3）教师有自己的专业团体作为自己专业引领的机构，如幼儿教师协会。

1966年，联合国教科文组织在《关于教师地位的建议》中提出，教师工作应被视为一种专门职业，是一种要求教师需要经过严格的训练和持续的学习获得并保持专业知识和专门技能的职业。1985年，第六届全国人民代表大会常务委员会第九次会议确定，每年的9月10日为中国教师节。

从幼儿教师职业的性质来看，教师法赋予了它教师的基本性质。《幼儿园教师专业标准（试行）》中指出：幼儿园教师是履行幼儿园教育教学工作职责的专业人员，需要经过严格的培养与培训，具有良好的职业道德，掌握系统的专业知识和专业技能。这肯定了幼儿教师职业同其他阶段的教师一样，是从事教育的专业人员，具有专业性。第一，幼儿教师职业同其他阶段的教师职业一样，是以培养幼儿、服务社会为宗旨的。第二，幼儿教师的形成要经过比较长时间的专业训练。第三，幼儿教师在自己的专业范围内有一定的自主权力，能够通过自己的专业性对教育教学活动进行判断和选择。第四，幼儿教师有自己的专业团体，从事幼儿教师职业要取得相应的资格证书。第五，国家对幼儿教师职业有明确的专业标准。

二、幼儿教师的职业意义

（一）幼儿教师职业意义的研习目标

（1）了解幼儿教师在幼儿教育、社会建设等方面的作用和价值。
（2）提高教育水平和专业素养，增强对幼儿成长的影响力和塑造力。
（3）树立正确的教育观念，如对幼儿的关爱和同理心。

（二）幼儿教师职业意义的研习内容

教师是人类灵魂的工程师，是知识与文明的传播者。幼儿教师是在幼儿园履行职责、对幼儿身心施加特定影响的专业教育工作者，担负着培养社会主义事业的建设者和接班人，传播精神文明，提高全民族素质的历史使命。同时，幼儿教师职业的出现，为我国的家庭教育提供了强有力的引导和支持，为整个国民教育体系的发展奉献出了重要的力量。

1. 幼儿教师职业对幼儿的意义

在现代社会中，幼儿教师成为除父母以外幼儿发展的重要影响者，所从事的是专业的工作，对幼儿的影响具有目的性、计划性和系统性。

（1）幼儿教师能全面促进幼儿健康成长。

幼儿教师的教育对象是幼儿，幼儿的成长，是幼儿自身在生理和心理上不断变化和适应环境的过程，幼儿教师是幼儿成长历程中身心健康的保护者和教育者。

①幼儿教师是幼儿情感发展和心理健康的促进者

幼儿的情感和心理健康发展是指在幼儿园的一日生活中培养幼儿良好的情绪，注重健康、积极的情感培育；培养幼儿探索环境、适应社会的能力，同时还要培养幼儿良好的交往能力。幼儿教师在幼儿的学校生活中具有主导作用，是幼儿情感依恋的重要对象，在幼儿的情感世界中具有不可忽视的重要地位，在日常活动和师生交流互动中，幼儿教师是幼儿眼中的重要他人，具有突出的情感意义。幼儿对自身、对学校和对学习的情感体验在相当程度上受到其与教师关系的影响，幼儿会由于教师的亲近、关怀、鼓励而高兴、自信、活跃，也会由于教师的疏远、冷淡而沮丧、自卑。幼儿的心理健康与幼儿教师密切相关，对于幼儿教师而言，最为关键的是要面向全体幼儿，在日常的教学活动组织中，在师生互动中为幼儿营造温暖、宽松、和谐、富有知识性的心理环境，从而在根本上为幼儿情感和心理健康提供有力的保障。

②幼儿教师在幼儿的身体健康中承担着保护作用。

《幼儿园教育指导纲要（试行）》明确指出：幼儿园必须把保护幼儿的生命和促进幼儿的健康放在工作的首位。针对幼儿发育迅速但远未完善的生理特点，天真纯洁但容易受到伤害的心理特点，活泼好动但自我保护能力欠缺的活动特点，教师应将幼儿健康教育置于幼儿园工作的首位。

（2）合格的幼儿教师能促进幼儿全面发展。

我国幼儿教育的基本出发点和任务就是对幼儿实施全面发展的教育，促进幼儿德智体美劳全面发展。幼儿教师作为幼儿阶段全面发展教育的实施者，以幼儿身心发展的现实和可能为前提，结合幼儿的年龄特点和身心发展水平，有目的、有计划地对幼儿施以影响，使他们在德智体美劳各方面全面和谐发展。幼儿的身心健康成长、智力发展以及道德品质、行为习惯与个性的形成，都凝聚着幼儿教师的心血。

幼儿教师在幼儿发展成长的过程中，既可以体现出积极的促进作用，也可以产生消极的阻碍作用。具有优秀品行修养、先进观念和科学教育行为的教师，无疑会成为幼儿发展和成长的促进者，而品行修养粗劣、观念落后、行为随意消极的幼儿教师则会是幼儿发展的阻碍者，甚至会成为幼儿发展的一个危险因素。

2. 幼儿教师职业对幼儿家庭的意义

幼儿教师作为一种专门职业，受过专业化的教育，在幼儿教育方面具有较强的专业性，能够在一定层次上对幼儿的家庭教育提供强有力的引导和支持。首先，幼儿教师以专业者的身份和角色，可帮助家长树立正确的幼儿观、教育观；其次，幼儿教师以示范者、指导者的角色可为幼儿家庭教育构建有效的平台，为幼儿家庭教育提供适宜的实施方法和策略，可指导其家庭教育正确有效地开展；最后，幼儿教师以合作者的角色，可充分利用幼儿家庭教育资源，与其家庭形成教育合力，共同促进幼儿的发展。

3. 幼儿教师职业对社会的意义

幼儿教师不仅是幼儿身心健康成长的保育者、全面发展的教育者、家庭教育的指导者，还是将幼儿培养成社会主义接班人的专业工作者，对民族的振兴、社会的发展、人类文化的传播，有着十分重要的意义。

（1）幼儿教师是提高我国教育科学水平不可忽视的力量。

《幼儿园教育指导纲要（试行）》总则中明确指出幼儿园教育是基础教育的重要组成部分，是我国学校教育和终身教育的奠基阶段。幼儿教师和所有的教师一样，培养人才，点亮成长之路。因此，提高幼儿教师的教育科学水平，是推动我国整体教育科学水平非常关键的一环。

幼儿教育行业也积极响应党和国家的号召，大力加强幼儿教育的科学研究工作，提高幼儿教师的教育科学水平。随着《幼儿园教师专业标准（试行）》的出台，越来越多的教育部门和幼儿园开始重视幼儿教师的培养，加强幼儿教师的职前、职后培训，来提高幼儿教师的教育科学水平。近年来，越来越多的幼儿教师对自己的专业发展有了更明确的方向，大量的幼儿教师开始主动提升自己的学历和业务水平，越来越多的幼儿教师开始参与科研项目，并取得了可喜的成果。如今，幼儿教师仍然需要在工作中不断探索创新、反复实践、总结经验，为我国教育科学水平的提升贡献自己的一份力量。

（2）幼儿教师传递着人类文化。

所谓："师者，所以传道受业解惑也。"教师有着传递人类物质文明和精神文明的历史使命。作为广大教师队伍中的一员，幼儿教师不仅担负着促进下一代健康成长的光荣任务，还是人类文化的传递者。幼儿教育是我国教育的基础，向幼儿传递着人类最基本的知识、技能，影响着幼儿的终身发展。随着生产力的发展、社会的不断进步，人类对自然和社会的认识日益深刻，科学知识的门类和内容日益丰富，幼儿教师的作用也愈加显著。

第二节 幼儿教师职业感悟的构成

幼儿教师职业感悟的形成是一个逐步积累的过程，需要幼儿教师在实际工作中不断思考和反思，从而不断提升自己的教育素养和专业水平，主要包括幼儿教师职业思想感悟、信念感悟、情感感悟以及道德感悟四个方面。这些感悟构成了幼儿教师职业认知的核心部分，影响着他们的教育态度、行为举止和教育实践。

一、幼儿教师职业感悟构成的研习目标

（一）理解教师对幼儿成长和发展的重要影响。
（二）提高对幼儿教育的认识和理解。
（三）通过案例分析、实践锻炼掌握幼儿教师的专业知识和技能。

二、幼儿教师职业感悟构成的研习内容

（一）幼儿教师职业思想感悟

幼儿教师职业思想感悟是幼教工作者在教育实践中，对幼儿教育本质、职业价值及自我成长的深刻理解与情感共鸣。通过寓教于乐、因材施教的具体实践，不断反思与成长，以此展现对教育事业的热爱与执着追求。这种思想感悟是幼儿教师在其职业发展过程中逐渐积累和形成的，影响着自身的教育态度、教育方式和教育成果。

在幼儿教师职业思想感悟中，幼儿教师可能以教育者的身份，审视自己对于幼儿成长和发展的理解，以及探究如何将这种理解融入教学实践。这种思想感悟还可能涉及对于幼儿教育理念、教学目标、教育方法和课程设计的思考，以及对于幼儿教育工作中面临的挑战和问题的思考。

（二）幼儿教师职业信念感悟

幼儿教师职业信念感悟可以被定义为在幼儿教育领域从事教学工作的幼儿教师，通过对自身教育角色、教学使命、教育理念以及与幼儿、家长和社会的互动等方面的深入思考和体验，形成的一种对于自己的职业信念和使命感的内在认知和情感体验。这种信念感悟影响着教师的教育价值观、教学目标、教育方式以及对教育工作的投入程度。

幼儿教师职业信念感悟是幼儿教师通过对自身教育角色和教育使命的自省与体验，形成的对于职业价值观、教育使命感以及教育目标的内在认知和情感体验。这种感悟对幼儿教师的专业发展、教学质量、教育事业具有重要意义。

（三）幼儿教师职业情感感悟

幼儿教师职业情感感悟可以被定义为在幼儿教育领域从事教学工作的幼儿教师，通过与幼儿、家长、同事以及教育环境的互动和体验，形成的对于自己职业情感和情绪体验的主观认知和感受。这种情感感悟涉及教师在教育实践中体验到的喜悦、紧张、满足、关切等情感，以及这些情感对于他们的教学方式、态度和职业产生的影响。在幼儿教师职业情感感悟中，幼儿教师会体验到与幼儿建立情感联系的独特感觉，体味到幼儿的成长和进步带来的喜悦和满足。同时，他们可能也会面对工作中的压力、挑战、情感疲劳等，这些因素可能会影响到他们的教学情绪和态度。

幼儿教师职业情感感悟对于教育质量和幼儿发展有着深远的影响。幼儿教师的积极情感体验可以促进有效的教学互动，营造积极的学习氛围，从而提升幼儿的学习兴趣和积极性。同时，情感感悟也可能影响幼儿教师的职业满意度、工作投入度和心理健康。

（四）幼儿教师职业道德感悟

幼儿教师职业道德感悟可以被定义为在幼儿教育领域从事教学工作的幼儿教师，通过对自身职业角色、职业使命、伦理标准以及与幼儿、家长、同事和社会的互动等方面的深入思考和体验，形成的一种对于职业道德价值和伦理原则的认知和情感体验。这种道德感悟影响幼儿教师在教育实践中的行为准则、职业操守以及与他人互动的方式。

在幼儿教师职业道德感悟中，幼儿教师可能会反思自己作为教育者的责任和使命，审视自己在教育实践中应当遵循的伦理原则和职业道德标准。这种道德感悟还可能涉及自身对于教育公平、尊重、责任、诚信等价值观的深刻思考。

幼儿教师职业道德感悟通常受到幼儿教师的教育背景、个人价值观、专业发展以及社会文化因素的影响。这种感悟是通过不断的教育实践和伦理抉择，在幼儿教师的职业发展过程中逐渐积累和形成的。幼儿教师职业道德感悟对于幼儿教师的职业发展和教育质量有着重要的影响，可以引导他们在教育实践中遵循伦理标准，为幼儿提供积极健康的教育环境，同时也会影响他们与家长、同事以及社会的互动。

综上所述，幼儿教师职业道德感悟是幼儿教师通过对自身职业角色和伦理标准的深入思考和体验，形成的对于职业道德价值和伦理原则的认知和情感体验。这种感悟对于幼儿教师的行为准则、职业操守以及与他人互动的方式具有深远的影响。

幼儿教师在教学工作中可对幼儿进行观察记录，以此形成自身的职业感悟，记录案例见表6-1。

表6-1 幼儿教师职业感悟记录案例

观察对象	小明	年龄	5	观察者	李老师	时间	2024.10.2
背景							
小明为特殊需求幼儿，被诊断为孤独症谱系障碍，与其他幼儿在社交方面存在困难。李老师在面对小明的特殊需求时遇到了一些困难，她发现小明很难与其他幼儿建立联系，情感上的交流也非常有限。小明在课堂中常常表现出不安、焦虑的情绪和自我隔离的行为。李老师决定采取一系列的行动，以帮助小明更好地融入班级，促进他的成长和发展							
维度	干预措施						
个性化计划	李老师与幼儿园的特殊教育专家合作，制订了一份个性化的教育计划，以满足小明的学习需求和发展目标。这个计划包括了特殊的课程内容、适应性教学方法和社交技能培训						
情感支持	李老师意识到小明需要额外的情感支持。她花时间与小明建立信任关系，通过耐心地陪伴和倾听，帮助他逐渐放下戒备心理，愿意与她互动						
同伴合作	李老师鼓励班级其他幼儿与小明共同参与活动，通过合作和游戏，帮助小明融入集体生活，并促进他与同伴之间的互动						
家园合作	李老师与小明的家长保持密切联系，分享小明在幼儿园的表现和进步。同时她向家长提供了一些建议，以便支持小明在家中的学习和发展						
结果							
经过一段时间的努力，李老师逐渐看到了小明的改变。小明开始积极参与班级活动，与同伴之间的互动也逐渐增加。他的焦虑情绪减少了，能够更好地表达自己的情感。同时他还在绘画和手工活动方面展现出了特殊的才华，李老师鼓励他充分发挥自己的潜力							
幼儿教师职业感悟							
通过与小明共同成长的经历，李老师深刻体会到了作为幼儿教师的责任与使命。她意识到每个幼儿都有自己独特的需求和潜力，而作为教师，她的任务不仅仅是传授知识，还要帮助每个幼儿实现自己的成长目标。她也更加坚定了在教育道路上的决心，愿意不断学习和探索，为每个幼儿创造更好的学习环境							

通过这个案例，我们可以看到幼儿教师在面对特殊需求幼儿时，需要发挥创造力、耐心和同理心，以帮助每个幼儿实现全面的发展。

习题

1. 简答题

（1）有同学觉得做幼儿教师不如做小学和初中老师，仅仅是因为幼儿教师表面上工作简单吗，还是自身能力水平不能胜任或没有认真审视这份职业的基本内涵？

（2）简述幼儿教师的职业性质和意义。

（3）谈谈你的人格特征中曾经受到哪些幼儿教师的影响？这些教师的人格特征是怎样的？

2. 案例分析题

案例（1）：林林有各种不好的习惯，如吃饭速度慢，而且只吃自己喜欢的菜；每次吃饭都需要老师帮忙喂饭才肯吃；区域活动时，经常抢别人的玩具放在一边又不玩；有时候明明可以来得及上厕所，就是要尿裤子；回家后也会表现出不同的坏习惯。林林妈妈就跟幼儿园的老师说："我家林林在幼儿园学了很多不好的习惯。"

提问：面对这样的说法，如果你是老师，你会怎么说？事后又会怎么做呢？怎样才能更好地维护幼儿教师与家长的关系？

案例（2）：轩轩是小三班为数不多没有上过小小班（幼儿入园前为早日适应幼儿园生活开设的短期半日班）的小朋友。他每天早晨进班以前都会抓着姥姥的衣角不放，嘴里还说着："我不想上幼儿园。"但姥姥一旦离开他又会乖乖地自己玩自己的。老师组织活动，他也是人在心不在，经常是坐了一会儿就跑到其他地方去了，很少跟其他小朋友一起玩。老师看在眼里，急在心里，于是与家长沟通后，得知轩轩身体状况一直不是很好，经常打针吃药，家长也只能宠着，大多数情况都由着他的性子。老师针对这种情况，每次开展活动时，就让轩轩坐在离老师最近的位置，时常鼓励轩轩参加各种游戏和互动；户外运动时，老师也都是牵着轩轩的手，一起走。

提问：你认为这位老师的做法怎么样？这位老师有没有注重幼儿个别差异性的发展？这位老师的做法还有没有其他需要改进的地方？

第七章

教育理念研习

第一节 儿 童 观

儿童观是教育领域中一个重要而复杂的主题，涵盖了对幼儿认知、发展和行为的理解。本节将深入探讨儿童观的多个方面，包括儿童观的概念、儿童观的形态、儿童观的结构，学生将能够深入了解儿童观的基本概念和理论，认识到幼儿的多样性和复杂性，进一步明确教育者在幼儿成长过程中的重要作用。通过观察、倾听和理解幼儿，为其提供支持和引导，以促进其全面发展和健康成长。通过这些学习，学生将不仅能够提升自身的教育专业水平，还能够培养关爱、细致和负责任的教育态度，为幼儿的健康成长和全面发展贡献自己的力量。

一、儿童观的概念

（一）儿童观概念的研习目标

（1）了解儿童观的概念，深入理解科学儿童观的内涵。
（2）通过观察和案例分析，培养观察幼儿行为的能力。
（3）培养对幼儿的关爱和尊重意识。

（二）儿童观概念的研习内容

1. 儿童观的概念

儿童观是学前教育基本理论中的一个重要概念，同时也是童年文化构成中的一个核心命题。对儿童观的科学把握，应该从什么是儿童观以及儿童观包含什么开始。总的来说，儿童观是指人们对儿童的看法、观念和态度的总和。

对于教育来讲，儿童观是至关重要的。幼儿是教育的对象，也是教育中最为重要的研究对象。教师在教学中选择什么内容、采取什么方法，均是基于对幼儿的理解和把握，这直接影响了教育的效果。可以说，判断一种教育是好的还是坏的，主要是看它是否适合幼儿的年龄特征和心理发展规律。所以，教师必须掌握幼儿发展的相关知识，熟悉幼儿的自然属性和社会属性，树立正确的儿童观。儿童观总是和一定的社会发展程度联系在一起，即人们对幼儿的看法往往会受到社会政治、经济、文化的影响。在人类历史长河中，在不同的发展阶段，人们对幼儿的看法是不同的。这种不同，往往是随着社会文明的发展而进步。因此，对儿童观的学习和把握，应该建立在对社会全面而客观的了解之上。

2. 科学儿童观的内涵

人们对幼儿的认识是不断进步的，对儿童观内涵的认识也在不断地丰富与充实。对于教育者而言，全面了解幼儿，树立科学的儿童观尤其关键。科学的儿童观是指导教育工作的重要理念。对幼儿的认识是复杂的，要受到多方面、多学科的影响，而且这将永远是一个未完成的过程，所以，应该用发展的眼光去科学把握儿童观。

（1）幼儿具有独立的人格，享有人的一切基本权利。

无论从人的角度还是从法律的角度，现代社会都承认幼儿的独立人格，并赋予了幼儿一切人的权利。尤其在权利方面，幼儿享有生存权、发展权、受教育权、受保护权、参与权等，因此，幼儿是有尊严的个体，应该被尊重。反观当代社会中，那些无视幼儿权利，甚至出现虐童的种种事件，是在严重践踏人类文明规则，是应该坚决反对的。

（2）儿童期具有独特的价值。

在所有的物种当中，人类的儿童期是最长的，这是大自然有意的、合理的安排。为了能够适应复杂、丰富的社会生活，人需要足够的时间去积累经验、学习文化，儿童期的漫长恰好暗示了幼儿需要慢慢成长。在幼儿成长过程中，每一个年龄阶段都是不可逾越的，都有其独特的任务和价值，心理学上所讲的敏感期，就是最好的证明。

（3）幼儿具有个体差异性。

由于遗传、环境、教育等方面的影响，每个幼儿都是不同的。他们的发展速度各不相同，每个幼儿都有自己的人格特质。根据美国教育心理学家加德纳的多元智能理论，人的智能是多元的而非单一的，每个人都可以在某一项或几项能力方面发展特长。因此，在教育上，那种企图为幼儿成长设立标准的意见是值得怀疑的，教育者有必要为每个幼儿提供个性化的教育方案。

（4）幼儿的未成熟性是一种积极因素。

幼儿是弱小的、未成熟的，但这种弱小、未成熟并不是消极的，它暗含幼儿有极大的发展可能性。也因为弱小和未成熟，他们对成年人具有依赖性，还常常做错事甚至"捣乱"，这被有些成年人看作"添麻烦"。事实上，正是这种未成熟性促使成年人不断地给予幼儿帮助和指导，这是幼儿为了自身发展而主动向成年人发出的邀请，对成年人而言，则意味着责任，意味着教育时机的来临。

（5）幼儿的成长是自主建构的过程，幼儿是自己的创造者。

幼儿生来就是一个积极的探索者。他们通过自己的感官和意志不断地与周围世界互动，努力构造一个对自己有意义的世界。他们不停地把新的认知纳入原有的经验和知识结构，以扩展自己对这个世界的了解和认识。在这个过程中，幼儿完成了对自己的创造，使他成为他自己。然而，在现实中我们看到的是，有些成年人盲目地在幼儿成长中贯彻自己的意志，安排和支配幼儿的生活和学习，这种做法显然是违背幼儿成长规律的。

科学的儿童观不是一成不变的，是随着社会发展变化的。科学儿童观的内涵也是丰富的，在现代社会中，最有价值的儿童观是尊重幼儿的独立人格和基本权利。

二、儿童观的形态

（一）儿童观形态的研习目标

（1）理解儿童观的形态及特征。
（2）研究儿童观在历史演变中的脉络，掌握儿童观形态的发展历程。
（3）提升对儿童观形态的分析和评估能力。

（二）儿童观形态的研习内容

1. 国家主导形态的儿童观

这种儿童观是指在社会中居于政权统治和意识形态支配地位的阶级所认定、所倡导的儿童观。这种儿童观通常由国家政权以法律、政策、规章等形式加以正式确认，通过文化、教育等形式向社会民众传递。

2. 学术理论形态的儿童观

这种儿童观是指不同学科领域的学者对幼儿持有的根本看法和态度。因为学者从不同学术视角去研究幼儿，以及学者本身的文化背景和经验的差异，学术理论形态的儿童观往往是多元化的，各不相同的。它有时会成为国家主导形态的儿童观的理论来源，有时二者则无法达成一致。

3. 大众意识形态的儿童观

这种儿童观是指普通民众对幼儿的根本看法和态度。一方面，这种儿童观的形成往往受到前述两种形态儿童观的影响，所以其表现更为复杂，具有较大的差异性；另一方面，它的形成还会受到传统文化、风俗习惯和个人经验的影响，往往表现为一种具有朴素性质的儿童观，对幼儿日常生活影响较大，尤其常常通过家庭教育等方式表现出来。

三、儿童观的结构

（一）儿童观结构的研习目标

（1）从自然层面、社会层面、精神层面深入理解儿童观的结构。
（2）掌握不同儿童观结构的特点。
（3）提升针对不同儿童观结构的教育策略能力。

（二）儿童观结构的研习内容

为了全面分析和探索儿童观，有必要对儿童观的结构进行科学的分解。这种结构表明我们应该从哪些方面观察和了解幼儿，或者幼儿从哪些方面表现出自己的特征。一般来说，儿童观包含以下三种结构。

（1）自然层面。

作为人类，幼儿首先具有自然属性。和其他生物一样，幼儿的成长有着生命发展的一般规律，他们的身体素质、运动能力、心理活动都内含自然赋予的特质，这种特质或规律是不可打破和违背的，否则生命的成长可能会遭遇类似揠苗助长的后果。同时，正像世界上没有相同的两片树叶一样，每个幼儿都是不同的，他们都有各自的特点，这种差异性值得成年人去尊重。与成年人相比，幼儿是弱小的，需要成年人的照料，但这并不意味着幼儿是软弱的，事实上，他们蕴含着极大的发展潜力和可能性。由于幼儿自然属性的存在，我们必须客观评估教育的作用，教育也必须适应其内在发展的规律。

（2）社会层面。

社会是人类生活的基本环境，幼儿同样生活在社会中，因此社会性是其重要的属性。从这个视角看，幼儿的成长是一个社会化的过程，会逐步习得人类生活的知识和技能，也日渐适应特定的文明礼仪、风俗习惯等。也就是说，虽然幼儿具有未成熟性，但他仍然作为独立的个体而存在，是社会的一分子。那么，在生活中，人们如何看待幼儿与成年人之间的关系？成年人应该如何对待幼儿？幼儿应该享有什么样的权利？幼儿的权利怎么样才能得到有效的保护？社会应该为幼儿的成长提供什么样的环境和条件？这些问题都涉及如何在社会层面上看待幼儿，也是幼儿儿童观形成的重要影响因素。

（3）精神层面。

幼儿作为独立的个体，和成年人一样也具有丰富的精神世界，因此，幼儿必然具有精神属性。首先，幼儿有自己的需要，他们的成长和发展需要精神方面的支持，如多彩的文化生活、和谐的人际关系等；其次，幼儿有自己的个性，他们已经表现出各不相同的性格、气质、兴趣、爱好、愿望、求知欲等，每个幼儿按照自己的方式展开对生活和外部世界的探索；最后，幼儿有独立的人格，他们并不从属于谁，他们同样需要被关怀和被尊重。所以，幼儿是一种精神的存在，对其精神世界的探索是我们全面了解幼儿的重要途径，也是树立正确儿童观的必要前提。

儿童观记录如表 7-1 所示，通过此表学生可以从实践层面出发记录教师所表现的对儿童观的认知。

表 7-1 儿童观记录

日期：	记录对象：	事件地点：
发生了什么	分析教师所表现的对儿童观的认知	我应该怎么做（我的想法）

第二节 教 育 观

教育观是教育领域中一个至关重要的概念，涵盖了人们对教育目的、方法和价值的认知和看法。本节将深入探讨教育观的多个方面，包括不同教育理论的观点和实践，以及教育观对教育实践和政策的影响。通过本节的学习，学生将能够深入了解不同教育观的理论基础和实践应用，认识到教育观在教育实践中的重要性和影响力，进一步明确自己对教育的理解和态度；学会如何从不同的教育观中汲取营养，为自己的教育实践提供理论指导和方法支持。同时，学生还将学会如何对教育观进行批判性思考，根据实际情况和需求选择适合的教育观，为教育工作的改进和创新提供思想支持和理论指导。通过这些学习，可以提高学生的教育理论水平，培养学生积极、开放和创新的教育态度，促进学生为教育事业的发展和进步做出积极的贡献。

一、教育观的基本概述

（一）教育观基本概述的研习目标

（1）通过学习相关文献和理论，深入了解教育观的内涵。
（2）掌握教育观的主要分类结构，研究不同文化背景下的教育观。
（3）提升应用教育观指导教育实践的能力。

（二）教育观基本概述的研习内容

教育观是指人们对教育本身以及教育与其他事物关系的看法和态度。具体地说，就是人们对教育者、教育对象、教育内容、教育方法等教育要素及其属性和相互关系的认识，还有人们对教育与其他事物相互关系的看法，以及由此派生的对教育的作用、功能、目的等的看法。教育观中最本质、最核心的是教育目的，即为谁培养人、培养什么人和如何培养人这三个问题。不同的人、不同的国家对此有不同的看法，综合而言，我国现阶段教育观的基本精神如下。

（1）培养的人是社会主义事业的建设者和接班人，要坚持社会主义方向；
（2）使受教育者德智体美劳等全面发展，强调素质教育；
（3）适应时代要求，强调幼儿个性发展，培养幼儿的创造精神和实践能力；
（4）注重提高全民族素质，是我国当今社会发展赋予教育的根本宗旨。

（三）教育观的结构

我国现阶段的教育观主要包括全面发展教育和素质教育两个方面。

1. 全面发展教育

人的全面发展是指人的智力、体力得到充分的、自由的、和谐的发展，同时也包括道德、志趣意向等个性品质的发展。全面发展的内容具体包括：人的生产物质生活本身的劳动能力的全面发展；人的才能的全面发展；人自身的全面发展；人的自由发展。马克思主义创始人坚持教育与生产劳动相结合是实现全面发展的唯一途径。

全面发展教育是为了培养全面发展的人而实施的教育，是实现教育目的的手段和途径。我国社会主义全面发展教育，是指我们的教育目的所规定的德智体美劳全面发展的教育。全面发展教育是实现全面发展的手段，即教育者通过向受教育者传授知识、技能、思想政治、道德观念，促进其身心的各个方面、各个部分、各个层次的全面、充分、自由、和谐统一的发展。

幼儿的全面发展教育是指以幼儿身心发展规律与发展可能为基础，促进幼儿在德智体美各方面和谐发展的教育。幼儿德育，是指对幼儿实施的品德教育，具体包括社会性发展（爱的情感、社会行为规范、人际交往技能等）和个性发展（自信心、主动性、诚实、意志等）两个方面；幼儿智育，是指有目的、有计划地传授幼儿初步的知识技能，发展其智力，增进其对周围事物的求知兴趣，并养成良好学习习惯的教育活动；幼儿体育，指在幼儿园进行的，根据幼儿身体生长发育规律，运用科学的方法，增强幼儿体质、保证幼儿健康的一系列教育活动；幼儿美育，是指根据幼儿身心发展特点，运用美的事物和各种审美活动来培养幼儿感受美、表现美的情趣和能力的教育活动。

2. 素质教育

素质与素质教育的概念研究，经历了从语义分析到价值论析的过程。初期多数论者从"素质"概念的阐述入手演绎出"素质教育"的概念，从而形成关于"应然""完整"的素质教育框架。也有论者从"回归"的角度论证教育的本质就是"素质教育"。更多论者则将素质教育理解为一种教育理想，一种教育价值观。简言之，素质教育是根据社会时代发展和人的发展需求，以全面提高幼儿的基本素质为目的，以充分发挥幼儿主体精神为引导，以不断开发幼儿潜能和个性为宗旨，以注重培养创新和实践能力为特征，重视适应未来社会和回归幼儿生活的教育。

尽管对素质教育的内涵描述各不相同，但对素质教育的本质特征学术界提出了四个公认的标准：全体性、全面性、主体性、发展性。此外，也有的学者认为素质教育应具有实践性、创造性的特征。还有的学者从全方位、多层次的角度概括出较为完整的特征，包括基础性、发展性、主体性、普遍性、民族性、全体性、全面性、内在性、能动性、有效性、时代性、理想性与科学性、公平性、综合性与创造性等特征。

二、树立科学教育观

（一）树立科学教育观的研习目标

（1）了解科学教育观的基本概念和内涵。
（2）掌握科学教育观的主要内容。
（3）培养对科学教育事业的热爱和责任感。

（二）树立科学教育观的研习内容

学前教育观是教育观的一种，是如何看待和对待学前教育目标、学前教育任务、学前教育内容、学前教育途径、学前教育手段、学前教育方法等观点的总和。拥有正确的学前教育观，是深化学前教育改革的必要前提。为了树立科学的学前教育观，教师要热爱幼儿、尊重幼儿，通过多种形式对幼儿进行全面发展的教育，寓教于托儿所、幼儿园的一日活动之中，注意幼儿差异性，做到因材施教，并争取家庭的支持和配合。

1. 要热爱每个幼儿

幼儿的身体成长需要充足的营养，同样，幼儿心理的发展也依赖于精神层面的滋养。爱，作为幼儿成长过程中至关重要的精神支持，幼儿教师对其心理健康有着深远的影响。研究显示，在某些情况下，侏儒症的发生可能与心理因素有关，而不仅仅是身体因素。其中，缺乏关爱和情感交流匮乏可能是一个重要的影响因素。可见，热爱幼儿是幼儿正常发展的重要前提条件。为此，幼儿教师应注意如下几点。

首先，幼儿教师要平等地热爱幼儿，不能偏爱幼儿。不论幼儿性别、年龄、相貌、发展水平，也不论幼儿父母的职业、文化程度、经济收入、住房条件，均应一视同仁。其次，幼儿教师要真诚地热爱幼儿，不能忽视幼儿。真诚的爱是幼儿教师与幼儿建立信任关系的基础。幼儿教师应当真诚地关心每一个幼儿，了解他们的需求、兴趣和困惑，及时给予支持和帮助。最后，幼儿教师要理智地热爱幼儿，不能溺爱幼儿。理智的爱要求幼儿教师在关爱幼儿的同时，要保持适当的教育距离，避免溺爱。过度的关爱可能会导致幼儿依赖性强、缺乏独立性和责任感。

2. 要尊重每个幼儿

幼儿是一个独特的人，也有做人的尊严，幼儿教师只有尊重幼儿，才能赢得幼儿的敬重和爱戴，促进幼儿自尊心和自信心的发展。为此，幼儿教师应注意以下几点。

第一，要相信幼儿的能力。苏联教育家苏霍姆林斯基强调了幼儿教师要相信幼儿的能力。这种信任是教育成功的基础。每个幼儿都有独特的潜力和优势，幼儿教师应当发掘和培育这些潜力。第二，要保护幼儿的隐私。保护幼儿的隐私是幼儿教师的基本职责之一。尊重幼儿的隐私权，能够让他们感受到被尊重和被信任，从而建立良好的师生关系。第三，要增强幼儿的自信心。自信是幼儿成长过程中不可或缺的重要品质。幼儿教师应通过鼓励和正向反馈，帮助幼儿树立自信心。第四，要保护幼儿的自尊心。自尊心是幼儿心理健康的重要组成部分。保护幼儿的自尊心，能够促进他们的心理健康和人格发展。幼儿教师应避免使用贬低或羞辱的语言，要尊重幼儿的感受和观点。通过积极的教育方式，引导幼儿正确认识自己和他人，培养健康的自我认同感。第五，要杜绝体罚幼儿。幼儿教师不能歧视幼儿、虐待幼儿、体罚或变相体罚幼儿，不能侮辱幼儿的人格，以免损害幼儿的身心健康。

3. 要对幼儿进行全面的教育

幼儿德智体美劳诸方面的教育是互相渗透、有机结合的，彼此相互联系、相互制约，幼儿教师应对幼儿进行全面教育，不能偏废其中任何一方面。

4. 要寓教于乐

幼儿全面发展的教育任务，渗透在幼儿一日生活的各项活动中。为此，幼儿教师需要做到以下几点。第一，要为幼儿提供动手活动的机会。教育研究表明，幼儿通过自己的动手活动，能更好地理解事物及其相互之间的关系。第二，要为幼儿提供游戏活动的机会。游戏是幼儿的基本活动，幼儿教师要为幼儿创造条件，开展角色游戏、结构游戏、表演游戏、智力游戏、音乐游戏、体育游戏等各种游戏活动。第三，要为幼儿提供教学活动的机会。教学活动是托幼机构一日生活中的重要组成部分，随着幼儿年龄的增长，教学活动的地位会逐渐提高。在幼儿园教学过程中，幼儿教师要注意开展健康、社会、语言、科学、数学、音乐、美术等方面的教学活动，并注意挖掘潜在的教育因素。第四，要为幼儿提供劳动活动的机会。劳动是幼儿认识世界的阶梯，幼儿在劳动中成长。幼儿教师要帮助幼儿学会自我服务，并给幼儿创造为集体服务、参加种植园地的劳动机会。第五，要为幼儿提供游览活动的机会。观察、散步、娱乐等方面的活动，都能使幼儿潜移默化地受到教育。

5. 要考虑幼儿的特点

学前教育要符合幼儿身心发展的规律，做到幼儿化，不能"小学化""成人化"。第一，学前教育的幼儿化应体现在内容的选择上。幼儿教师在选择教育内容时，应从幼儿的生活经验入手，把一些浅显的知识技能传递给幼儿。第二，学前教育的幼儿化应体现在方法的运用上。幼儿教师在运用教育方法时，要尽量注意直观、生动，以激发幼儿的兴趣。比如，为了教幼儿学习制作新疆帽，教师先放音乐，头戴自制的新疆帽，随音乐起舞，让幼儿说一说："老师跳的是哪个民族的舞蹈？"再把帽子拆开来，让幼儿"仔细看看是怎么做的""花色有什么不同"等，鼓励幼儿设计出图案更美丽的新疆帽，继而又可开展"娃娃帽店"的角色游戏，使幼儿好于学，乐于学。

教育观记录见表7-2，通过幼儿情况、情况分析、教育措施等几个方面，对教师的教育观进行分析。

表 7-2 教育观记录

班级		姓名		性别		出生年月	
幼儿情况							
情况分析							
教育措施							
教育观分析							

第三节 教 师 观

在教育领域中,教师是至关重要的角色,其观念和态度直接影响着教育的质量和效果。本节将深入探讨教师观的多个方面,包括教师观的内涵以及教师的角色定位。通过本节的学习,学生将能够全面了解教师观的定义和基本特征,掌握教师职业的角色和使命,认识教师观对教育实践的重要性和影响力,进一步明确自己对教师角色的认知和态度。学生将学会如何根据自身的教育理念和教学方法,塑造积极、负责任和富有激情的教师形象,这将为学生今后的学习和成长提供更好的支持和引导。

一、教师观概述的研习目标

(一)探究教师观的内涵和基本特征。
(二)掌握教师职业的角色和使命。
(三)培养运用教师观指导教育实践的能力。

二、教师观概述的研习内容

(一)教师观的内涵

教师观,简单地说,就是人们对教师这一职业的地位、角色、身份、职责、权利、义务等方面的认识。作为培养人的学校教育活动,这是一项非常复杂的工作,而对于此项工作承担者的教师来说,必然要求其在素质、能力等方面要达到较高的标准。作为人类文明、知识的传承者,作为未来一代健康成长的引路人,教师这一职业承载了家庭、社会、国家等方面太多的要求和期望,因此,教师应有着极高的职业品格,其相应的教师观也应有着丰厚、深刻的内涵。而教育教学工作的复杂性、创造性、科学性、艺术性等特点也使得人们对教师角色、形象认识的多元化、立体化成为必然。

教育工作中根本性的因素是人的因素,具体到学校教育中,就是学生与教师的因素。学校教育变革的根本目的在于促进学生的发展,围绕这一目的进行的所有努力与变革,最根本的是要切实提高教师素质。观念是行动的先导,只有把握、坚持正确的教师观,才能使教师素质的提高走在一条科学发展的道路之上。所以,加强教师观的研究,体察在一定历史时期人们对教师职业的要求,明确教师的时代职责与使命,是一件保障学校教育、教学工作顺利、健康开展的极有意义的事情。教师观记录见表7-3，此表适用于记录和评估幼儿教师的职业观，可帮助幼儿教师反思自己的职业观念和实际教学情况，并为其提供改进的方向。

表7-3　教师观记录

项目	观察内容	5分	3~4	1~2
职业认知	了解幼儿教师职业的本质和职责			
	掌握幼儿教师职业与相近职业的区别			
	能够表述教师职业的重要性和使命			
专业性	拥有专业的教育知识和技能			
	具备良好的职业道德与态度			
	教学中体现出教师的专业自主权			
教育理念	对幼儿的关爱与耐心			
	激发幼儿的学习兴趣和积极性			
	促进幼儿全面发展			
专业发展	参加专业培训和继续教育			
	不断提升自己的教育理论和实践水平			
	参与专业团体的活动			

（二）教师的角色定位

根据《中华人民共和国教师法》《中华人民共和国教育法》等相关法律和《幼儿园教育指导纲要（试行）》的精神，幼儿教师的角色定位主要有以下几方面。

1. 幼儿教师是促进幼儿发展的引导者

幼儿在幼儿园里不仅要学习知识，还要学会与人相处、发展能力、体验生活快乐。因此，幼儿教师在充分尊重幼儿意愿和现有发展水平的基础上，应该创设良好的、能够激发他们兴趣的环境，应采取适当的保教方法，充分调动幼儿的主动性和积极性。幼儿教师作为指导者，在幼儿遇到障碍和困难时，应引导他们找到最佳的解决办法。幼儿教师还应指导他们养成良好的生活习惯和卫生习惯；创设丰富的活动环境，激发幼儿的兴趣，充分调动其积极性；教导他们养成高尚的品德、完善的人格和健康的心理。同时，幼儿教师要时刻注意自己的言行，以自己的模范表率作用来影响和感染幼儿，促进幼儿的发展。

2. 幼儿教师是塑造幼儿心灵的工程师

幼儿教师是塑造幼儿心灵的工程师，首先，体现在提高幼儿的道德认识上。道德认识是对善恶、好坏、是非的行为准则及其意义的认识，幼儿教师应通过各种方式，传授幼儿一些道德知识。其次，体现在陶冶幼儿的道德情操上。幼儿教师应通过创设良好的环境，对幼儿进行感染和熏陶。再次，体现在锻炼幼儿的道德意志上。幼儿教师应通过建立合理、必要的日常规范，来培养幼儿的自控能力。最后，还体现在训练幼儿的道德行为上。幼儿教师应通过为幼儿树立榜样来训练其正确的行为，帮助其养成良好的道德行为习惯。

3. 幼儿教师是幼儿学习的支持者和合作者

幼儿教师作为幼儿学习的支持者和合作者，首先，表现在幼儿教师对学习环境的创设和保教活动的设计方面。通过创设良好的室内外活动环境、良好的班级文化环境和课堂气氛，激发幼儿的想象力、创造力和求知欲，使他们在团结友爱、互帮互助的氛围下学习。同时，根据幼儿的智力发展特点和本班的实际情况，制订和执行适宜的教学目标和计划，以帮助幼儿丰富和扩展经验。其次，表现在鼓励幼儿掌握科学的学习方法。促使幼儿学会思考、学会求知、学会探索、学会创新等。最后，还表现在共同参与到幼儿的活动中，成为他们活动的参与者和伙伴。

4. 幼儿教师是幼儿的养护者

幼儿是发展中的个体，缺乏社会经验，身心发展水平不高，且在情感上有较强的依赖性，这就要求幼儿教师应满足幼儿的各种需要，发挥养护者的作用。首先，幼儿教师的养护作用表现在促进幼儿身体的健康成长，负责他们的安全。通过创设一个安全、健康、丰富的环境，保障幼儿在幼儿园期间的安全，并帮助他们养成良好的饮食起居习惯，增强他们的自我保护能力和生活自理能力。其次，幼儿教师的养护作用表现在关注与呵护幼儿的心理。幼儿教师通过对幼儿情感状态、人格、个性品质等方面给予关心和呵护，使他们能安心、愉快地在校学习和生活。最后，幼儿教师的养护作用还表现在维护幼儿的各项权利。幼儿教师在激发幼儿内在潜力的同时，要根据幼儿的自身规律不断促进其自然、自主地发展，保障幼儿权利的实施。

5. 幼儿教师是沟通幼儿与社会的中介

幼儿对社会的认识和了解，对社会规范、要求的掌握以及社会性行为和品质的形成与发展都离不开幼儿教师的引导。一方面，幼儿教师通过与幼儿建立平等、和谐的关系，走入他们的内心，利用简单明了的语言和生动活泼的动作，在与幼儿的交往过程中帮助幼儿完成对社会的认知、对行为规范的掌握以及态度与情感的体验。另一方面，幼儿教师通过组织与社会生活相联系的教育教学活动，带领幼儿走向社会，体验社会生活，培养其良好的情绪以及社会交往的态度与能力。

6. 幼儿教师是幼儿教育的研究者

幼儿教师工作在幼儿园保教第一线，通过观察幼儿的学习和发展情况，回顾保教活动的实施情况，能够在保教实践中不断地反思，并把经验上升到理论，使理论和实践相互促进，保持自己工作的活力和生机。首先，这能够促进幼儿教师自身职业能力的发展，更好地把握自身角色的职责，激发自身的工作热情和自觉意识，产生内在的驱动力。其次，这能够使幼儿教师通过反思，掌握规律，提高科学育人的自觉性，从而提高自身的教育实践水平。再次，这能够使幼儿教师积极主动地参与、投入丰富的幼儿教育实践研究之中，有助于实现幼儿教育改革，推进素质教育。最后，幼儿教师通过获得第一手、鲜活、丰富的资料，能够为相应的幼儿教育理论研究提供所需材料，从而丰富、充实教育学的内容，逐步使幼儿教育成为既科学又生动的一门学科。

习题（单选）

1. 绘画活动中，飞飞在纸上画了个黑色的太阳，此时，吴老师恰当的做法是（　　）。
A. 批评飞飞的画不合理　　　　　　B. 耐心询问飞飞的想法
C. 帮助飞飞将太阳画成红色　　　　D. 要求飞飞重新画红太阳

2. 下列关于幼儿全面发展的说法错误的是（   ）。

　　A. 智力的发展，道德品质、意志的培养在很大程度上取决于幼儿的健康状况

　　B. 美育能协调体育、智育、德育的发展，是体育、智育、德育的催化剂

　　C. 日常生活对幼儿品德的形成有多方面的影响，为幼儿提供了行为练习与实践的机会

　　D. 体育的作用最小

3. 美国华盛顿儿童博物馆的格言——我听见就忘记了，我看见就记住了，我做了就理解了，主要说明了在教育过程中应（   ）。

　　A. 尊重幼儿的个性　　　　　　　　B. 培养幼儿积极的情感体验

　　C. 重视幼儿学习的自律性　　　　　D. 重视幼儿的主动操作

4. 晓光很有舞蹈天赋，小小年纪已经参加过很多大型比赛，但他不愿意参加幼儿园组织的科学活动，方老师劝说道："老师很喜欢会跳舞的晓光，可是如果你在其他方面也很能干的话，大家会更加喜欢你。"方老师的做法（   ）。

　　A. 不合理，不利于幼儿发展特长

　　B. 不合理，不尊重幼儿的兴趣爱好

　　C. 合理，教师应该关注幼儿的全面发展

　　D. 合理，幼儿必须在各个学习领域平均发展

5. 为了培养幼儿的想象力，老师让幼儿画蝴蝶。下列做法恰当的是（   ）。

　　A. 老师画好左半边蝴蝶，幼儿模仿完成右半边

　　B. 老师在黑板上逐笔示范，让幼儿跟着画

　　C. 让幼儿先观察蝴蝶，然后让幼儿自己画

　　D. 老师先画只蝴蝶，然后让幼儿照着画

6. 为了准备"六一"表演，老师提前一个月组织幼儿反复训练，甚至缩短幼儿的午睡时间和游戏时间。该老师的做法（   ）。

　　A. 不正确，不利于幼儿身体健康　　B. 不正确，不利于幼儿个性发展

　　C. 正确，有利于提高幼儿素质　　　D. 正确，有利于幼儿全面发展

7. （   ）是幼儿教师以自身的教育教学活动为对象，对自己在工作中的决策、行为及相应结果进行审视、分析和评价的过程。

　　A. 教学反思　　　B. 微格教学　　　C. 教学决策训练　　　D. 组织化观摩

8. 下列不是幼儿教师自我提升途径的是（   ）。

　　A. 加强学习，勇于创新　　　　　　B. 参与实践，总结经验

　　C. 相互借鉴，共同提高　　　　　　D. 尊重领导，服从家长

9. 某幼儿园经常组织老师们相互观摩保教活动，针对活动过程展开研讨，提出完善活动的建议，这种做法体现的教师专业发展途径是（   ）。

　　A. 进修培训　　　B. 同伴互助　　　C. 师徒结对　　　D. 自我研修

第八章

课堂教学研习

第一节　教学内容研习

课堂教学研习是指在教育领域,这里特指从事幼儿园教学工作的教育从业者或教育研究者,通过有目的性的学习和探究,深入研究课堂教学的各个方面,包括教学内容、教学方法、教学过程、教学评价等。课堂教学研习旨在提升幼儿教师的教学能力和效果,以及为创造更富有启发性和积极互动的学习环境提供支持。《幼儿园教育指导纲要(试行)》明确指出,幼儿园的教育内容是全面的、启蒙性的,可以相对划分为健康、语言、社会、科学和艺术等五大领域,各个领域的内容相互渗透,从不同的角度促进幼儿情感、态度、能力、知识和技能等方面的发展。

一、幼儿园教育内容研习

(一)幼儿园教育内容研习目标

(一)明确幼儿园教育内容的五大领域包括健康、语言、社会、科学、艺术。
(二)掌握这五大领域的基本内容及各年龄阶段的具体内容。
(三)提升设计和实施这五大领域活动的能力。

(二)幼儿园教育内容研习内容

1. 幼儿园健康教育研习内容
幼儿园健康教育研习内容如下。
(1)生活习惯。
①培养幼儿良好的作息、睡眠、排泄、盥洗、整理等习惯。
②帮助幼儿了解初步的卫生常识和遵守有规律的生活秩序。
③帮助幼儿学会多种讲究卫生的技能,逐步提高幼儿生活的自理能力。
(2)饮食与营养。
①帮助幼儿认识常见食物的名称、种类及其特点,知道不同食物有不同的营养。
②培养幼儿良好的饮食习惯。
③帮助幼儿了解膳食均衡的简单知识及其意义,培养幼儿不偏食的良好习惯。
(3)人体认识与保护。
①帮助幼儿认识身体的主要器官,并了解其主要功能。
②帮助幼儿获得预防常见病的简单知识,初步培养幼儿不怕伤痛,乐于接受预防接种和

疾病治疗的态度及行为。

③帮助幼儿理解心情愉快对身体的好处。

④帮助幼儿学习保护身体主要器官的基本方法。

（4）自身安全。

①帮助幼儿了解水、火、电、煤气、刀具、常用药物的使用常识和注意事项。

②帮助幼儿认识和遵守交通规则的意义。

③帮助幼儿学习应对意外事故或灾害（尤其是火灾或雷击、地震、台风等）的常识，懂得要及时避开危险场所。

（5）运动能力。

①引导幼儿对体育活动产生兴趣。

②引导幼儿乐意参加并尝试各种小型运动器材并能玩出花样。

③冬季，引导幼儿乐意参与室内热身活动，使其能够坚持在户外进行短时间运动。

④使幼儿能够在运动中随时注意增减衣服，知道用毛巾擦汗等。

幼儿健康教育评估见表8-1。

表8-1　幼儿健康教育评估

项目	观察要点
生活卫生方面	1. 进餐 □了解基本的食物及营养常识 □掌握基本的进餐技能，如饭前洗手，进餐时细嚼慢咽 □注意饮食卫生，不吃脏东西　□不挑食，不偏食　□其他 2. 着装 □注意衣服卫生，衣服脏了要及时换洗 □能根据气温变化和活动量的大小增减衣服 □开始学习独立脱穿衣服（鞋） □开始学会基本的叠放衣物的方法 3. 睡眠 □早睡早起，有规律地作息，有充足的睡眠时间 □睡眠姿势正确　□不蒙头睡觉　□能够独立安静地入睡 □午睡前自主将衣服放在固定的地方 □养成午睡前漱口的习惯 4. 清洁和环境 □定期剪指甲　□手和脸脏了随时洗　□愿意定期理发 □注意把物品摆放在固定位置，并摆放整齐 □不乱丢果皮、纸屑　□不乱写、乱画　□不随地吐痰
器官保护方面	1. 眼睛保健 □掌握基本的眼睛保健知识 □不躺着、趴着、走着看书　□阅读和书写姿势正确 □看电视距离远近适宜 □连续看电视、手机等电子产品时间不超过1小时 □异物进入眼睛不揉搓 □其他 2. 口腔保健 □知道口腔里有牙齿、舌头等　□知道口腔里能分泌唾液

(续表)

项目	观察要点
	□了解牙齿的作用　□了解舌头的作用　□了解唾液的作用 □了解5~6岁换牙的保健知识　□学习刷牙、漱口等技能 □养成每天早晚刷牙的习惯　□不吮吸手指 □不贪吃甜食、冷食　□了解预防龋齿的保健知识 3. 耳朵保健 □知道耳朵有耳廓、耳道等　□了解耳道内的耳屎需要清除 □了解清除耳屎的正确方法　□了解耳朵的重要作用 □知道遇到噪声时要保护耳朵，如捂耳朵、张开嘴 □洗澡、游泳时注意保护耳朵不进水　□其他 4. 鼻子保健 □了解鼻子的基本结构　□了解鼻子各部分的基本功能 □掌握正确的擤鼻涕方法　□不随意抠鼻孔 □不将异物塞入鼻孔　□打喷嚏时捂住口鼻 □注意避开灰尘多的地方 5. 皮肤保健 □爱护自己的皮肤　□掌握洗手、洗脚、洗脸等的正确方法 □能够主动洗手、洗头、洗澡，注意保持清洁

2. 幼儿园语言教育研习内容

（1）幼儿园语言教育研习基本内容。

①创造一个自由、宽松的语言交往环境，支持、鼓励、吸引幼儿与幼儿教师、同伴或其他人交谈，体验语言交流的乐趣，使幼儿学习使用适当的、礼貌的语言进行交往。

②使幼儿养成注意倾听的习惯，发展其对语言的理解能力。

③鼓励幼儿大胆、清楚地表达自己的想法和感受，尝试说明、描述简单的事物或过程，培养幼儿的语言表达能力和思维能力。

④引导幼儿接触优秀的儿童文学作品，使之感受语言的丰富和优美，并通过多种活动帮助其加深对作品的体验和理解。

⑤培养幼儿认识生活中常见的简单标记和文字符号。

⑥利用图书、绘画和其他方式，激发幼儿对阅读和书写的兴趣，培养幼儿前阅读和前书写技能。

⑦提供普通话的语言环境，帮助幼儿熟悉、听懂并学说普通话。

（2）幼儿园语言教育研习具体内容。

①小班。

a. 叙述性的表达。

• 引导幼儿讲述与自己密切相关的，自己熟悉、关注和喜欢的人、事物和活动。

• 引导幼儿乐于、敢于并能用清楚的发音、简单的词句表达自己的想法和感受，能倾听和听懂同伴的语言。

b. 故事与童话。

• 帮助幼儿接触短小、生动、情节简单的优秀故事与童话。

• 引导幼儿乐于欣赏和学习生动形象的文学词汇和语句。

• 引导幼儿乐于表演和再现作品的语言、动作。

c. 诗歌与散文。

• 帮助幼儿接触短小、富有韵律感和节奏感的诗歌与散文。

• 引导幼儿乐于倾听、欣赏和诵读。

• 引导幼儿能理解、体会和想象作品所表达的情境。

②中班。

a. 叙述性的表达。

• 鼓励幼儿讲述周围环境和生活中自己熟悉、关注、喜欢且具有突出特点的人、事物和活动。

• 使幼儿能够语言连贯，表达清楚。

• 引导幼儿能倾听和听懂同伴的讲述，并能与同伴进行讨论。

b. 故事与童话。

• 引导幼儿乐于接触、欣赏和学习具有清晰情节和结构并且具有想象力、感染力和思想性的优秀故事与童话。

• 引导幼儿理解和想象作品的情节与意境。

• 引导幼儿体会作品中人物的情感和心情，使其能够初步感受文学作品的魅力。

• 引导幼儿乐于表演和再现作品的内容。

c. 诗歌与散文。

• 帮助幼儿接触不同题材和形式的诗歌、散文。

• 引导幼儿乐于倾听、欣赏和诵读。

• 引导幼儿理解、体会和想象作品所表达的事物特点和人物情感。

• 引导幼儿感受和发现诗歌与散文的韵律感、节奏感和美感。

• 鼓励幼儿尝试续编和仿编，将语言表达加以诗化。

③大班。

a. 叙述性的表达。

• 使幼儿能根据一定的主题和人物要求，熟记有关事件和过程的相关信息，能够清楚、连贯、有条理地讲述。

• 使幼儿能围绕一定的主题进行谈话和讨论，敢于质疑和发表自己的见解。

b. 故事与童话。

• 使幼儿接触多种题材和形式的优秀故事与童话，乐于欣赏、讲述作品的内容。

• 引导幼儿感受和体会作品中情节的曲折起伏、人物的心理和情感变化、作者所具有的丰富想象力、作品所具有的浪漫色彩。

• 使幼儿乐于复述、讲述和表演故事与童话。

c. 诗歌与散文。

• 帮助幼儿接触题材和形式多样的诗歌、散文。

• 使幼儿乐于倾听、欣赏。

• 使幼儿能理解、体会和想象作品所表达的意境、情感。

• 在感受和发现作品句式结构、韵律感、节奏感和美感的基础上，使幼儿能够进行诗歌与散文的续编、仿编和创编活动，诗化表达自己的经验和情感。

幼儿语言教育评估见表8-2，该表对幼儿词汇量、句子结构、语言表达能力三个维度进行评估，使幼儿教师了解幼儿在语言领域的各方面发展情况，并为其提供有针对性的指导和支持。

表 8-2　幼儿语言教育评估

评估项目		评估标准	1分	2分	3分	4分	5分
词汇量	基础词汇	掌握日常生活中的基础词汇					
	主题词汇	能够使用与特定主题相关的词汇					
句子结构	完整性	能够使用完整的句子进行表达					
	复杂性	句子的长度和复杂度合理					
语言表达能力	需求表达	能够清楚地表达自己的需求					
	想法表达	能够合理表达自己的想法和感受					

3. 幼儿园社会教育研习内容

（1）幼儿园社会教育研习基本内容。

①引导幼儿参加各种集体活动，体验与老师、同伴等共同生活的乐趣，帮助他们正确认识自己和他人，使幼儿养成对他人和社会亲近、合作的态度，使其学习初步的人际交往技能。

②为每个幼儿提供表现自己长处的机会，增强其自尊心和自信心。

③提供自由活动的机会，支持幼儿自主地选择、计划活动，鼓励他们通过多方面的努力解决问题，不轻易放弃。

④在共同的生活和活动中，以多种方式引导幼儿认识、体验并理解基本的社会行为规则，使幼儿学会自律和尊重他人。

⑤教育幼儿爱护玩具和其他物品，爱护公物和公共环境。

⑥与家庭、社区合作，引导幼儿了解自己的亲人以及与自己生活有关的各行各业人们的劳动，培养其对劳动者的热爱和对劳动成果的尊重。

⑦充分利用社会资源，引导幼儿实际感受家乡的变化和发展，感受祖国文化的丰富与优秀，激发幼儿爱家乡、爱祖国的情感。

⑧适当向幼儿介绍我国各民族和世界其他民族的文化，使其感知人类文化的多样性和差异性，培养其理解、尊重、平等的态度。

（2）幼儿园社会教育研习具体内容。

在不同的年龄班级，社会教育的具体内容有所不同，随着幼儿年龄的增长，内容越来越多，要求也越来越高。

①小班。

a. 帮助幼儿认识自己，了解自己身体的部位、特征及作用，懂得保护自己的一些最基本常识。

b. 帮助幼儿意识到自己是哪个班的小朋友，熟悉生活环境，了解同伴、教师、保育员，初步适应集体生活。

c. 教授幼儿基本的卫生常识，帮助幼儿养成良好的卫生习惯。

d. 帮助幼儿掌握礼貌用语，能运用"你好""对不起""没关系""谢谢"等用语，有礼貌地与别人交往。

e. 引导幼儿用语言表达自己的想法，喜欢和同伴一起活动，能与同伴协商、轮流、友好玩耍，不抢占、独霸玩具。

f. 培养幼儿初步的独立性和自控力，保持愉快的情绪，遵守集体的规则，爱护玩具和图书。

g. 能按照老师的标准学习评价人和事，能公正地评价同伴，能正确地评价行为的结果。

h. 教授幼儿粗浅的交通安全知识，使幼儿学会遵守交通安全规则。

i. 帮助幼儿了解自己父母及同伴父母的工作性质与特点。

j. 促使幼儿知道我国的重大传统节日，初步了解祖国的文化，并为之感到自豪。

②中班。

a. 帮助幼儿了解自己和同伴，并能说出一些异同点。

b. 帮助幼儿用语言来表达自己的情绪、情感；并能通过语言、动作、表情来了解别人的情感；对别人有好感。

c. 帮助幼儿学会控制自己的情感，不任性，不随意发脾气。

d. 引导幼儿学会同情别人，关心别人。

e. 帮助幼儿掌握礼貌用语，并能在不同的场合恰当地加以运用。

f. 培养幼儿与同伴轮流、分享、合作、谦让的能力。

g. 增强幼儿的独立性，鼓励幼儿遵守游戏规则，帮助幼儿克服学习中遇到的困难。

h. 帮助幼儿进行自我评价；学习对行为的动机进行评价；认识自己的能力和优点，克服自己的缺点和不足。

i. 引导幼儿认识社区的公共设施，了解周围人们工作的性质、特点和作用，萌发热爱人民、热爱家乡的情感。

j. 帮助幼儿理解中国的传统节日和民间工艺品，加深幼儿对中国文化的认识和感情。

k. 帮助幼儿了解一些外国的文化传统和风俗习惯。

③大班。

a. 引导幼儿认识到自己是不断发展变化的，自己的进步是父母和老师教育、帮助的结果。

b. 提高幼儿的语言表达能力及与同伴交往的能力，使幼儿学会关心别人，并能与同伴友好相处。

c. 增加幼儿对集体的了解，培养幼儿的集体荣誉感。

d. 培养幼儿的自控能力，要求幼儿自觉遵守各种规则。

e. 帮助幼儿克服各种困难，培养幼儿的责任感。

f. 发展幼儿的独立性，指导幼儿按照社会准则进行自我评价，并能对自己的行为动机进行评价。

g. 帮助幼儿养成热爱劳动、爱护公物、珍惜劳动成果的习惯，培养幼儿的公正感和爱憎感。

h. 引导幼儿认识社区生活设施和环境，帮助幼儿理解人们的职业分工、工作性质与特点、意义，并学会尊重不同职业的人们，萌生环保意识。

i. 使幼儿认识到我国是个多民族国家、幅员辽阔、资源丰富，培养幼儿的爱国心。

j. 帮助幼儿了解一些世界名胜古迹、工艺美术品、风土人情，使幼儿学会尊重外国的文化传统和风俗习惯。

幼儿品德与社会性发展评价见表8-3，内容供大家参考，表格在等级划分上的三个标准对应幼儿园小中大三个参考年龄段，便于不同班级阶段的老师掌握本年龄段幼儿应该达到的标准。使用本评价体系，只需对照评价体系，对幼儿达到标准的情况进行"是"或"否"的判断。

表 8-3 幼儿品德与社会性发展评价

项目	内容	等级标准		
		一	二	三
自我系统	自我认识	知道自己的姓名、性别、年龄	知道自己的爱好	知道自己的优缺点
	独立性	完成简单事情或任务时有信心	完成稍有难度的任务时有信心	喜欢独立做事情和独立思考问题
	坚持性	能有始有终做完一件简单的事	自己能做的事不请求帮助	经常能在较长时间内主动克服困难，实现活动目的
	好胜心	在感兴趣的活动中努力做好	能坚持一段时间完成稍有难度的任务	做任何事都努力争取好结果
情绪情感	表达与控制情绪情感	情绪一般较稳定，经劝说能控制消极情绪	一般情绪状态较好，能用较平和的方式表达情绪；一般能自己调节与控制消极情绪	一般情绪状态良好，能用恰当的方式对待不同情境做出适宜的情绪反应
	爱周围人	热爱、尊敬父母	亲近班里的老师和小朋友	关心父母、老师和小朋友，喜欢帮助他们做力所能及的事
	爱集体	喜欢幼儿园，愿意参加集体活动	在老师的引导下，能关心班里的事，为集体做好事	能主动关心班里的事，为集体做好事，维护集体荣誉
文明礼貌	礼貌	在成年人的提醒下能使用礼貌用语	能主动使用礼貌用语	能在不同情景下主动使用礼貌用语，举止文明
	诚实	不说谎话，不随便拿别人东西	做错事能承认，拾到物品主动交还	做错事能承认，并努力改正
	合作	能与小朋友一起游戏	喜欢与小朋友合作、游戏和做事	能成功地与小朋友合作、游戏和做事
	遵守规则	经提醒能遵守规则	能自觉遵守规则	能自觉遵守并维护规则
交往行为	与老师交往	对老师的主动交往能做出积极反应	有时能主动与老师交往	常主动发起与老师的交往
	与小朋友交往	对小朋友的主动交往能做出积极反应	有时能主动与小朋友交往	经常主动发起与小朋友的交往

4. 幼儿园科学教育研习内容

（1）幼儿园科学教育研习基本内容。

①引导幼儿对身边常见事物和现象的特点、变化规律产生兴趣和探究的欲望。

②为幼儿的探究活动创造宽松的环境，让每个幼儿都有机会参与和尝试，支持、鼓励他们大胆提出问题，发表不同意见，使他们学会尊重别人的观点和经验。

③提供丰富的、可操作的材料，为每个幼儿能运用多种感官、多种方式进行探索提供活

动的条件。

④通过引导幼儿积极参加小组讨论、探索等方式，培养幼儿合作学习的意识和能力，学习用多种方式表现、交流、分享探索的过程和结果。

⑤引导幼儿对数、量、形、时间和空间等产生兴趣，建构初步概念，并学习用简单的数学方法解决生活和游戏中的简单问题。

⑥从幼儿熟悉的科技成果入手，引导幼儿感受科学技术对生活的影响，培养他们对科学的兴趣和对科学家的崇敬。

⑦在幼儿生活经验的基础上，帮助幼儿了解自然、环境与人类生活的关系。从身边的小事入手，培养幼儿初步的环保意识和行为。

（2）幼儿园科学教育研习具体内容。

幼儿园科学教育的具体内容主要有：

①认识和探究植物。

②认识和关爱动物。

③了解和爱护人体。

④体验和了解材料。

幼儿科学教育评估见表8-4，该表可以识别不同幼儿在科学能力上的差异，有助于幼儿教师为其提供个性化的科学教育。

表8-4 幼儿科学教育评估

评估项目		评估指标	1分	2分	3分	4分	5分
观察与探究	观察能力	能仔细观察周围的事物和现象					
	提出问题	能对观察到的现象提出问题					
认知与理解	基本概念	能理解和掌握基本的科学概念，如植物生长需要阳光和水等					

5. 幼儿园艺术教育研习内容

（1）幼儿园艺术教育研习基本内容。

①引导幼儿接触周围环境和生活中美好的人、事、物，丰富他们的感性经验和审美情趣，激发他们表现美、创造美的情趣。

②在艺术活动中面向全体幼儿，要针对他们的不同特点和需要，让每个幼儿都得到美的熏陶和培养，对有艺术天赋的幼儿要注意发展他们的艺术潜能。

③提供自由表现的机会，鼓励幼儿用不同艺术形式大胆地表达自己的情感、理解和想象，尊重每个幼儿的想法和创造，肯定和接纳他们独特的审美感受和表现方式，分享他们创造的快乐。

④在支持、鼓励幼儿积极参加各种艺术活动并大胆表现的同时，帮助他们提高表现的技能和能力。

⑤指导幼儿利用身边的物品或废旧材料制作玩具、手工艺品等来美化自己的生活或开展其他活动。

⑥为幼儿创设展示自己作品的条件，引导幼儿相互交流、相互欣赏、共同提高。

(2) 幼儿园艺术教育研习具体内容。

①音乐领域。

a. 歌唱活动。

- 培养幼儿能用自然好听的声音有感情地歌唱（音域以 $c_1 \sim c_2$ 为主），能大胆地、独立地在集体面前进行歌唱表演，在集体中愿意尝试用不同的合作表演形式（齐唱、独唱、领唱、简单的两声部轮唱）歌唱。
- 使幼儿能感受并表现出两拍子、三拍子、四拍子等节拍的特点。
- 使幼儿能为熟悉而重复的歌曲增编新歌词，并能大胆唱出。

b. 韵律活动。

- 使幼儿喜欢参加韵律活动，能自发地随音乐自由舞蹈，体验用动作、表情和姿态与他人交流的乐趣。
- 使幼儿能感受、记忆音乐的基本情感变化，并能及时地随音乐的变化而改变动作，能有韵律感地做各种有变化的基本动作、模仿动作和舞蹈动作。
- 使幼儿能够在动作表演过程中学习选择并较熟练地使用一些简单的道具。

c. 演奏活动。

- 使幼儿愿意参与打击乐演奏活动，能运用多种打击乐器演奏不同性质的乐曲，并有意识地在音色、音量上与集体协调一致，从而确保声音和谐、好听。
- 使幼儿尝试根据音乐的性质、节拍、节奏特点选择乐器及节奏，并能正确地根据老师指挥的手势开始、结束和变化演奏。
- 使幼儿能自觉地遵守集体打击乐演奏活动中的一些常规要求。

d. 欣赏活动。

- 培养幼儿倾听音乐的兴趣和良好习惯，参与集体音乐欣赏的活动，体验并享受音乐欣赏过程中的快乐。
- 使幼儿能感受个性鲜明、结构适中的歌曲或乐曲的内容和情感，加深对不同风格、不同特点、不同性质音乐的认识；能够产生一定的联想，并用外部的动作加以反应。
- 使幼儿尝试根据音乐特点所描绘的形象及情节展开想象，并运用不同的艺术表演形式（如文学美术、韵律动作等）表达对音乐的感受和理解。

②美术领域。

a. 绘画。

- 使幼儿认识和学习各种绘画工具和材料。
- 使幼儿学习用线条、色彩、构图来表现自己对生活的感受和想象。
- 使幼儿学习正确的绘画姿态、握笔方法和养成集中注意力完成作品的良好绘画习惯。

b. 手工。

- 使幼儿学习多种手工工具和材料的使用方法。
- 使幼儿学习手工的基本技法。
- 使幼儿学习塑造和制作不同形态的手工制品。
- 在塑造和制作活动中，使幼儿学习锻炼自己的手部肌肉和手眼动作的协调。
- 使幼儿培养干净、整洁、有序等良好的手工活动习惯。

c. 欣赏。

- 学习欣赏和评价幼儿可理解的各种美术作品、自然景物和周围环境的造型、色彩、构图所表现的对称、均衡等的形式美。

- 使幼儿学习安静地、集中地欣赏，学习用语言、动作、表情等表达自己的审美感受。

幼儿艺术教育评估见表8-5，在日常活动中，老师或家长可以观察幼儿的表现，并进行记录。

表8-5 幼儿艺术教育评估

评估项目	具体描述	1分	2分	3分	4分	5分
绘画技能	能够使用多种工具和材料进行创作，如蜡笔、水彩、油画棒等					
色彩运用	能够识别并正确使用各种颜色，能够尝试进行色彩混合					
绘制形状和线条	能够绘制各种基本形状和线条，如圆形、方形、直线和曲线					
创造力和想象力	能够独立构思并创作有独特想法的作品					
艺术作品表达	能够用语言描述自己的作品及创作过程					
音乐节奏感	能够识别并跟随简单的音乐节奏，能够用身体动作或打击乐器呈现音乐节奏感					
肢体表达	能够通过肢体表现情感和故事					

二、幼儿园教学方法研习

（一）幼儿园教学方法研习目标

（1）了解不同类型的幼儿园教学方法。

（2）掌握各种教学方法的操作步骤，了解其在教学中运用的要点。

（3）提升设计和实施幼儿园教学方法的能力。

（二）幼儿园教学方法研习内容

幼儿园教学方法是指在教学过程中，教师的教和幼儿的学的方法，是实现教学目标的中介。只有恰当地运用教学方法，才会真正实现教学目标。下面主要介绍三类方法：活动法、直观法、口授法。

1. 活动法

活动法是指在教学活动过程中，在教师的引导下，幼儿通过各种实践活动，自己去探索和发现要学习的内容。幼儿园常用的活动法主要有游戏法、实验法、操作练习法和观察法。

（1）游戏法。

游戏法是指在教学过程中，教师借助游戏进行教学，从而完成教学任务的方法。游戏是幼儿最喜欢的活动，游戏法能将教育目标和幼儿的兴趣结合起来，激发幼儿的学习兴趣，集中他们的注意力，充分调动幼儿的积极主动性。幼儿园各领域的教学活动中，都可以采用这种方法。教师运用游戏法时应注意以下几点。

①教学中，游戏既可贯穿整个教学活动，也可以作为教学活动中的一个环节。例如，在"认识各种各样蔬菜"的活动中，一位教师用在市场买菜的游戏贯穿始终，在游戏中展开教

学；另一位教师则只在开始采用了游戏的口吻"今天来了好多特殊的朋友，你们想跟它们做朋友吗？让我们先来认识一下吧！"然后，展示各种蔬菜，引导幼儿展开探索。教师可根据需要，灵活地运用游戏法。

②使用游戏法时，教师应根据具体的教学目标、任务、内容恰当选择、使用游戏。在教学活动中，游戏是为教学服务的，不能仅仅为了热闹而游戏，所选游戏的目标和规则应该与教学要求相吻合，使游戏能够更好地帮助教师完成教学目标。例如，将"变队形"的游戏运用在中班数学活动中，主要目的是引导幼儿学习"在不同的排列形式下准确地计数"。可是，实际游戏的情形却是幼儿只是兴奋地排出不同的队形、尖叫、欢呼，忙得不亦乐乎，完全无法关注计数的问题。这样进行的游戏显然不能达到预期的教学目标。

③随着学习的深入，教师应该对幼儿逐步提高游戏的要求。提高要求，可以在制定游戏规则上体现。例如，数学活动"比较重量"的教学中，教师采用了"称水果"的游戏：幼儿人手一个苹果、一个橘子、一个杏，幼儿使用小秤，先比较两个水果的重量，再比较三个水果的重量，进而比较一个杏和一个苹果的重量。随后，可通过不断改变游戏的规则提高游戏要求，这样有利于幼儿深入学习。

（2）实验法。

实验法是指在教师的引导下，幼儿通过动手使用材料、操作仪器，发现事物的客观变化和因果关系的方法。实验法使幼儿通过动手获得直接经验，有利于激发他们探究的欲望，培养其动手能力、探究能力。同时，也能培养幼儿尊重事实的科学精神和意识。教师运用实验法要注意以下几点。

①确保实验的安全性。实验所用的材料和器具必须符合安全、卫生的原则，实验程序应当是幼儿在教师的指导下可以独立操作的。

②教师要做预备性实验。在进行实验前，教师要做预备性实验，了解实验的难点和实验成功的条件，确保实验指导的针对性。通过预备性试验，检验实验仪器和材料的情况，妥善安排实验过程中的环节和时间，避免活动中发生意外，影响实验的效果。例如，教师在做"会变的颜色"的预备性实验时，就可以发现两种颜色的搭配比例与变出的第三种颜色的深浅关系。

③保证每个幼儿都有充分的操作机会。实验是亲身实践、反复操作、探究的过程。教师应引导和支持每个幼儿通过自己动手、动脑，主动地进行实验，积极主动地体验实验过程；应给予幼儿足够的操作材料和时间，鼓励幼儿按照自己的想法去做，大胆尝试解决问题；引导幼儿自己寻找和归纳实验结果，支持幼儿的想法和做法，促成幼儿认识的主动建构，使幼儿真正成为学习的主人。例如，在进行"会变的颜色"的实验时，教师应鼓励幼儿大胆猜想、尝试实验、记录实验的结果、共同交流，充分发挥幼儿的主动性，促使他们动脑、动手、动口，培养其操作、探究的能力。

（3）操作练习法。

操作练习法是指幼儿在教师的引导下，通过多次实践练习从而掌握和巩固知识技能的方法。例如，幼儿学习舞蹈、摆弄小石子理解加法的含义等活动，都是运用了操作练习法。操作练习法是幼儿园教学的主要方法。教师运用操作练习法时应注意以下几点。

①明确操作练习的目的、要求。教师有明确的目的，才会有针对性地设计和引导幼儿在操作中掌握和巩固知识。幼儿明确操作练习的要求，才会积极地进行练习，提高练习的质量。例如，针对"投篮"的操作，教师的目的是帮助幼儿练习投准，教师要求幼儿将球投到篮筐里，比赛谁投得多。幼儿按照教师的要求，要努力将球投准，而不是满足于"投过

了"或者"投得远"。在此过程中，练习的质量和效率得到了提高。

②观察幼儿操作练习的情况，及时合理地反馈。教师要观察幼儿练习的情况，并注意幼儿练习中出现的问题，及时做出合理反馈，帮助幼儿在操作中获得有益的体验，巩固知识和技能。例如，小班幼儿在"练习双脚跳"时，教师发现有的幼儿落地不稳，很容易摔倒，原因是这些幼儿不会在落地时屈膝、弯腰。针对这种情况，教师要引导这些幼儿在落地时屈膝、弯腰，像小猫一样轻轻落地，并为幼儿做对比示范，从而使幼儿改进动作。

③练习方式多种多样，教师应不断提高要求。例如，在小班幼儿的数学活动"4 的数数"中，教师为幼儿提供了多种多样的操作材料，有小汽车玩具、动物小卡片、数字卡等，教师应引导幼儿按老师的要求摆出相应数量的物品，并用数字表示，初步理解 4 的含义。在此基础上，教师应请幼儿听听小鼓敲了几声；请幼儿闭上眼睛，摸摸口袋里有多少物品；教师敲鼓，请幼儿取出与鼓声一样多的物品等。这一系列的活动，可以使幼儿运用多种感官参与，形式多样、活泼有趣，并且教师可通过不断提高要求，使幼儿深入学习，并在操作中愉快而专注，体现了做中学、乐中学、学中思的教学思想，促进了幼儿的发展。

（4）观察法。

观察法是指教师有目的、有计划地引导幼儿运用多种感官感知客观事物与现象，从而获得感性经验的一种方法。观察法是幼儿园教学活动的重要方法。运用观察法可以丰富幼儿的感性经验，锻炼感知觉的敏锐性并发展其感知能力，使幼儿学会观察的方法，开阔眼界，培养他们的求知欲和学习兴趣。教师运用观察法时应注意以下几点。

①做好观察前的准备。观察前的准备包括：确定观察目的、选定观察对象、制订观察计划、创设观察的环境条件。

②在观察开始时，引起幼儿观察的兴趣。为了调动幼儿观察的积极性，在观察开始时，教师要用各种恰当的方式引起幼儿的兴趣。例如，认识肥皂时，教师可以用谜语引起幼儿的兴趣："看来像块糕，就是不能咬，沾水它就滑，搓搓起泡泡。这是什么？"也可以提出问题："我们用什么洗手会洗得更干净呢？"从而引出肥皂，让幼儿自主观察。

③在观察过程中，引导幼儿学习观察的方法。在观察过程中，教师要借助语言或手势，引导幼儿运用多种感官感知观察对象，并有顺序地观察，或者进行对比观察，帮助幼儿学会观察的方法。同时，要引导幼儿用语言描述观察对象，提升他们对观察对象的认识，形成初步的概念。

④在观察结束时，总结观察的印象，将观察到的知识进一步巩固和条理化。教师可以采用歌曲、儿歌、谈话等形式结束活动。例如，在"认识小燕子"的结束部分，可以采用合唱《小燕子》歌曲的方式结束活动。

2. 直观法

直观法是教师引导幼儿直接感知认识对象的教学方法。教师借助实物或教具，将教育内容以直观的形式呈现给幼儿，让幼儿直接感知认识对象。幼儿园常用的直观法有演示法和示范法。

（1）演示法。

演示法就是教师向幼儿展示各种实物或直观教具，或做实验，引导幼儿观察事物的特征和现象。例如，在进行认识各种各样的伞的活动时，教师出示各种伞，向幼儿做介绍；在认识各种角色玩偶时，教师一边讲故事一边展示故事中的各种角色玩偶；在做实验时，教师将糖放到水中，引导幼儿发现其中的变化等，这些都是演示法的运用。

（2）示范法。

示范法就是教师通过自己的表演为幼儿提供示范，包括语言示范和动作示范、完整示范和部分示范。例如，在教授幼儿学习舞蹈动作时，教师先做动作，供幼儿模仿学习。

教师运用直观法应注意以下几点。

①演示时要讲究实效性。教师演示的对象要形象清楚、色彩鲜艳；要与语言结合，边讲解边演示；演示位置及展示速度要适中，清楚可见，便于幼儿观察。

②示范时要恰当、灵活，突出重点难点。教师应根据教学要求、内容以及幼儿的学习情况灵活运用示范法，这有利于帮助幼儿解决学习中的重点和难点。例如，小班幼儿在学习踮趾小跑步摘果子的动作时，遇到了难题，部分幼儿手脚不能并用，不够协调。教师可先示范脚的动作，再示范手的动作，最后示范完整动作，使幼儿学会该动作。

3. 口授法

口授法是一种运用口头语言进行教学的方法，幼儿园常用的口授法包括谈话讨论法、讲解法与讲述法等。

（1）谈话讨论法。

谈话讨论法是教师和幼儿双方围绕某一问题或主题，互相提问、回答，双方自由地发表自己的想法和意见，表达自己的感受和体验，相互交流，相互学习的方法。教师运用谈话讨论法时应该注意以下几点。

①谈话讨论必须在幼儿已有的经验基础上进行。例如，大班谈话活动"恐龙"就是在幼儿积累了有关恐龙知识的基础上进行的，否则，谈话将无法进行。

②应鼓励幼儿大胆说出自己的想法，并充分尊重他们的意见。不能将谈话讨论变成教师自己的"一言堂"，要注意倾听，引导幼儿当谈话的主人，鼓励和引导他们大胆交流、争论，围绕谈话的中心，不断拓展和深入。

③要有明确的要求和步骤。组织谈话前，教师应围绕主题设计出具体明确、富有启发性的提问。谈话过程中，既要面向全体，又要注意个别差异；既要引导幼儿围绕中心讨论，又要注意及时拓展话题。谈话结束时，教师应针对谈话主题做出简短明确的小结，帮助幼儿形成正确的概念。

（2）讲解法与讲述法。

讲解法就是教师运用口头语言向幼儿说明、解释事物；讲述法则是教师运用语言向幼儿叙述事实或描绘所讲的对象。教师运用讲解法、讲述法时应该注意以下几点。

①教师的语言要生动、形象、清晰、准确，简明扼要，富有感染力，能引起幼儿的兴趣，容易被幼儿理解和接受。

②讲解与演示、示范相结合。教师边演示边讲解，边示范边讲解，可以帮助幼儿更好地理解和掌握所学的内容。例如，幼儿在学习折纸时，教师就可以边演示边讲解，帮助幼儿更好地掌握折纸的方法和步骤；幼儿在学习舞蹈动作时，教师边示范边讲解，可以提高幼儿学习的效果。

总之，幼儿园教学方法是多种多样的，以上列举的方法是幼儿园教学活动中常用的基本方法，它们各有特点，在教学中是相互联系、相互补充的。教学有法，但无定法。教师须根据教学目的、教学内容、幼儿年龄特点等，恰当选择，巧妙搭配，灵活运用教学方法。在教学实践中，一般是几种方法相互结合使用，以达到最佳的教学效果。没有所谓最好的方法，只有用得恰当、合适的方法。

第二节 教学过程研习

教师要想通过教学活动，将幼儿的兴趣、需要与幼儿园教育目标有机结合，使幼儿在已有经验的基础上拓展新经验，就需要制订科学有效的教学计划，而制订教学计划的过程，就是设计教学活动的过程，需要树立"为幼儿的发展而设计"的科学教育理念。教师要充分考虑幼儿的学习特点，选择合适的内容和方法，制定适宜的教学目标，设计合理的教学过程。教学过程分为开始、基本、结束三个阶段，每一个阶段都有其基本任务。

一、教学过程的基本组成

（一）教学过程基本组成的研习目标

（1）了解幼儿园教学过程的组成部分，包括开始、基本和结束三个阶段。
（2）掌握教学过程的基本流程，及可采用的方法。
（3）提升设计和组织教学过程的能力。

（二）教学过程基本组成的研习内容

1. 开始阶段

开始阶段的基本任务包括集中幼儿的注意力，激发幼儿的求知欲和学习兴趣，导入活动，向幼儿提出学习任务，使其明确要求。教师应根据教学内容及幼儿实际情况，创设情境，设计导入活动。导入活动的方式多种多样，常用的方式有以下几种。

①教具导入：以实物、图片、标本等教具引出学习内容，引起幼儿兴趣。例如，在认识金鱼的活动中，展示金鱼，以引起幼儿观察的兴趣。

②演示导入：以演示实验或表演的方式导入，激发幼儿的求知欲。例如，教师在引导幼儿探索磁铁的奥秘时，先做了一个"吸铁球"的实验，将汽水瓶里的铁球用一块磁铁贴着瓶壁吸了出来，幼儿感到非常神奇，会产生强烈的好奇心，并引发对活动的兴趣。

③悬疑导入：以符合幼儿认知水平的提问造成悬念，使幼儿置身于惊奇之中，从而产生探索的欲望。例如，在科学活动"神奇的静电"中，教师向幼儿演示用一把塑料尺子经过摩擦后吸起小纸屑的过程，并提问："尺子怎么会吸起小纸屑呢？"通过设置悬念，激发幼儿探究的欲望。

④作品导入：以故事、儿歌、谜语等方式导入，引起幼儿兴趣，引发其联想。

⑤游戏导入：以游戏的口吻或游戏的方式创设游戏情境，激发幼儿兴趣。

⑥经验衔接导入：在了解幼儿知识水平的基础上，提供新旧知识的衔接点，激发幼儿学习新知识的兴趣。例如，在小班科学活动"吹泡泡"中，教师请幼儿回顾、观察通过圆形孔吹出的泡泡是什么形状，然后问他们想不想试试方形孔、三角形孔能吹出什么形状的泡泡，引发幼儿探究的热情和欲望，从而导入实验活动。

⑦直接导入：运用简洁明快的语言直接阐明活动的目的和要求，使幼儿明确学习任务，激发幼儿的学习欲望。例如，"今天，我们要到户外去找影子，请同学们找一找有什么样的影子？这些影子能不能藏起来、能不能被踩住呢？"

2. 基本阶段

基本阶段是教学过程的主要部分，其主要任务是教师充分发挥主导作用，突出幼儿的主体地位，组织幼儿主动学习，积极探索，从而实现教学目标。为此，教师应由易到难递进式地安排幼儿的学习内容及活动，处理好各环节的衔接，并设计启发性的问题，引导幼儿有步骤地、灵活地从一个环节转向另一个环节，在不断提出新要求中使教学过程逐步深入。教师设计教学过程的基本阶段应注意以下几点。

（1）设计启发性的问题。

教师设计的问题要有启发性，引导幼儿围绕主题展开活动。提出的问题要具体明确，不要太笼统，要切合实际，富有启发性、逻辑性，有利于幼儿全面、细致、深入地认识事物，使幼儿碎片式的经验得以丰富化、准确化、系统化。同时，启发性的提问还可以帮助幼儿学会认识事物的方法和策略。例如，在认识西瓜时，教师提出的问题应要有利于幼儿运用多种感官观察西瓜的外形特征，并能够由外到里进行观察和感知。同时教师提出的问题还应该有利于幼儿了解西瓜和自己生活的密切联系，使教学得到拓展。另外，问题的难易程度应该适宜，如果太难，或者太易，都不能引导幼儿积极探索。

（2）结构设计要层层递进，环环相扣。

结构设计要围绕目标、层次清晰、逻辑分明，步骤之间密切联系、层层递进、环环相扣。防止步骤之间的简单罗列，随意拼凑。各环节的过渡要自然、流畅。

3. 结束阶段

结束阶段的主要任务包括总结学习内容，评价幼儿学习情况，激发幼儿再学习的欲望。教师可以简要总结教学内容，强调学习的关键经验，提出新要求，激发幼儿再学习的欲望；也可和幼儿一起评定学习任务的完成情况，提出建议。注意采用发展性的评价方式，遵循鼓励为主的原则。

第三节 教学评价研习

教学评价是指以教学目标为依据，通过一定的标准和手段，对教学活动及其结果进行价值上的判断。幼儿园教学评价主要是对教师的"教"和幼儿的"学"进行的评价，以此促进教师成长和幼儿发展。教学评价的核心目标是为了了解教学活动的成效，了解教学过程中教师和幼儿的行为，了解教学对幼儿发展的意义。

一、教学评价的研习目标

（一）了解幼儿园教学评价的内容。
（二）提升设计和实施教学评价的能力。

二、教学评价的研习内容

（一）教学目标的制定与达成

教学目标是教学的出发点，用于评估教学活动是否达到预期的学习目标和效果。它的制定与达成直接关系幼儿的身心发展。所以评价教学活动，首先要分析教学目标。教学目标的制定要体现全面、具体、具有可操作性、符合幼儿年龄的特点。从教学目标的达成来看，教学活动的展开要紧密围绕教学目标，使幼儿获得有益的知识经验，能掌握探究事物的方法，形成一定的解决问题的能力，使幼儿的情感、态度、价值观得到相应的发展。

（二）教学内容的选择

教学内容是教学活动的载体，是不可缺少的中介因素，是衡量一个教学活动好坏的重要因素。教学内容要符合幼儿的接受水平，贴近幼儿的现实生活，符合客观事实，难易和容量适度，要有利于幼儿的长远发展。各项教学内容要有机结合，不能乱拼乱凑。

（三）教学方法、手段的运用

教学方法和手段的运用要恰当、灵活，富有趣味性、启发性，要有利于幼儿在活动中的自主学习。

（四）教学过程的组织

教学过程应该层次清晰、逻辑分明、层层递进、环环相扣；时间分配合理，详略得当，突出重点，富有节奏，张弛有度；能面向全体幼儿，教师要根据幼儿的表现，及时反馈信息；要有创意、整合度高、艺术性强。

（五）教学过程中的师幼互动

教学过程包含教师的教与幼儿的学，是教和学的双边互动，教学活动应该是在教师和幼儿以及幼儿和幼儿间的积极互动中进行的。教师应该创设、营造宽松、活泼的氛围，吸引幼儿愉快地参与活动，启发、鼓励、帮助幼儿在活动中充分发挥积极性，主动探索发现，大胆交流质疑，在做中学、乐中学，使幼儿获得全面的发展。

（六）教师教学的基本素养

教师教学的基本素养主要表现在教师对教学内容理解透彻，对知识把握准确；思路清晰，语言生动形象，富有感染力；教态自然亲切，举止大方；教学娴熟，有丰富的组织能力、应变能力和及时性评价能力；有教改、创新精神，有独特的教学风格。

幼儿园课堂教学评价见表8-6，通过教学评价，教师能够及时获取关于教学效果的反馈，发现教学中的不足，从而进行调整和改进。

表8-6　幼儿园课堂教学评价

活动		班级		教师	
课题					
A级项目指标		B级项目指标		参考分值	评分
教学目标	20	目标明确		10	
		整体性强		10	

（续表）

幼儿学习表现	30	活动兴趣浓厚、积极参与，可以主动操作、感知	10	
		活动中能积极地进行心智活动，大胆回答问题，有探索精神	10	
		有自主学习、小组交流、合作学习的意识	5	
		多数幼儿都能够完成教学目标的要求	5	
教师教学行为	30	教学内容符合幼儿的生活经验水平、认知规律及心理特点	10	
		教学重难点突出，时间安排合理，环节流畅	10	
		教学方法、手段灵活多样，勇于改革和创新	10	
教师素养	10	教师教态亲切、自然，情绪饱满、有感染力	5	
		语言准确、简洁、生动，语速适中，语调富于变化	5	
教学创新	10	能运用先进的教育思想、手段和方法	10	
综合评价	优质（100-85）	良好（84-75）	合格（74-60）	不合格（<60）

习题（单选）

1. 教师想培养幼儿洗手的习惯，就将幼儿召集到水龙头前，一边让他们看教师怎样洗手，一边听教师讲解洗手的步骤。这种方法属于（　　）。

A. 行动操练　　B. 感知体验　　C. 讲解演示　　D. 情境表演

2. 幼儿园语言教育活动是以（　　）为主体，以（　　）为客体的一种有目的、有计划的多种形式的活动。

A. 幼儿 语言　　B. 语言 幼儿　　C. 教师 幼儿　　D. 教师 语言

3. 在实验法中，教师在进行实验前需要做（　　）的准备工作。

A. 观察幼儿的兴趣　　　　B. 预备性实验

C. 制订教学计划　　　　　D. 选择教学方法

4. 教学过程开始阶段的主要任务是（　　）。

A. 总结学习内容　　　　　B. 激发幼儿求知欲和学习兴趣

C. 安排幼儿自由活动　　　D. 检查幼儿的作业

5. 关于设计基本阶段，以下（　　）说法是正确的。

A. 问题设计应该尽量笼统，以免幼儿产生压力

B. 结构设计要层层递进，环环相扣

C. 设计的问题应尽量简单，避免挑战幼儿

D. 各环节可以随意拼凑，各步骤不必联系紧密

6. 教学过程中基本阶段的主要任务是（　　）。

A. 小结学习内容　　　　　B. 安排课外作业

C. 组织幼儿主动学习和积极探索　　D. 让幼儿自由玩耍

7. 关于教学目标的制定，以下（　　）是正确的。

A. 只需考虑幼儿的智力发展　　　　B. 应该全面、具体，具有可操作性

C. 只要符合幼儿园的规定就可以　　D. 不需要考虑幼儿的年龄特点

8. 以下（　　）不属于教学内容的选择标准。

A. 符合幼儿的接受水平　　B. 贴近幼儿的现实生活

C. 随意组合各项内容　　D. 有利于幼儿的长远发展

9. 教学过程中师幼互动的主要目的是（　　）。

A. 让教师单方面传授知识　　B. 创设宽松活泼的氛围，吸引幼儿参与

C. 让幼儿在活动中保持安静　　D. 使教师能够轻松完成教学任务

第九章

班级管理工作研习

第一节 幼儿园班级

班级是为了实现一定的教育目标，由人设计的具有强制性质的集体。现代教育中，班级形态的直接来源是近代西方的班级授课制。在教育史上，17世纪捷克教育家夸美纽斯被认为是首位在理论上明确提出并系统阐述班级授课制的人。在其著作《大教学论》中，夸美纽斯提出了学校教育的组织结构，建议将学校的儿童教育分为六年，每年对应一个班级，并尽可能地为每个班级安排独立的教室，以减少不同班级之间的干扰。

一、幼儿园班级研习

（一）幼儿园班级的研习目标

（1）了解幼儿园班级的概念和基本结构。
（2）知道幼儿园班级的构成要素。
（3）培养对幼儿园班级工作的热爱。

（二）幼儿园班级的研习内容

1. 幼儿园班级的概念

幼儿园班级是幼儿园的基层部分，是最贴近幼儿真实生活的环境，也是实施教养工作的基本单位。它的划分大多以年龄为主要依据，一般划分为小、中、大三个年龄班，部分幼儿园分为托、小、中、大四个年龄班，也有不少地区的幼儿只能接受一年的学前班教育。由于人口分布的制约或出于办园特色的考虑，少数幼儿园也会采用混龄编班的形式。

2. 幼儿园班级的基本结构

幼儿园班级的基本结构包括人员结构、物资设施、组织结构三个方面。

（1）人员结构。

《幼儿园工作规程》中提到，教师和保育员是幼儿园班级管理的主要承担者，担负着对幼儿进行保育和教育的双重任务。因此，作为班级工作的承担者，保教人员的数量和质量会直接影响幼儿园保教目标的实现。目前，大多幼儿园采取"两教一保制"，通过二者密切配合完成幼儿园班级的保教任务。幼儿是幼儿园的教育对象，是班级的主体。不同年龄阶段的幼儿在其生理、心理发展方面具备不同的特点，教师和保育员要充分了解幼儿的发展规律，做到科学保教。

（2）物资设施。

幼儿园班级的物资设施是教师开展教育活动的前提。构成幼儿园班级的物资设施主要包括空间环境、设备等。空间环境主要指幼儿园的房舍和活动场地，若空间环境相对较大，幼儿就能在班级中自由地进行各种活动，充分发挥环境与幼儿的相互作用；设备则包括玩具、图书、家具等。

（3）组织结构。

幼儿园班级是一个正规化的组织，目的是通过教育活动对幼儿施加正面的影响。班级组织结构的基本形式有班集体活动、小组活动和个别活动。

第二节　幼儿园班级管理工作研习

班级管理工作研习是一种专注提升教育从业者在班级管理方面能力的有目的性的学习活动，通过深入研究和探讨班级管理策略、方法和实践，教师可以更好地引导学生，创造积极向上的班级氛围，为学生的全面发展提供支持。幼儿园班级管理特指从事幼儿园教学工作的教育从业者通过系统性学习和深入探究，针对幼儿园的班级规章制度、学生档案管理、班级环境创设、班级安全管理等方面，进行深入研究和分析的活动。通过幼儿园班级管理工作，幼儿园教育从业者能更好地理解幼儿的成长和发展，优化班级管理方式，营造温馨、富有启发性的学习氛围，积极促进幼儿的认知、情感、社交等方面的发展。

一、班级规章制度研习

（一）班级规章制度的研习目标

（1）了解班级规章制度的内容。
（2）提升制定和完善班级规章制度的能力。

（二）班级规章制度的研习内容

幼儿园的班级规章制度是为了确保班级有序、安全、和谐地运行，帮助幼儿养成良好的生活习惯和行为规范而制定的一系列规定和规则。

1. 安全规范

安全规范是为了保障幼儿在幼儿园内的安全，防范潜在的风险和危险情况，确保幼儿在学习和活动过程中能够处于安全的环境中。安全规范规定了火灾报警器的位置和使用方法，制订了火灾逃生路线和应急演练计划，教授幼儿在地震时的正确躲避姿势，制订地震逃生和避险计划；规定了幼儿在室内的行为规范，避免幼儿打闹、乱跑，防止意外伤害；指导了幼儿疏散的步骤和方式，包括从教室到操场等的疏散流程；规定了幼儿园食堂的食品卫生标准和规范，确保了食品安全。这些安全规范的目的是保障幼儿在幼儿园内的身体安全和心理健康，防范潜在的危险，提高教师和幼儿应对突发情况的能力。因此需要教师和工作人员的密切配合，确保安全规范得以有效执行。

2. 行为规范

行为规范是指幼儿园班级规章制度中规定的关于幼儿在教室、活动区域等幼儿园内行为的准则和规范。使其尊重老师、同伴和其他工作人员，不使用粗鲁或冒犯性的言辞。教师要鼓励幼儿对同伴的情感和需要表现出关心，乐于帮助他人，使幼儿学会用礼貌的方式与他人交往，如说"请""谢谢"等；鼓励幼儿积极参与课堂活动和游戏，不随意离开或打扰他人；引导幼儿爱护学校的设施和物品，不随意对其进行损坏或涂鸦。这些行为规范旨在帮助幼儿养成积极的行为习惯，培养其社交技能，增强其责任感和集体意识，为他们今后的成长打下良好的基础。

3. 饮食规范

饮食规范是指为了保障幼儿健康和营养均衡，规定幼儿在幼儿园饮食行为和习惯的一系列规定和准则。这些规范有助于培养幼儿正确的饮食习惯，确保他们获得足够的营养，同时防止他们不良的饮食行为。饮食规范规定正餐的时间，确保幼儿按时用餐，不随意吃零食；强调提供营养均衡的食物，包括蛋白质、碳水化合物、脂肪、维生素等；规定食品的卫生要求，确保食材的新鲜、清洁、安全；规定幼儿正确使用餐具，养成良好的餐桌礼仪；规定饮水的次数和方式，确保幼儿充足的饮水量；确保食堂食品符合食品安全标准，规定相关人员要定期进行食品质量监管。饮食规范的制定旨在保障幼儿的营养健康，防止幼儿养成不良的饮食习惯和发生食品安全问题。幼儿园和家长的合作非常重要，要共同监督和落实这些饮食规范，为幼儿提供健康的饮食环境。

4. 卫生规范

卫生规范是为了保障幼儿的健康和卫生，规定幼儿在幼儿园内的卫生行为和习惯的一系列规定和准则。这些规范有助于培养幼儿良好的卫生习惯，防止疾病传播，维护整洁的学习环境。卫生规范规定幼儿在特定场合或活动前后要洗手，使其养成良好的洗手习惯；教导幼儿使用鼻涕纸擦鼻涕，避免用手直接擦拭；教导幼儿在咳嗽或打喷嚏时使用纸巾或肘部遮挡口鼻；培养幼儿勤洗脸、勤换衣、保持整洁的个人卫生习惯；强调幼儿要保持身体清洁，包括头发、牙齿、指甲等；规定幼儿个人用品的管理，避免混淆或传播疾病。这些卫生规范的制定旨在保障幼儿的健康，培养其良好的卫生习惯，预防疾病传播，为其创造一个干净、卫生的学习环境。

二、学生档案管理

（一）学生档案管理的研习目标

（1）了解学生档案管理的具体内容。
（2）加强学生档案信息的分析和应用能力。
（3）加强对学生隐私权的尊重与保护。

（二）学生档案管理的研习内容

幼儿园学生档案管理是对每个幼儿建立和维护个人信息以及学习发展情况的系统化管理。这些档案旨在记录幼儿的个人特点、学习成就、评估结果等，为教师和家长提供参考，以更好地支持幼儿的成长。

个人信息是学生档案的基础，有助于幼儿园了解幼儿的基本情况，具体包括以下几个方面。

1. 家庭背景

家庭背景包括幼儿家庭的各种情况和信息，这些信息有助于幼儿园更好地了解幼儿的家庭环境和背景，从而更好地提供适应性的教育和支持。家庭背景记录了父母工作情况、家庭环境等，以便了解幼儿的家庭情况。

2. 入园手续

入园手续是幼儿正式进入幼儿园时需要办理的一系列手续和文件，这些手续和文件的办理有助于幼儿园了解幼儿的基本情况，确保幼儿的健康和安全，以及建立良好的家园联系。入园手续具体包括幼儿入园报名表、家长签字单、健康证明等。

3. 健康状况

健康状况即幼儿的身体健康信息，包括其过敏史、疾病史等，这些信息对幼儿园和教师了解幼儿的健康状况，提供适当的照顾和支持以及应对紧急情况非常重要，以确保幼儿在幼儿园内外的健康安全。

4. 成长发展记录

成长发展记录是对幼儿在多个方面的发展情况进行观察、评估和记录的内容。比如幼儿的身高、体重、牙齿生长等情况。

5. 作品集

作品集用于记录幼儿的学习能力、艺术能力等。这些作品可以为幼儿的学习进步和全面发展提供证据，同时也可以在评估家园沟通和幼儿将来的择校申请中发挥重要作用，包括手工制作、绘画作品、实验报告等。

6. 家长会议记录

家长会议记录是对家长会议的内容和讨论结果进行记录的文件。这些记录有助于教师与家长之间保持沟通，共同关注幼儿的发展和教育问题。

7. 个性化教育计划

个性化教育计划是为了满足具有特殊需求的幼儿，是幼儿园根据幼儿的个别差异制订的个性化教育方案。这些计划旨在提供适合幼儿发展的支持和资源，以确保他们在幼儿园中能够获得最大程度的保教和发展。

班级幼儿日志案例见表9-1，该表对班级中幼儿的一日生活进行详细记录，可以帮助教师更好地了解每个幼儿，制订个性化教育计划，促进幼儿的全面发展。同时，该记录也有助于教师与家长的沟通，让家长了解幼儿在幼儿园的表现和成长。

表9-1　班级幼儿日志案例

班级：		记录者		日期：	
幼儿编号（名字）	入园情绪	参与游戏	午餐	午睡	备注
××	√	娃娃家、看书	√	没睡	很难入睡，但可以保持安静不打扰别人
××	哭了2分钟	拼插玩具	菜没吃完	√	晨间玩拼插游戏长达30分钟，没有更换游戏内容
××	√	贴画	少量	√	午餐时吃不下，在教师鼓励下吃了少量青菜
××	√	串项链	√	√	近期入睡很早

三、班级环境创设

(一) 班级环境创设的研习目标

(1) 了解如何设计和布置幼儿园班级环境。
(2) 掌握幼儿园班级环境创设的内容和要求。

(二) 班级环境创设的研习内容

幼儿园班级环境创设是为了提供适合幼儿学习、游戏和互动的教室环境，以支持他们的全面发展。一个有趣、富有启发性的班级环境可以激发幼儿的好奇心、创造力和积极性。以下是幼儿园班级环境创设的内容。

1. 教室布局

教室布局是班级环境创设的重要部分，它涉及教室内不同区域和空间的安排，以创造一个适合幼儿学习、游戏和互动的环境。设计合理的教室布局，包括学习区、游戏区、休息区等，力求使幼儿的学习和活动空间最大化。

2. 学习资源

学习资源是为了满足幼儿的学习需求而提供的丰富多样的教育材料和工具，包括书籍、玩具、教具、艺术材料、科学实验工具和音乐器材等。这些资源可以激发幼儿的兴趣，帮助他们在愉快的学习环境中取得进步。

3. 主题区角

主题区角是为了创造一个特定主题或领域的学习和探索空间，让幼儿能够深入了解、体验和参与相关活动。幼儿园的主题区角中通常包括图书区、科学区、艺术区、角色扮演区、建构区等，用来满足幼儿的不同学习需求。

4. 墙面创设

墙面创设可以为幼儿提供视觉和情感上的刺激，同时也可以作为学习和展示的空间。在设计中可以划分为展示幼儿作品、成就和学习过程的展示墙面；记录幼儿成长，如身高、体重等的成长记录墙面；具有互动性质的墙面，如涂鸦墙、拼图墙，以此来鼓励幼儿参与创作。在墙面创设中应注意考虑幼儿的年龄、兴趣和学习需求等特点，可以通过照片拍摄进行墙面创设记录。

幼儿园班级环境创设记录见表9-2，可用来分析班级环境的变化与适宜性。

表9-2 幼儿园班级环境创设记录

班级		主题	
主题墙面照片（可由一张整体照，若干张局部清晰照组成）：			

(续表)

其他主题环境举例			
（附图）	（附图）	（附图）	（附图）
（文字说明）	（文字说明）	（文字说明）	（文字说明）

四、班级安全管理

（一）班级安全管理的研习目标

（1）了解幼儿园班级安全管理的内容。

（2）提升制订和执行班级安全管理计划的能力

（二）班级安全管理的研习内容

幼儿园班级安全管理是为了确保幼儿在学习和游戏过程中的安全，预防事故和意外事件的发生，创造一个安全、健康的学习环境。

1. 环境安全

环境安全是确保幼儿在学习和玩耍时不受伤害的重要方面，主要包括家具和设备安全、地板安全、电器安全、窗户和窗帘安全、玩具安全、空气质量安全等方面。

2. 火灾安全

火灾安全涉及一系列预防措施、应急准备和培训，旨在确保幼儿在火灾发生时能够得到及时、有效的保护，幼儿园应配备火灾报警器和灭火设备。幼儿园应定期检查相关设备并演练火灾疏散计划，教育幼儿如何应对火灾。

3. 急救准备

急救准备涵盖了一系列应对紧急情况的措施和培训，以确保在幼儿发生意外伤害或突发状况时能够提供及时有效的急救支持。幼儿园应配备基本的急救设备和药品，如急救箱、创可贴、止血带、冰袋等，确保教师和工作人员熟悉急救程序，能够迅速应对小事故或紧急情况。

4. 食品安全

食品安全包括一系列关于食品供应、储存、准备等方面的措施，旨在确保幼儿在膳食方面得到安全、健康的保障。在食品供应方面应选择可靠的、合格的食品供应商，确保食材的质量和安全性；在食品储存方面应使用适当的食品存储设备和方法，将食材存放在适宜的温度、湿度下储存，避免食材腐坏或受污染；在食品准备方面应遵循正确的食品处理和烹饪方法，确保食物的卫生和安全。除此之外，教师还应教授幼儿有关健康饮食的基本知识，培养他们正确的饮食习惯。

5. 疾病传播预防

疾病传播预防可以降低疾病在园内传播的风险，创造一个健康、安全的学习和生活环境。幼儿园应教授幼儿正确的洗手方法；鼓励幼儿在感染期间留在家中，确保其他幼儿免受传染病影响；定期对教室、玩具、用具等进行消毒和清洁，减少细菌和病毒的存活和传播概率；确保每个幼儿的个人物品如毛巾、牙刷等分开摆放，避免交叉感染；与家长保持紧密联系，及时了解幼儿的健康状况，确保其有疾病时能及时采取措施。

6. 紧急事件应对

紧急事件应对是为了确保在各种突发情况下能够有效地保护幼儿和工作人员的安全。幼儿园应制订紧急事件应对计划，涵盖地震、风暴等灾害，确保幼儿在危险事件中得到妥善保护。同时，幼儿园应定期组织紧急事件演练，让幼儿和其他工作人员熟悉应对步骤，提高应急反应能力。此外，还应对教师和工作人员进行基本急救培训，使他们能够在紧急情况下提供必要的医疗救助。在紧急事件后，幼儿园应为幼儿和工作人员提供必要的心理支持，帮助他们应对紧急事件可能带来的情绪压力。

习题

1. 简述幼儿园班级的概念及其划分的依据。
2. 说明幼儿园班级中人员结构的重要性，以及教师和保育员的主要职责。
3. 请解释幼儿园班级的物资设施在教育活动中的作用，并举例说明其中的几种设施。
4. 幼儿园班级管理工作的目的是什么？
5. 幼儿园班级管理工作的任务有哪些？
6. 如何在幼儿园班级中营造良好的心理氛围？

第十章

教育调查研究研习

第一节 教育调查研究的意义与内容

在当今的教育领域中，调查研究被认为是提升教育质量和推动教育改革的重要工具之一。教育调查研究旨在深入了解教育现象、问题和趋势，从而为教育实践和政策的制定提供科学依据和指导。

一、教育调查研究概述的研习

（一）教育调查研究概述的研习目标

（1）深入了解教育调查研究的概念。
（2）掌握教育调查研究在教育实践中的应用价值和意义。
（3）提升对教育问题的关注意识。

（二）教育调查研究概述的研习内容

1. 教育调查研究的概念

教育调查研究是指在幼儿教育领域，通过系统性的方法和程序，收集、整理、分析有关幼儿园教育的信息和数据，以深入了解幼儿园教育的现状、问题、趋势和影响因素的过程。这种研究活动旨在提供对幼儿园教育现象的详细、准确和客观的描述和分析，以支持教育政策制定、教学改进和实践创新。

2. 教育调查研究的意义

①通过对幼儿园进行教育调查研究，可以了解教育过程中的优势和不足之处。这有助幼儿园和幼儿教师了解自身的教学效果，及时进行改进，提升教育质量。

②教育调查研究可以帮助幼儿园和教师更好地了解不同幼儿的需求和特点，实施更加个性化的教育方法，从而有利于每个幼儿的全面成长。

③教育调查研究为制定和调整幼儿园教育政策提供了实际数据支撑和依据。政策制定者可以根据研究结果优化教育体制、资源分配和法规制度，以更好地支持幼儿教育。

④教育调查研究有助加强家庭与幼儿园之间的沟通和合作。家长可以通过研究了解幼儿的学习情况，与幼儿园共同关心幼儿的成长。

⑤教育调查研究有助教师的专业发展，使其更加深入地理解幼儿的需求，提升自身的教育技能。

二、教育调查研究内容的研习

（一）教育调查研究内容的研习目标

（1）了解幼儿园的教育过程和方法、教育环境和资源、教师培训与专业发展、家庭参与与社会因素。

（2）掌握教育调查研究的应用范围。

（3）提升对教育调查研究数据的分析能力。

（二）教育调查研究内容的研习内容

1. 教育过程和方法的研习

可以通过调查幼儿园的教学策略、互动模式、课程设计等方面来研究教育过程和方法。

（1）教学策略研究。

在幼儿园教育调查研究中，教学策略研究涵盖了探究教育过程中教师在教学中采用的不同方法和策略，以及这些策略对幼儿学习和发展的影响。

①游戏化教学：研究教师如何在课堂中融入游戏元素，使学习过程更具趣味性和参与性，以此来促进幼儿的主动学习。

②探究式学习：研究教师如何设计学习任务激发幼儿的好奇心和求知欲，鼓励他们主动探索和发现。

③合作学习：研究教师如何组织合作学习活动，培养幼儿的合作精神、沟通能力和团队合作技能。

④情境学习：研究教师如何通过情境模拟让幼儿更好地理解抽象概念，将学习内容与实际情境联系起来。

⑤个性化教学：研究教师如何根据每个幼儿的兴趣、能力和学习风格，调整教学策略，实现幼儿个性化的学习体验。

（2）互动模式研究。

①师幼互动。

a. 研究教师如何与幼儿建立积极的互动关系，例如通过鼓励、赞扬和提问。

b. 研究教师如何适应幼儿的不同情感和发展需求，以建立有利于幼儿学习的情感氛围。

c. 研究教师如何倾听幼儿的意见和问题，鼓励幼儿积极参与教学活动。

②幼幼互动。

a. 研究幼儿在学习活动中如何与同伴互动和合作，探究这种互动对他们社交技能和情感发展的影响。

b. 研究幼儿如何分享知识、交流想法，探究在合作中他们如何解决问题并达成共识。

师幼互动观察记录见表10-1，该表记录了师幼互动的情况，可以帮助教师了解自己的教学方法是否有效，从而能及时调整教学策略。

表 10-1　师幼互动观察记录

幼儿园			班级					被观察人数			
观察日期			起止时间					观察者			
互动背景	互动范围			互动发起方		互动反馈			互动性质			合计
	集体	小组	个别	教师	幼儿	积极	消极	无反馈	肯定	否定	中性	
学习												
游戏												
生活												
合计												

（3）课程设计研究。

①课程目标和教育理念：研究幼儿园教育的课程目标和教育理念，以及这些目标和理念如何影响课程设计。

②活动主题和内容：研究不同主题的教育活动，了解幼儿园如何选择活动主题、内容，并将其与幼儿发展需求相结合。

③跨学科教学：研究如何将不同学科和领域融入幼儿园教育中，以促进幼儿的综合性学习和跨学科思维。

④课程计划和排课：研究幼儿园的课程计划安排，包括每日、每周的课程时间分配和活动排列。

2. 教育环境和资源的研习

可以通过调查环境是否促进了幼儿的学习和创造性发展，以及是否有足够的教育资源支持教学活动等方面来研究教育环境和资源。

（1）物理环境。

安全性和舒适性：研究物理环境的安全性，确保幼儿在教室和室外区域的活动过程中不会受到伤害；研究物理环境的舒适性，如温度、光线、空气质量等是否适宜，是否影响幼儿的学习和情感体验。

自然元素：探讨物理环境中是否融入了自然元素，如植物、自然光线等，以促进幼儿的自然探索意识和认知。

（2）教室布局。

①家具摆放和排列：研究教室内家具的布置，如桌椅、柜子、书架等的摆放方式，以最大程度地支持幼儿的各类活动。

②活动区域划分：研究教室内不同的活动区域，如阅读角、游戏区、创作区等的设置，为幼儿提供多样性的学习和游戏空间。

③自主探索区域：研究教室内是否设置了自主探索区域，鼓励幼儿在这些区域中自由选择学习内容和活动。

④可移动性和灵活性：研究教室布局是否具有可移动性和灵活性，是否能够根据不同活动需要进行调整和改变。

⑤美学和创意：研究教室布局的美学和创意，如颜色选择、装饰、展示空间等。

(3) 学习资源。

①教育材料和玩具：研究幼儿园是否提供了教育材料和玩具，如拼图、积木、工艺品等，来支持幼儿的认知和创造力发展。

②图书或其他阅读资源：研究幼儿园是否提供了图书或其他阅读资源，来促进幼儿的语言发展，培养其文学素养和阅读兴趣。

③多媒体和技术工具：研究幼儿园是否使用了多媒体设备和技术工具，如电子画板、互动屏幕等，为幼儿提供多样的学习体验。

④户外游戏和活动器材：研究幼儿园是否提供了户外游戏器材，如秋千、滑梯等，支持幼儿的身体和探索活动。

3. 教师培训与专业发展

教师培训与专业发展的教育调查研究具体包括以下几个方面。

(1) 教师培训。

培训频率和持续性：调查教师参与培训的频率，确认是定期还是不定期进行培训；了解教师是否有持续的培训计划，以提升他们的专业能力。培训类型和主题：调查教师接受的培训类型，如内部培训、外部培训、研讨会、工作坊等；研究培训的主题，如教学策略、课程设计、教育技术应用等。培训内容和目标：探究培训内容的具体细节，确认涵盖了哪些知识、技能和方法；了解培训的目标，明确是为了提升教师专业能力、教学效果还是其他方面。培训方式和形式：研究培训的方式，如面对面培训、在线培训、研讨会等；了解培训形式，如讲座、讨论、实践等。培训效果评估：研究教师参加培训后的效果评估方式，如调查问卷、反馈意见等；了解培训是否对教师的教学能力和专业发展产生积极影响。

(2) 教师专业发展计划。

计划的设立和制订：调查教师是否制订了个人专业发展计划，以及研究这些计划是如何设立和制订的。发展目标和阶段：了解教师的专业发展目标，包括短期和长期目标；了解计划的不同发展阶段，如初级阶段、中级阶段、高级阶段等。学习方式和方法：了解教师选择的学习方式，如参加培训、独立阅读、参与研究等；探究教师使用的学习方法，如学习小组、实践探索、在线学习等。学习资源和支持：调查教师在专业发展过程中使用的学习资源，如教材、网络资源、研讨会纪要等；了解学校是否提供了相关支持，如是否提供资金、时间、导师等支持。时间规划和安排：研究教师如何安排专业发展活动的时间，如是否按每周、每月的计划安排。

(3) 教学反思和实践研究。

反思的形式和方式：了解教师进行反思的形式，如口头反思、书面反思、小组讨论等；明确其反思的方式，是个人内省还是与他人分享。反思的重点和内容：研究教师在反思中关注的重点，如学生反应、教学方法、课程设计等；了解反思的具体内容，如教师对自身教学的评价和思考等。教学实践研究及设计：确认教师是否进行教学实践研究，如教学小实验、课堂观察等；了解研究的设计，确认设计是否被实施，并确认其实施结果。实践研究的成果和改进：调查教师通过实践研究获得的成果，如教学方法的改进、学生表现的变化等；了解实践研究如何影响其教学成果。

4. 家庭参与与社会因素

研究幼儿家庭参与幼儿园教育的程度、方式以及家长对幼儿园教育的期望。同时，还可以探究社会因素对幼儿园教育的影响，如社会经济状况、社会文化等。

（1）家庭教育支持

家长对幼儿园教育的态度：了解家长对幼儿园教育的价值观和态度，以及对幼儿学习的支持程度。家庭教育期望：了解家长对幼儿在幼儿园学习和发展的期望。家庭学习环境：调查幼儿家庭中是否有建立鼓励学习和探索的环境，如提供书籍、玩具、艺术材料等。家长培训和资源：了解家长是否接受过幼儿教育方面的培训，以及是否有相关的教育资源。

（2）家园沟通与合作

沟通方式和频率：调查家长与幼儿园教师之间的沟通方式，如面谈、电话、电子邮件等；了解沟通的频率，确认是定期沟通还是在特定情况下沟通。家园会议和讲座：调查幼儿园是否定期举行家长会议、讲座等活动，以便家长了解教育政策、课程等。家访和家长参与活动：调查幼儿园是否有家访活动，以建立幼儿园和幼儿家庭之间更紧密的联系；了解家长是否积极参与幼儿园的各类活动，如运动会、展览等。家长参与决策：调查家长是否参与幼儿园的决策过程，如学校活动安排、政策制定等。家庭学习资源分享：了解幼儿园是否定期向家长分享有关幼儿教育的学习资源，如阅读列表、互联网资源等。

（3）社会经济状况

教育支出：调查家庭用于幼儿教育方面的支出，如购买书籍和其他教育资源等。社会福利和政府补贴：调查家庭是否享受社会福利、政府补贴等支持。社会经济背景多样性：调查不同社会经济背景下家庭的特点，如中产阶级、贫困家庭等的特点。社会资源利用：调查家庭是否能够利用社会资源，如医疗服务、社会福利等。社会经济状况与幼儿发展关系：研究社会经济状况对幼儿的学习、情感、社交等方面的影响。

（4）社会文化因素

多元文化背景：调查幼儿园中有多少来自不同文化背景的学生和家庭。文化传统和价值观：了解家庭和社会的文化传统、价值观和信仰，如宗教、风俗习惯等。社会角色和性别认知：调查社会中对不同性别、角色的认知、期望和影响，以及研究它们如何影响幼儿的发展。文化教育期望：研究家庭和社会对幼儿园教育的期望，探究是否有特定的文化教育目标。

第二节　教育调查研究的主要方法

教育调查研究是教育领域中的一项重要工作，其方法多种多样，包括定性研究和定量研究等。本节将深入探讨教育调查研究的主要方法，以及它们的应用和特点。我们将学习几种常见的教育调查研究方法，如问卷调查法、访谈法、观察法、实验研究法等。通过本节的学习，学生将能够全面了解教育调查研究的主要方法及其适用范围，掌握如何选择和运用合适的研究方法来解决教育问题；还将学会如何设计研究方案、收集和分析数据，并有效地解释和呈现研究结果。通过实际案例和练习，学生将提高自己的研究能力和方法论水平，为今后的教育研究工作做好充分准备。同时，本节还将强调研究方法的科学性和客观性，有助于培养学生的批判性思维和科学态度，使他们成为具有创新精神和实践能力的优秀教育研究者。这将有助于学生更好地理解和解决幼儿教育领域的现实问题，推动幼儿教育事业的不断发展和进步。

一、教育调查研究的本质

(一) 教育调查研究的研习目标

(1) 深入了解教育研究的定义与基本特征。
(2) 培养设计和实施符合研究目的的教育研究能力。

(二) 教育调查研究的研习内容

1. 教育调查研究的定义

教育调查研究是按照某种途径，有组织、有计划、有系统地认识教育现象和构建教育理论的过程，它以教育问题为对象，运用科学的研究方法，遵循一定的研究程序，收集、整理和分析有关资料，以获得教育规律为目标的过程。可见，教育调查研究具有以下属性：从研究对象来看，它以教育问题为研究对象，包括理论问题和实践问题；从研究目的来看，它以解释教育现象、解决教育问题、揭示教育规律为目的；从研究过程来看，它是有目的、有计划、有系统地开展研究的过程；从活动性质来看，它是一种发现问题、分析问题和解决问题的认识活动。

2. 教育调查研究的特征

(1) 教育调查研究是揭示客观规律的过程，具有客观性和实践性。

教育调查研究是一种在探索中获取新知识的过程，是人们进一步揭示教育现象的本质和客观规律的活动。教育调查研究的目的在于探索教育规律以解决重要的教育理论与实践问题。教育规律是教育过程中的本质联系和必然趋势。客观的教育现象多种多样，但在这纷繁复杂的现象背后所隐藏的规律是稳定的。人们可以发现、认识和利用规律，而不能任意创造、改变和消灭规律，这就是规律的客观性。教育调查研究的对象、过程和结果都具有客观性。研究的对象都源于客观教育中有待解决或发展的问题，是客观现实的需要，是客观存在的。为了使教育调查研究准确揭示教育的客观规律，必须在研究过程中克服随意性。这就要求遵循一定的研究规范，如明确的研究目标、科学的研究假设、规范的研究设计、准确的记录分析、可靠的数据处理等。研究本身来源于人们的社会实践活动。它来源于实践，服务于实践。没有实践活动，就不可能发现客观规律，不可能获得系统的认识或产生创造性的成果。没有实践而凭空想象出来的东西不能称之为研究。所以，教育调查研究必须在实践中采取严格的客观态度，全面系统地收集资料，最大限度地保证研究过程和研究结果的客观性和准确性。

(2) 教育调查研究是在前人研究基础上的探索性活动，具有继承性和创造性。

教育调查研究是以人们已经达到的认识水平作为基础，经过科学的研究过程，达到发现和创造的目的。因而教育调查研究应当了解研究对象的发展状况和人们现有的认识水平；应当明确已经研究了哪些问题，哪些问题已经解决，哪些问题还没有解决或者没有完全解决；应当知道有哪些是已经被证明了的理论，还有哪些理论是需要进一步证明的。已有的研究和认识水平是研究的基础，有了这一基础，教育调查研究就会少走弯路。但同时，教育调查研究也要在已有研究和认识基础上进行新的发现，探索新的规律，寻求新的认识。因而，教育调查研究必然体现出继承性与创造性的结合。

(3) 教育调查研究的过程是一种控制过程和验证过程，具有可控制性和可检验性。

人们在教育调查研究中总是设法控制或排除某些无关的因素，以便着重观察与分析有关对象的关键特征及其影响因素，找出事物发展的因果关系。这与人们的一般认识过程是有明显区别的。在一般认识过程中，人们很少会有意识地控制某些条件和系统解释各种现象。教育调查研究总是预设某些理论假设并通过实际调查与研究，检验理论假设的正确性，解决实践中遇到的各种问题。而人们一般的认识过程，虽然也采用某些概念或假设，但是缺乏系统性和周密性，也不可能严格检验各种观点和想法。教育调查研究是一种对已有教育规律不断进行检验并发现新规律的活动，不是发现了一定的教育规律之后就止步不前，而是必须进一步检验这些规律能否应用于解决新的教育问题，探索这些规律如何在解决新问题时得到综合运用。教育调查研究的结果往往也是客观规律的真实反映，具有可检验性。教育调查研究的方法本身是可以辨认的，运用过程和研究结果也是可检验的。

（4）教育调查研究一般有比较系统的理论框架，具有严密的逻辑性和系统性。

教育调查研究是从确定研究对象的性质和规律这一目标出发，通过观察、调查和实验而得到有组织的、系统的知识；是按一系列预定步骤进行的，有明确的目的、周密的计划、科学的方法、严密的组织和合理的安排，具有严密的逻辑性和系统性。其内容是依据系统的、实证的研究方法来获得，是经过实践检验的关于客观教育领域中事物现象的本质与特征的知识。无论是以发现或发展一定的教育原理、原则、方法或理论为目的的探索性研究，还是以寻求解决现实教育问题答案的对策性研究，都要求做出理论的说明和进行逻辑的论证，而不是简单的资料收集或言论罗列。

二、几种常见的教育调查研究方法

（一）教育调查研究方法的研习目标

（1）了解几种常见的教育调查研究方法。
（2）掌握各教育调查研究方法的特点和适用范围。
（3）提升对研究成果的解释和应用能力。

（二）教育调查研究方法的研习内容

1. 问卷调查法

问卷调查法是研究者围绕某个主题，将编制的问题以书面的形式发放给被调查者作答，并及时收回和进行信息汇总，以此收集资料和数据的一种调查方法。问卷调查法是教育调查研究中最常用的资料收集方法，研究者能够获得研究对象行为、态度、价值观等方面的信息。问卷调查法着重掌握教育现象的第一手资料，从中发现教育现象存在的根本原因，并分析、总结和发现教育规律。通过问卷调查法，研究者能够明确教育现状，发现新的教育问题，依据既定的材料和数据有力地揭示教育发展中存在的矛盾和问题，提出科学的、合乎逻辑的教育结论。通过教育问卷调查，能有效地避免教育决策过程中可能出现的偏差和教育工作的盲目性。

2. 访谈法

访谈法是指研究者有目的、有计划地与研究对象直接交谈，通过询问引导研究对象回答问题的方式来收集所需资料的研究方法，又称谈话法或访问法。访谈法既可以作为一种独立的研究方法，也可以作为一种辅助方法为研究搜集资料。

教育调查研究中的访谈与一般的谈话有本质的区别。教育调查研究中的访谈是一种有目、有计划、有组织的谈话，谈话过程紧紧围绕着研究主题展开，有很强的针对性。而一般情况下的谈话，没有明确的目的，随意性很强，是一种非正式的交谈。因为访谈法是通过研究者与研究对象面对面交谈的方式收集研究资料，所以访谈法简便易行，具有很强的灵活性和适应性。访谈法在教育调查、心理咨询和征求意见等方面得到了广泛的应用，既适用于文化程度较低的成年人或幼儿等调查对象，也适用于调查问题比较深入、调查对象差别较大、调查场所不易接近等情况的研究。以调查研究教师职业压力为例，幼儿教师职业压力访谈提纲见表10-2。

表 10-2　幼儿教师职业压力访谈提纲①

编号	访谈问题
1	您为什么选择幼儿教师这一职业
2	根据您的从教经历，谈谈您当幼儿教师的感受
3	是什么原因促使您继续从事幼儿教师这一职业
4	如果现在有一个很好的就业机会，您会放弃幼儿教师这一职业吗
5	您在幼儿园一般一天工作几小时？除了组织活动之外，还做什么
6	您在幼儿园工作一天下来的感受是什么
7	您目前的工资一个月能拿多少？您期望的呢
8	您所在的幼儿园是否为您办理了"五险一金"
9	您觉得您在幼儿园的付出与您所得到的回报成正比吗
10	您认为作为幼儿园教师，最大的回报是什么
11	您认为社会和家长对幼儿园教师有什么看法和期望？您是怎么看待这些的
12	您是怎么看待幼儿园的考评制度的
13	当工作中遇到困难时，您经常怎么办
14	作为幼儿园教师，都面临哪些压力？最大的压力是什么
15	您平常是怎么缓解压力的
16	您觉得您现在最需要得到哪些方面的支持和帮助

3. 观察法

观察，是指人们对周围存在事物的现象和过程的认识。"观"是看，"察"是分析研究。观察是一种有目的、有意识的感性认识活动，属于认识论。观察的重要特点在于强调"自然发生"，对观察对象不加任何干预控制。

教育观察法是指人们有目的、有计划地通过感官或辅助仪器，对不加干预的教育现象中的人、事、物进行系统考察，从而获取经验事实的一种科学研究方法。科学研究中如果没有研究对象的第一手原始材料，就无法进一步认识事物的本质和规律。教育观察法可分为日常观察和科学观察两种。日常观察，是指通过研究者的亲身感受或体验来获得有关研究对象的感性材料，带有一定的自发性、偶然性，是科学观察的基础和初级形式。科学观察，是指研

---

① 王萍主编《幼儿教师教研活动及写作指导》，中国轻工业出版社，2012，第27—28页。

究者按照预定的计划，明确选择研究对象的范围、条件和方法，有目的地直接观察处于自然条件下的研究对象的言语、行为等外部表现，搜集事实材料并加以分析研究，从而获得对问题较深入认识的研究活动。幼儿园观察记录见表10-3，该表是教师对幼儿一日生活的行为、问题、表现进行观察的记录。

表 10-3　幼儿园观察记录

日期		时间		观察者	
幼儿姓名			幼儿年龄		
环境					
观察目的					
观察记录					
分析评价					

4. 实验研究法

实验研究是操纵自变量以引起因变量的变化，从而确定变量间因果联系的研究方法。它是研究者在探究变量间因果关系时能够使用的一种最有效的研究方法。教育实验研究中经常使用的自变量有教学方法、作业种类、学习材料、给予学生的奖励和教师提问的类型等，而常被观测的因变量有学习成绩、兴趣、注意范围、动机以及对学校的态度等。

习题

1. 教育调查研究的意义是什么？
2. 幼儿园教育调查研究包含哪些内容？
3. 教育调查研究的主要方法有哪些？
4. 请尝试设计一份师幼互动的教育观察表。
5. 请尝试设计一份幼儿教师专业发展的问卷。

第四篇
教育实习指导

第十一章

幼儿园一日生活流程——实践篇

本章旨在指导学生切身体验幼儿园一日生活流程,并感受作为教师应该具备的职业素养和法律意识。通过阐述幼儿园保教生活常规,详细梳理幼儿园一日工作流程和标准,让缺乏保教经验的学生和"准"教师能够了解幼儿园的工作常规及操作标准,从而做到心中有数,心中有尺。

第一节 幼儿园保育活动

一、入园

(一)入园环节实习目标

(1) 了解入园环节的保教流程和基本常识。
(2) 掌握入园环节的操作要点并能对入园环节相关记录表进行规范填写。
(3) 能够根据实习的实际情况对入园环节进行问题诊断,并提出应对策略。

(二)入园环节实习内容

1. 入园环节的保教流程和基本常识

入园是指幼儿早晨进入幼儿园班级前后的一段时间,教师利用这段时间迎接幼儿并引导幼儿进行相关活动的过程。教师应把握幼儿身心发展的特点和规律,为幼儿营造温馨、舒适的入园环境,通过丰富的活动材料吸引幼儿投入班级活动中,使幼儿开启美好的一天。入园环节保教流程包括入园准备阶段和入园阶段(见图11-1)。教师需要注意相应操作的基本常

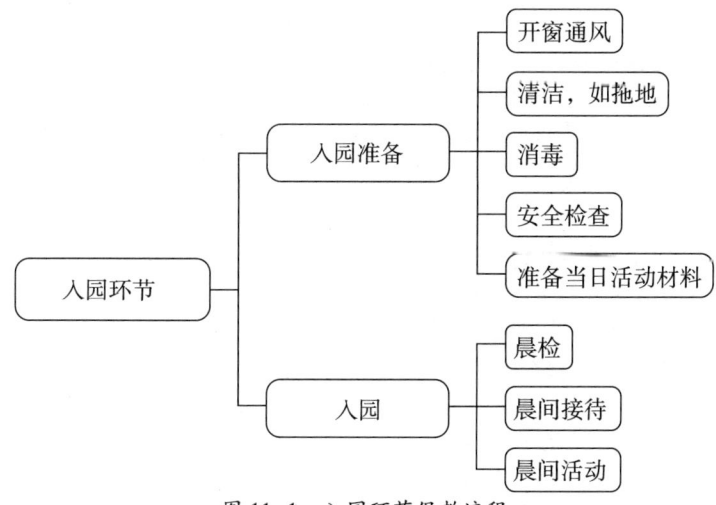

图 11-1 入园环节保教流程

识，如确认室内空气是否清新、班级环境是否安全、个人仪表是否整洁；及时做好入园记录，发现需要关注的幼儿，及时清点入园幼儿人数，避免幼儿走失；还需要协助保健老师做好晨检工作，及时发现、处理问题。

2. 入园环节的操作要点和注意事项

下面将通过表11-1至表11-3详细说明入园准备阶段和入园阶段的操作要点。

表11-1 入园环节操作要点

环节		操作要点	操作情况
入园准备	开窗通风注意事项	□开窗通风的时间可以选择早晨、饭后、打扫卫生时和幼儿睡前，每次通风时间大概半个小时 □要注意特殊天气不宜开窗通风，如雾霾天、下雨天、大风天	
	拖地技巧与方法	□可采用1字拖地手法。两脚与肩膀平宽，手朝下握住拖把，弯腰拿着拖把拖地	
	消毒方法	□空气消毒：开窗通风每日至少2次。开窗通风的条件是外界温度适宜、空气质量较好、环境安全 □地面消毒：清扫地面后，用含有效氯500mg/L的泡腾片消毒液浸泡拖布后消毒；要注意区分盥洗室、活动室、睡眠室的拖布，标记好各区域的拖布，使用后，仍需用含有效氯500mg/L的泡腾片消毒液浸泡消毒，并挂在通风处 □抹布消毒：抹布煮沸消毒15分钟或蒸汽消毒10分钟为首选；其次为使用含有效氯400mg/L的消毒液，浸泡消毒20分钟，消毒后控干或晾干存放；也可先用水冲净，再控干或晾干存放	
	安全检查要点	□园区安全：确认园区墙体是否有裂缝、倾斜；围墙、围栏是否破损；窗户是否完好；走廊是否有杂物；电路是否破损；灯具、悬挂物是否牢靠；卫生间地面是否防滑；大型玩具是否破损 □卫生安全：确认饮用水是否符合标准；幼儿水杯是否消毒；幼儿食材是否新鲜干净；消毒用品是否放置妥当	
	活动材料准备	□按照活动的内容，提前准备好活动的材料，并对活动材料进行安全检查和消毒	
入园	晨检注意事项	□一摸：确认幼儿有无发热现象，对可疑者测量体温 □二看：一般情况下，观察幼儿精神状态、面色等，查看其是否有传染病的早期表现，查看其咽部、皮肤有无异常等 □三问：注意个别幼儿饮食、睡眠、大小便情况 □四查：确认幼儿有无携带不安全的物品，发现问题应迅速处理	
	晨间接待注意事项	□看见幼儿来园，应立即微笑相迎，招呼幼儿和家长，营造愉快的入园氛围 □引导幼儿有礼貌地向老师问早，使其声音自然、响亮 □引导幼儿与家长告别 □指导幼儿有序摆放个人物品（书包、茶杯、毛巾等）	
	晨间活动注意事项	□开展活动之前对晨间活动场地进行安全检查，排除安全隐患 □根据幼儿的年龄特点有效组织各种活动，关注幼儿的活动情况，并适时调整活动形式和活动量。活动中要特别留心观察体弱、身体不适幼儿的活动情况，为他们安排适宜的活动内容 □在组织活动时要特别注意安全问题，要引导幼儿遵守活动规则等	

表 11-2　晨检记录

班级：　　　　　　　　　　　　　　　　　　　　　时间：　　　年　　月　　日

姓名	摸 （测温，是否发烧）	看 （双手、面部、口腔）	问 （身心情况）	查 （是否携带危险物品，着装是否安全）	异常处理

表 11-3　幼儿出勤记录

姓名	周一	周二	周三	周四	周五	实到天数	缺勤天数	连续缺勤天数	备注

注：出勤√；缺勤×；病假□。

二、盥洗

（一）盥洗环节实习目标

（1）了解盥洗环节的保教流程和基本常识。
（2）掌握盥洗环节的操作要点和注意事项。
（3）能够根据实习的实际情况对盥洗环节进行问题诊断，并提出应对策略。

（二）盥洗环节实习内容

1. 盥洗环节的保教流程和基本常识

养成良好的盥洗习惯是保障幼儿身体健康的第一道防线，它能有效预防经手传播的疾病。在引导幼儿养成良好的盥洗习惯过程中，有利于培养幼儿的良好品德。在盥洗环节保教人员要以指导、鼓励、表扬为主，不包办代替、不谴责、不批评，提升幼儿的自我服务能力。盥洗环节保教流程包括盥洗前准备阶段、盥洗阶段和盥洗后整理阶段（见图 11-2）。教师需要注意相应操作的基本常识，如确认盥洗室内是否有流动的水的洗手装置，水龙头设置间距是否合理；班级是否配备了幼儿专用的毛巾架，是否做到一人一巾，是否每日消毒、悬挂等。

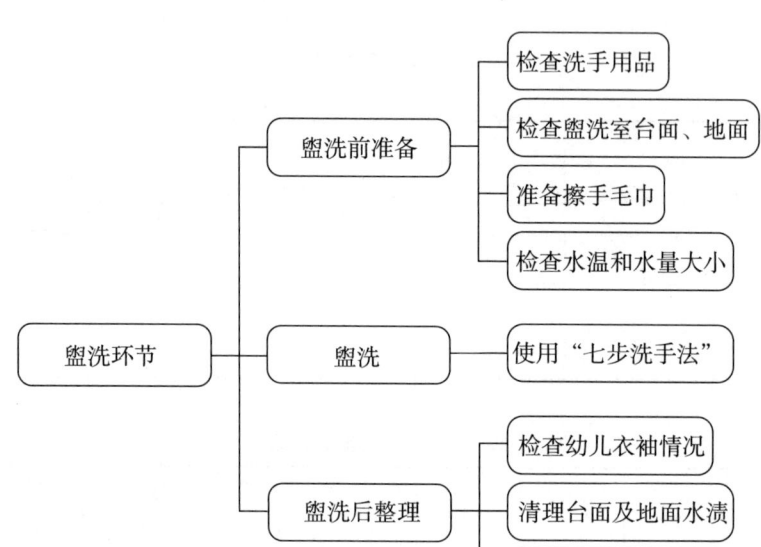

图 11-2 盥洗环节保教流程

2. 盥洗环节的操作要点和注意事项

下面将通过表 11-4 详细说明盥洗环节三阶段的操作要点和注意事项。

表 11-4 盥洗环节操作要点和注意事项

环节		操作要点	操作情况
盥洗前准备	检查洗手用品	□检查洗手液、肥皂等是否齐全,是否需要增添	
	检查盥洗室台面、地面	□检查盥洗室台面、地面是否有积水,是否存在安全隐患	
	准备擦手毛巾	□准备幼儿擦手毛巾,保证一人一巾	
	检查水温和水量大小	□提醒、帮助幼儿挽起衣袖,检查水温及水量大小,严防烫伤幼儿	
盥洗	使用"七步洗手法"	□(内):洗手掌,流水湿润双手,涂抹洗手液(或肥皂),掌心相对,手指并拢相互揉搓 □(外):洗背侧指缝,手心对手背沿指缝相互揉搓,双手交换进行 □(夹):洗掌侧指缝,掌心相对,双手交叉沿指缝相互揉搓 □(弓):洗指背,弯曲各手指关节,半握拳把指背放在另一手掌心旋转揉搓,双手交换进行 □(大):洗拇指,一手握另一手大拇指旋转揉搓,双手交换进行 □(立):洗指尖,弯曲各手指关节,把指尖合拢在另一手掌心旋转揉搓,双手交换进行 □(腕):洗手腕、手臂,揉搓手腕、手臂,双手交换进行	
盥洗后整理	检查幼儿衣袖情况	□待所有幼儿使用"七步洗手法"洗手结束后,教师需在幼儿擦手时注意其袖口是否保持干燥,若有幼儿袖口润湿,则需要及时吹干以免幼儿受凉生病	
	清理台面及地面水渍	□幼儿有序离开盥洗间后,教师需对盥洗间卫生状况进行整理,将台面和地面分别使用毛巾和拖布擦干	
	消毒、晾挂擦手毛巾	毛巾清洗操作流程: □做好个人卫生管理,戴好头套、口罩和橡皮手套	

(续表)

环节		操作要点	操作情况
盥洗后整理	消毒、晾挂擦手毛巾	□第一遍使用肥皂搓洗毛巾，第二遍使用流动的清水漂洗毛巾，第三遍使用浓度1：200的84消毒液浸泡毛巾20分钟进行消毒，浸泡后，使用流动的清水再次漂洗毛巾，去除消毒液残留 毛巾晾挂操作流程： □将毛巾依序晾挂在毛巾架上，一人一巾，相邻毛巾留有10厘米的间隙 □整理好毛巾后，将毛巾架置于户外，对毛巾进行日晒，日晒的时间不少于6小时，以完成对毛巾的充分消毒。在晾挂过程中需注意将毛巾的四角拉平整	

三、如厕

（一）如厕环节实习目标

（1）了解如厕环节的保教流程和基本常识。
（2）掌握如厕环节的操作要点和注意事项。
（3）能够根据实习的实际情况对如厕环节进行问题诊断，并提出应对策略。

（二）如厕环节实习内容

1. 如厕环节的保教流程和基本常识

通过培养幼儿自己如厕的能力，可以提升幼儿的自理能力和独立性，使他们养成良好的生活习惯。这有助于幼儿建立正确的社会观念和公共道德意识，也有助于幼儿形成良好的体验和情绪调节能力，促进他们的身心健康发展。如厕环节保教流程包括如厕前准备阶段、如厕阶段和如厕后整理阶段（见图11-3）。教师需要注意相应操作的基本常识，如确认卫生间

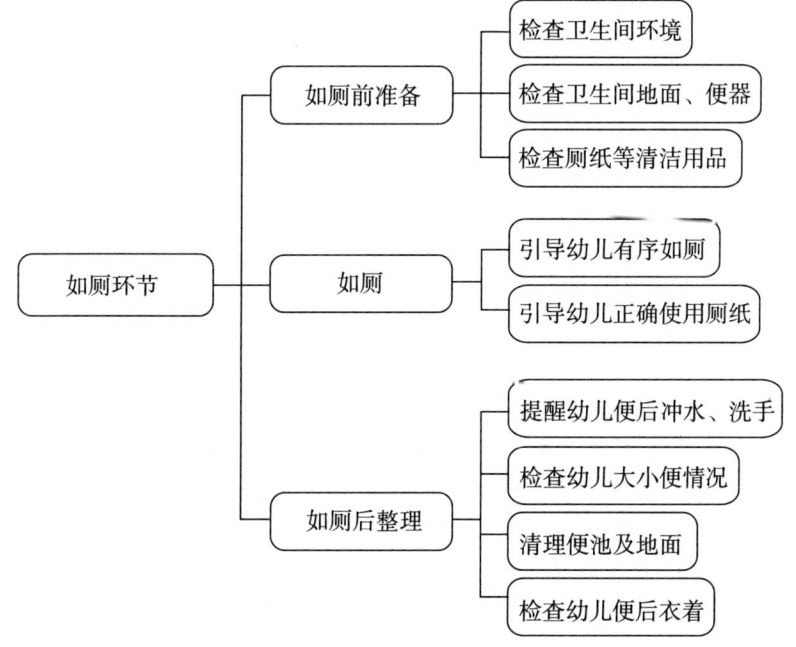

图11-3 如厕环节保教流程

是否洁净、安全；是否给幼儿创设了一个宽松的如厕环境，有需求时幼儿能主动如厕或告知老师；幼儿遗便时教师是否能及时耐心为其清洗身体、更换衣裤。

2. 如厕环节的操作要点和注意事项

下面将通过表11-5详细说明如厕环节三阶段的操作要点和注意事项。

表 11-5 如厕环节操作要点和注意事项

环节		操作要点	操作情况
如厕前准备	检查卫生间环境	□检查卫生间环境是否安全、干净，要保证空气清新、光线充足	
	检查卫生间地面、便器	□检查地面是否干燥，便池是否干净，卫生设施是否能正常使用等	
	检查厕纸等清洁用品	□检查并准备好足够的厕纸等清洁用品，并放在幼儿可自由取用的位置	
如厕	引导幼儿有序如厕	□幼儿活动前集中如厕时需分男女、分批次进行如厕，以避免发生拥堵和意外	
	引导幼儿正确使用厕纸	□提醒幼儿适量取纸，从前往后擦拭，并放入纸筐中	
如厕后整理	提醒幼儿便后冲水、洗手	□根据幼儿年龄特点使用图示或语言提醒幼儿便后冲水并使用肥皂洗手	
	检查幼儿大小便情况	□观察幼儿大小便情况是否正常，根据实际情况进行相应处理	
	清理便池及地面	□观察便池及地面周围是否有尿液、水迹，若有要及时清理，保证地面干爽和便池清洁	
	检查幼儿便后衣着	□根据幼儿年龄特点，由教师检查整理或鼓励幼儿互相检查整理	

四、饮水

（一）饮水环节实习目标

（1）了解饮水环节的保教流程和基本常识。
（2）掌握饮水环节的操作要点和注意事项。
（3）能够根据实习的实际情况对饮水环节进行问题诊断，并提出应对策略。

（二）饮水环节实习内容

1. 饮水环节的保教流程和基本常识

幼儿养成良好的饮水习惯有助于自身的身体健康，如能促进自身新陈代谢和免疫系统正常运作，提升消化系统的功能，预防便秘等。适量的饮水可以帮助幼儿保持水分平衡，预防脱水和相关的健康问题。此外，定期饮水还有助于提高幼儿的注意力和集中能力，有利于他们的学习和记忆力发展。养成良好的饮水习惯可以帮助幼儿培养健康的生活方式，为幼儿建立良好的健康意识和习惯。饮水环节保教流程包括饮水前准备阶段、饮水阶段和饮水后整理阶段（见图11-4）。教师需要注意相应操作的基本常识，如确认每班是否有专用的幼儿水杯架、饮水设施；水杯是否做到每日清洗、消毒；提供的饮用水温度是否与季节相适宜。

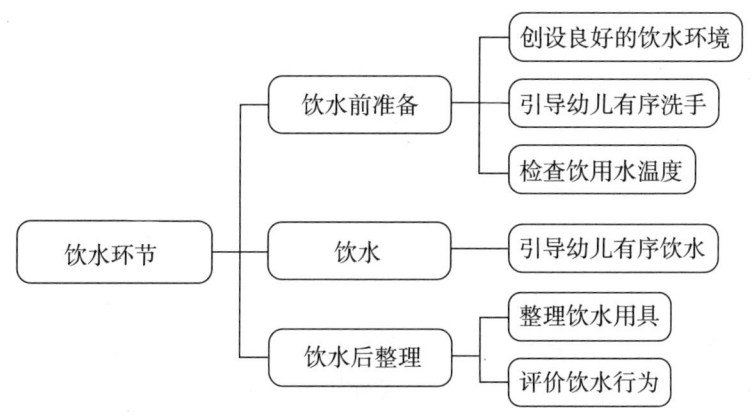

图 11-4 饮水环节保教流程

2. 饮水环节的操作要点和注意事项

下面将通过表 11-6 详细说明饮水环节三阶段的操作要点和注意事项。

表 11-6 饮水环节操作要点和注意事项

环节		操作要点	操作情况
饮水前准备	创设良好的饮水环境	□利用各种资源，如张贴绘画作品、照片、图片等引导幼儿饮水 □利用各种玩具或故事情境让幼儿知道喝水的重要性，激发幼儿对喝水的兴趣 □通过多种途径和形式，引导幼儿主动、积极地喝水	
	引导幼儿有序洗手	□组织幼儿饮水前有序洗手，做好饮水准备	
	检查饮用水温度	□注意饮用水的温度，建议春夏季 30℃ 左右，秋冬季 45℃ 左右，每人单次饮水量建议为 100~150 毫升	
饮水	引导幼儿有序饮水	□组织幼儿有序排队、正确取水、按需饮水 □组织幼儿安静饮水，避免其洒水、呛水 □确保每名幼儿每日的饮水量，特别关注个别不爱喝水的幼儿，鼓励其根据自身所需自主饮水 □若幼儿饮水时不慎将水洒落在桌面或地面要引导、帮助幼儿及时处理桌面或地面洒落的水，防止其湿衣，避免其滑倒 □提醒幼儿坐到座位上喝水，避免站立走动时饮水	
饮水后整理	整理饮水用具	□引导幼儿整理饮水用具，按标识放回水杯，杯柄方向一致，便于下一次取用 □对水杯进行及时清洁、消毒	
	评价饮水行为	□饮水结束后教师对幼儿饮水的常规表现进行评价与鼓励，激发幼儿喝水的兴趣，使幼儿能够主动喝水	

五、进餐

（一）进餐环节实习目标

（1）了解进餐环节的保教流程和基本常识。
（2）掌握进餐环节的操作要点和注意事项。
（3）能够根据实习的实际情况对进餐环节进行问题诊断，并提出应对策略。

（二）进餐环节实习内容

1. 进餐环节的保教流程和基本常识

充足的营养摄入对于幼儿健康成长至关重要。然而，让幼儿养成良好的进餐习惯却并非易事。他们可能会挑食、吃得慢或者拒绝尝试新食物。因此，培养幼儿良好的进餐习惯显得尤为重要。一日生活中的进餐环节是让幼儿通过幼儿园中的良好秩序、教师的引导以及反复的练习逐步培养他们良好的进餐习惯。进餐环节保教流程包括餐前准备阶段、进餐阶段和餐后整理阶段（见图11-5）。教师需要注意相应操作的基本常识，如确认幼儿园是否按时开餐，早餐不晚于8：30，小班晚餐不早于16：40，中、大班晚餐不早于17：00；是否做到餐前半小时不组织运动，每餐持续时间为20~30分钟，餐后休息10~15分钟，不得催食。

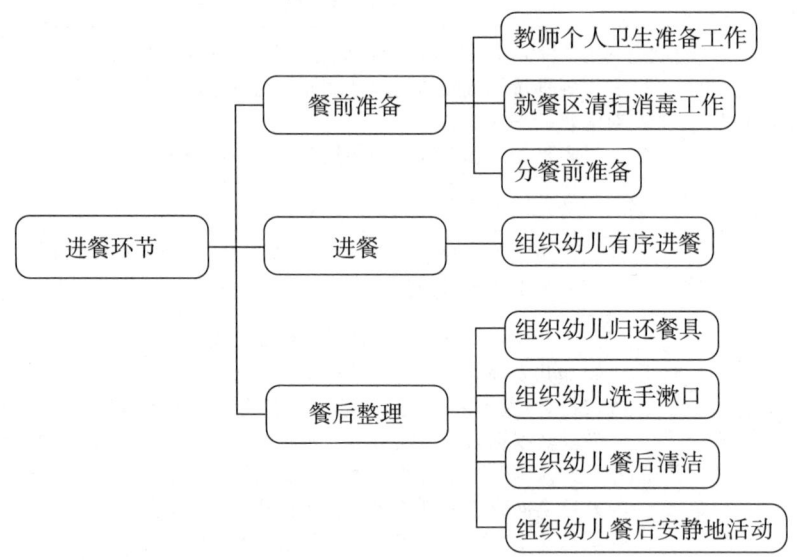

图 11-5 进餐环节保教流程

2. 进餐环节的操作要点和注意事项

下面将通过表 11-7 详细说明进餐环节三阶段的操作要点和注意事项。

表 11-7 进餐环节操作要点和注意事项

环节		操作要点	操作情况
餐前准备	教师个人卫生准备工作	□使用七步洗手法洗净双手，戴好围裙、帽子和口罩，双手戴好橡胶手套	

（续表）

环节		操作要点	操作情况
进餐	就餐区清扫消毒工作	□在进餐前20分钟完成桌面清理消毒工作，主要采取"清消清"的方式。首先使用清水毛巾擦拭桌面；其次将84消毒液与清水按1∶200的比例混合，使用消毒毛巾以"几"字形擦拭桌面；最后静置消毒后的桌面15分钟再使用清水毛巾擦拭桌面去除残留。所有桌面消毒工作完成后，教师需要再次使用七步洗手法洗净双手	
	分餐前准备	□一位老师使用七步洗手法洗净手后佩戴一次性手套，依次摆放餐具，包括：骨碟、餐巾、餐盘、碗 □另一位老师为幼儿讲解今日的餐食，让幼儿了解今天要吃什么，有什么营养，对身体有什么帮助。让幼儿在心理上有所准备，并更易于接受尝试不同种类的食物 □根据班级情况组织幼儿有序洗手	
	组织幼儿有序进餐	□组织幼儿有序排队、正确取餐，取餐可分组进行 □提醒幼儿端好碗，慢走，避免洒漏 □观察幼儿进餐情况，依照年龄特点可对个别幼儿喂饭或鼓励其独立进餐 □培养幼儿养成良好的进餐习惯，如安静进餐，不大声讲话，不朝饭菜打喷嚏，不偏食、挑食或暴饮暴食 □提醒幼儿坐到座位上进餐，保持良好坐姿	
餐后整理	组织幼儿归还餐具	□引导幼儿整理餐具，将餐具按类别放到相应容器里	
	组织幼儿洗手漱口	□提醒幼儿饭后洗手、漱口、擦嘴	
	组织幼儿餐后清洁	□提醒中、大班幼儿整理桌面食物残渣 □待所有幼儿进餐完毕后，清洁桌面、地面	
	组织幼儿餐后安静地活动	□组织幼儿进行餐后散步、观察等活动	

六、午睡

（一）午睡环节实习目标

（1）了解午睡环节的保教流程和基本常识。
（2）掌握午睡环节的操作要点和注意事项。
（3）能够根据实习的实际情况对午睡环节进行问题诊断，并提出应对策略。

（二）午睡环节实习内容

1. 午睡环节的保教流程和基本常识

午睡是幼儿健康成长不可或缺的一部分，它不仅有助于幼儿恢复和增加精力，还对幼儿大脑和身体的发展起着积极的作用。然而幼儿可能会抗拒午睡或者难以入睡。如何让幼儿自愿地接受午睡，享受充分的休息时间？以下将提供一些有益的建议来帮助教师们培养幼儿良好的午睡习惯。午睡环节保教流程包括午睡前准备阶段、午睡阶段和午睡后整理阶段（见图11-6）。教师需要注意相应操作的基本常识，如确认是否做好午睡室的空气消毒工作，是否能够建立幼儿良好的午睡秩序，培养幼儿良好的午睡习惯，包括睡前如厕，不蒙头睡觉，将脱下的衣物整齐地摆放到固定地方等。教师要持续关注午睡中的幼儿的安全和健康，不做与午睡无关的事。

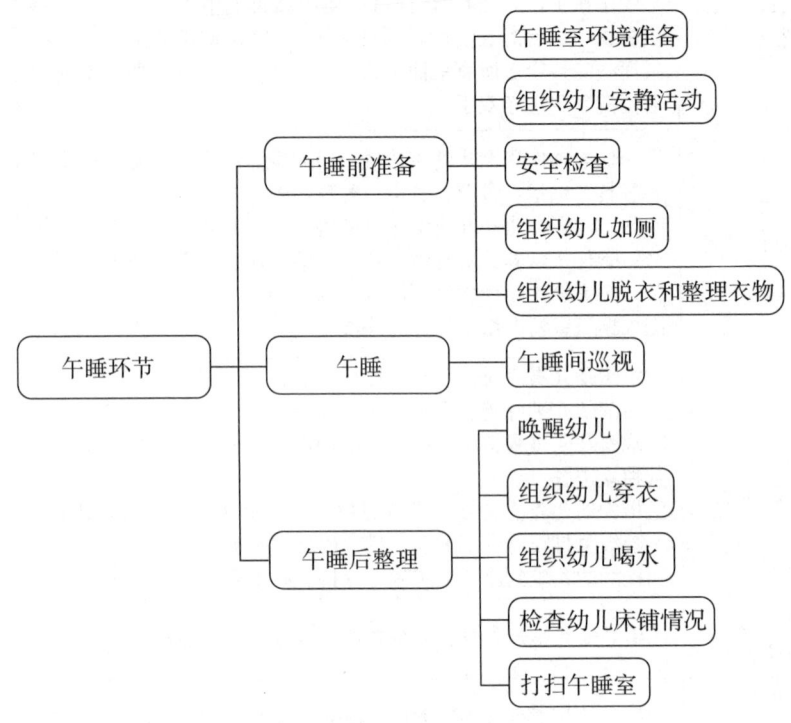

图11-6 午睡环节保教流程

2. 午睡环节的操作要点和注意事项

下面将通过表11-8详细说明午睡环节三阶段的操作要点和注意事项。

表11-8 午睡环节操作要点和注意事项

环节		操作要点	操作情况
午睡前准备	午睡室环境准备	□根据季节、天气提前做好午睡室的通风工作，注意调节室内光线和温度 □检查地面、幼儿床铺的清洁状况 □夏季睡前，应用温水擦拭席子 □准备可供2~3名幼儿使用的拖鞋和披风，方便午睡中如厕的幼儿	
午睡前准备	组织幼儿安静活动	□组织幼儿在午睡前进行安静的活动，如看图画书、玩桌面玩具等	
午睡前准备	安全检查	□排除地面湿滑或床上有异物等安全隐患 □清点核对幼儿人数 □观察幼儿的手、口、鼻等处是否有异物 □检查幼儿是否带有玩具或有安全隐患的物品上床，使女孩们将发夹取下交给老师放在指定位置	

（续表）

环节		操作要点	操作情况
午睡前准备	组织幼儿如厕	□提醒幼儿进入午睡室前先如厕	
	组织幼儿脱衣和整理衣物	□根据幼儿年龄，协助个别幼儿脱衣，或鼓励幼儿按照先外后里，先下后上的顺序自己脱衣，或提醒幼儿按顺序脱衣 □根据幼儿年龄，帮助幼儿整理衣物，或协助幼儿按照先里后外，先上后下的顺序整理衣物，或提醒幼儿按顺序整理衣物	
午睡	午睡间巡视	□了解幼儿的盖被情况和睡姿，及时帮助幼儿盖好被子、调整睡姿，避免着凉 □提醒幼儿不做与午睡无关的事，尽快进入睡眠 □陪伴个别没有入睡的孩子，提醒睡醒的幼儿不打扰同伴 □发现午睡中有面部潮红、呼吸急促等情况异常的幼儿，要立即上报保健医生。如发现发烧幼儿应及时联系保健医生，并及时通知家长将其接走，避免幼儿病情进一步恶化、发生危险 □发现漏检的危险物品应及时收缴 □提醒个别容易尿床的幼儿如厕 □发现中途有睡醒需要如厕的幼儿，应一直关注其如厕并直到他上床 □不离开午睡中的幼儿，不做与巡视午睡无关的事，不睡觉，避免意外事故的发生 □动作轻盈，说话轻声，保持寝室安静，并加强午睡巡视力度，特别是多关注发烧吃药的幼儿，要及时做好午睡观察记录	
午睡后整理	唤醒幼儿	□以打开照明灯或播放轻柔音乐的方式唤醒幼儿	
	组织幼儿穿衣	□根据幼儿年龄，协助幼儿穿衣，或鼓励幼儿自己穿衣，并及时给予帮助或言语指导	
	组织幼儿喝水	□组织幼儿有序饮水，对主动喝水的幼儿给予及时的肯定	
	检查幼儿床铺情况	□检查幼儿叠被子和整理床铺的情况	
	打扫午睡室	□幼儿全部离开寝室后，整理幼儿床铺并打扫午睡室	

七、离园

（一）离园环节实习目标

（1）了解离园环节的保教流程和基本常识。
（2）掌握离园环节的操作要点和注意事项。
（3）能够根据实习的实际情况对离园环节进行问题诊断，并提出应对策略。

（二）离园环节实习内容

1. 离园环节的保教流程和基本常识

离园环节对于保教人员来说，是幼儿园一日生活中最紧张的环节，也是非常重要的一个环节，教师只有完成这个任务，才算给幼儿一日生活画上完美的句号，同时也为他们第二天能够愉快地入园奠定基础。离园环节保教流程包括离园前准备阶段、离园阶段和离园后整理阶段（见图 11-7）。教师需要注意相应操作的基本常识，如确认是否组织了轻松愉快的活动陪伴幼儿等待家长；是否了解家园的沟通技巧，是否能够积极与家长进行沟通；保教人员是否能够配合默契保证离园秩序和幼儿安全。

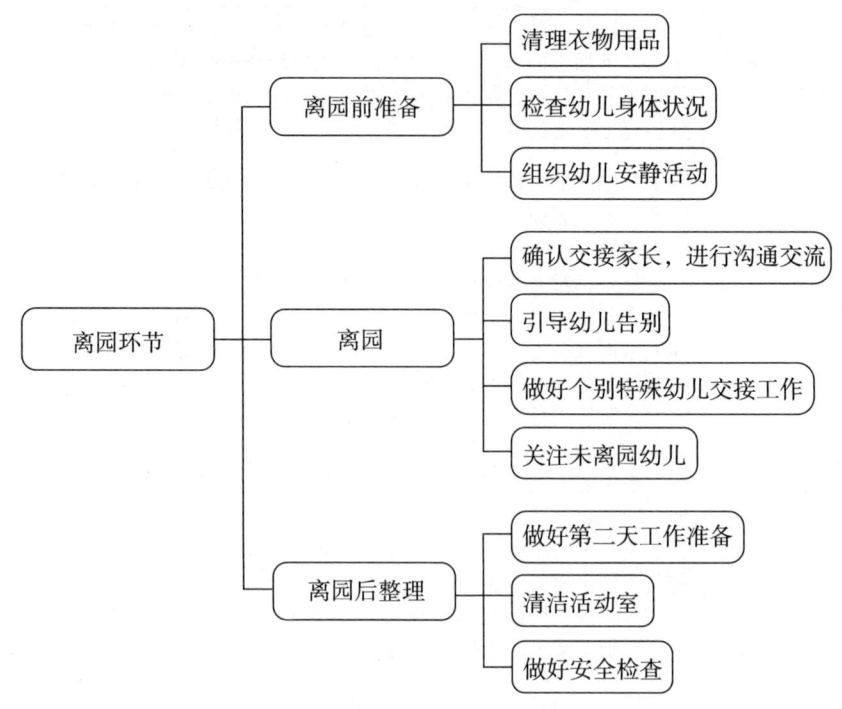

图 11-7　离园环节保教流程

2. 离园的操作要点和注意事项

下面将通过表 11-9 详细说明离园环节三阶段的操作要点和注意事项。

表 11-9　离园环节操作要点和注意事项

环节		操作要点	操作情况
离园前准备	清理衣物用品	□引导和帮助幼儿将自己的物品放进书包内，整理着装	
	检查幼儿身体状况	□一看：观察幼儿的个人卫生是否良好，是否有精神不振的幼儿 □二测：测一测是否有发烧的幼儿，如果有要及时与家长联系 □三检查：检查幼儿是否有教师没注意到的擦伤、碰伤，离园时与家长解释以免引起误会；检查孩子是否携带幼儿园玩具回家，如有要及时制止，让幼儿养成良好的行为习惯；检查幼儿穿衣戴帽是否整齐，是否有遗落的物品等；检查幼儿仪容仪表，要特别关注托班和小班的幼儿，确认他们是否尿湿裤子、弄湿衣袖等，若发现此类情况要及时更换清洁干燥的衣物，家长来接时，及时将情况反馈给家长	
	组织幼儿安静活动	□与幼儿进行亲切的互动，帮助他们回顾一天中快乐的事情，稳定他们的情绪，让幼儿获得愉悦的情绪和成功的体验 □总结当日活动的情况，帮助幼儿梳理当日在园的活动与收获，做好次日活动的准备，同时提醒幼儿离开活动室时将玩具、材料收拾归位，让他们从小就养成完成任务的意识，使他们第二天以更积极、饱满的情绪入园 □可以采用集体、分组、个别等形式组织幼儿唱歌、听故事、谈话等较安静的活动	

(续表)

环节		操作要点	操作情况
离园	确认交接家长，进行沟通交流	□教师要引导、确认交接家长的接送卡，如出现代接孩子的情况，教师应与家长取得电话联系，落实代接人身份并让幼儿接听家长电话。复印代接人有效证件，履行代接手续，留下文字记录。向幼儿说明家长不能亲自来接的原因，并介绍代接人的情况，减少幼儿的不安全感 □应热情地接待家长，将幼儿交到家长手中，主动与家长谈话，有计划地针对幼儿当天的在园情况与家长进行简短交流，让家长了解幼儿一日在园的生活情况，并提出合理的建议，以便更好地教育幼儿，同时还应提醒家长关注公示的通知	
	引导幼儿告别	□应该用亲切的口吻与幼儿约定明天再见，鼓励幼儿主动与老师、小朋友告别，培养其文明有礼的行为习惯	
	做好个别特殊幼儿交接工作	□在一天生活中如果有幼儿发生特殊情况，教师应单独与家长做好交接工作 □要主动向生病的、当天表现异常的幼儿家长描述他们在园的生活及活动情况，并提出希望得到家长们配合与支持的要求和具体方法 □如遇幼儿有尿湿裤子的情况，教师应将幼儿更换的湿衣裤用塑料袋装好交给家长并将处理情况反馈给家长 □如遇幼儿在园中有受伤的情况，教师应向家长讲清楚幼儿受伤的原因，将处理的情况反馈给家长	
	关注未离园幼儿	□提醒和协助即将离园的幼儿将玩具、小椅子归位放整齐 □关注未离园幼儿的情况，若发生矛盾，及时处理	
离园后整理	做好第二天工作准备	□制订一日活动计划，收拾整理材料 □此时若还有个别幼儿没有回家，可以引导他们协助教师做简单的摆放和清理工作，培养幼儿的劳动意识	
	清洁活动室	□全面清扫地面垃圾，注意墙角、柜边、门缝等容易忽略的地点 □按消毒比例加入有效含氯制剂（预防性消毒中含氯制剂与清水的比例为1∶100）拖拭地面，让含氯制剂在地面停留20~30分钟后再用清水拖拭2次 □按照消毒比例配制含氯制剂擦拭桌椅、门把手、水龙头、床围栏等，让含氯制剂在其表面停留20~30分钟后再用清水擦拭2次 □清洁用具（扫帚、拖把、抹布等）应为专用，卫生做完后，要将这些清洁用具及时清洗干净、消毒	
	做好安全检查	□填写一日保育工作记录、消毒记录等相关表格 □确保各班级门窗、水电全部关好，确认贵重物品放置安全妥当	

第二节 幼儿园教学活动

一、集体教学活动

（一）集体教学活动实习目标

（1）了解集体教学活动的保教流程和基本常识。
（2）掌握集体教学活动的操作要点和注意事项。
（3）能够根据实习的实际情况对集体教学活动进行问题诊断，并提出应对策略。

（二）集体教学活动实习内容

1. 集体教学活动的保教流程和基本常识

幼儿是自己的主人，具有主观能动性，在与外界环境充分互动的过程中能够得到发展。幼儿的学习并不局限于课堂和书本，一日生活皆是学习。幼儿园有两种主要的学习途径，集体教学活动和区域教学活动。集体教学活动保教流程包括活动前准备阶段、开展活动阶段和活动后整理阶段（见图11-8）。教师需要注意相应操作的基本常识，如尊重幼儿自身的发展规律，不开展超前教育和强化训练，严禁小学化倾向；根据年龄段开展集体教学活动，合理安排活动时间，例如小班15~20分钟，中班20~25分钟，大班25~30分钟，应避免幼儿久坐和疲劳；需结合幼儿生活实际，定期开展安全教育活动和逃生演练，培养幼儿的安全意识和自我保护意识。

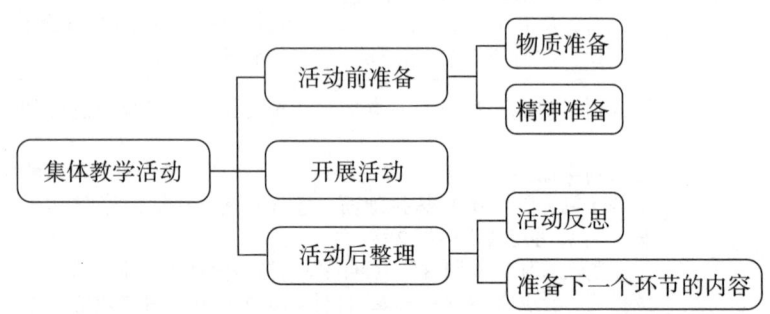

图11-8 集体教学活动保教流程

2. 集体教学活动的操作要点和注意事项

下面将通过表11-10详细说明集体教学活动三阶段的操作要点和注意事项。

表11-10 集体教学活动操作要点和注意事项

环节		操作要点	操作情况
活动前准备	物质准备	□布置场地、摆放桌椅，检查是否方便走动、有无安全隐患 □检查活动室环境，察看室内灯光、桌椅位置是否合理，地面是否整洁 □根据活动计划准备教具和操作材料，注意教具大小和摆放位置	

(续表)

环节		操作要点	操作情况
活动前准备	精神准备	□对自己、对活动有正确的认识，有充分的信心和勇气，积极主动地参与到活动组织中去 □创设一个良好的环境和氛围，使幼儿能积极主动地参与到活动中去 □明白自己并不是孤军奋战的，在准备工作进行的过程中如果遇到了困难，可以和同事、领导沟通获得帮助。在准备工作完成后要及时和另一位参与活动的教师沟通活动流程，做好配合	
	开展活动	□熟悉活动流程步骤，按照活动计划有序地开展活动 □展示教具时要注意自己的位置，注意展示高度和距离 □观察幼儿参与活动的情况和发展水平，及时给予反馈和鼓励 □注意培养幼儿的行为习惯 □运用多种教学方法，比如：游戏法、故事法、游戏与唱歌结合法、角色扮演法等	
活动后整理	活动反思	□反思教学内容设置是否合理、教学方法灵不灵活、幼儿的学习兴趣是否浓厚 □反思教学效果和活动过程 □反思自身教学能力和教育素养	
	准备下一个环节的内容	□准备图书、玩具等教学材料，设置自由活动区 □指导幼儿参与整理教学材料 □组织幼儿有序进行如厕、洗手等	

二、区域教学活动

（一）区域教学活动实习目标

（1）了解区域教学活动的保教流程和基本常识。
（2）掌握区域教学活动的操作要点和注意事项。
（3）能够根据实习的实际情况对区域教学活动进行问题诊断和提出应对策略。

（二）区域教学活动实习内容

1. 区域教学活动的保教流程和基本常识

区域教学活动保教流程包括活动前准备阶段、开展活动阶段，并活动后整理阶段（见图11-9）。

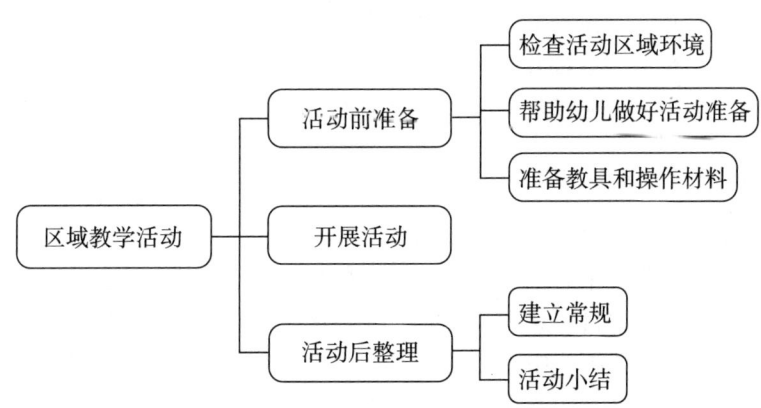

图11-9 区域教学活动保教流程

2. 区域教学活动的操作要点和注意事项

下面将通过表 11-11 详细说明区域教学活动三阶段的操作要点和注意事项。

表 11-11　区域教学活动操作要点和注意事项

环节		操作要点	操作情况
活动前准备	检查活动区域环境	□检查活动区域光线、桌椅位置、地面情况等 □检查活动区域材料，排除安全隐患	
	帮助幼儿做好活动准备	□做好活动前生活准备，例如组织幼儿如厕、饮水等	
	准备教具和操作材料	□检查教具和操作材料是否充分，是否安全，是否取放方便	
开展活动		□熟悉活动流程步骤，有序组织开展活动 □引导幼儿进入自选区活动，协助幼儿处理活动中遇到的困难和矛盾 □引导幼儿选取合理的区域道具和材料 □观察幼儿参与活动的情况和发展水平，及时给予反馈和鼓励 □注意培养幼儿的行为习惯	
活动后整理	建立常规	□引导幼儿按照信号停止活动，收拾区域材料，合理安排活动流程减少幼儿等待时间	
	活动小结	□反思内容是否合理，引导方式灵不灵活，幼儿的学习兴趣是否浓厚 □反思教学效果和活动过程 □反思自身的教学能力和教育素养	

第三节　幼儿园游戏活动

一、室内区角游戏

（一）室内区角游戏实习目标

（1）了解室内区角游戏的保教流程和基本常识。

（2）掌握室内区角游戏的操作要点和注意事项。

（3）能够根据实习的实际情况对室内区角游戏进行问题诊断，并提出应对策略。

（二）室内区角游戏实习内容

1. 室内区角游戏的保教流程和基本常识

室内区角游戏是幼儿自主的学习过程，他们在游戏中不仅能获得技能的发展，还能获得情感体验。幼儿有着强烈的自主意识和探索欲望，喜欢自己动手解决问题，教师要以幼儿为主体，关注他们在室内区角游戏中的行为与需求，发现和了解幼儿的困惑和问题，根据问题进行适时指导，让他们在游戏中学习。室内区角游戏保教流程包括游戏前准备阶段、开展游戏阶段和游戏后整理阶段（见图 11-10）。

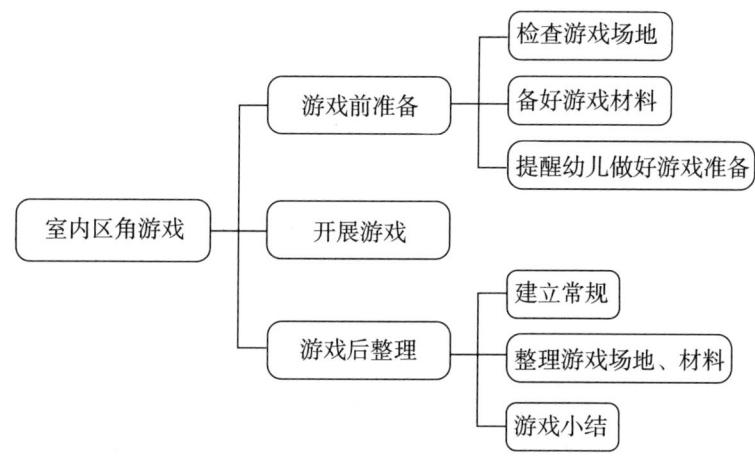

图 11-10　室内区角游戏保教流程

2. 室内区角游戏的操作要点和注意事项

下面将通过表 11-12 详细说明室内区角游戏三阶段的操作要点和注意事项。

表 11-12　室内区角游戏操作要点和注意事项

环节		操作要点	操作情况
游戏前准备	检查游戏场地	□检查游戏场地与玩具材料，确保安全 □清洁游戏场地，做好游戏材料消毒卫生工作	
	备好游戏材料	□提供高结构、低结构、半成品材料，并保证材料数量	
	提醒幼儿做好游戏准备	□提醒幼儿主动做好游戏前着装、如厕等	
开展游戏		□关注游戏中幼儿的行为安全、情绪、兴趣，以及是否遵守游戏规则 □保证幼儿有充足的游戏时间 □运用多种策略支持幼儿，陪伴不愿参与游戏的个别幼儿 □观察幼儿参与活动的情况和发展水平，及时给予反馈和鼓励 □提醒个别有如厕、饮水、穿脱衣服、物品需求的幼儿做好自我服务	
游戏后整理	建立常规	□引导幼儿按照信号停止游戏，收拾区域材料 □帮助幼儿或引导、鼓励幼儿自己收拾、整理材料并归位 □引导幼儿收拾整理完毕后进行如厕、洗手、饮水等	
	整理游戏场地、材料	□整理游戏场地，归放材料，进行卫生消毒工作 □将可清洗玩具进行消毒，用清水擦拭除去残留消毒剂后置于紫外线灯照射处进一步消毒	
	游戏小结	□反思游戏内容是否合理，引导方式灵不灵活，幼儿的学习兴趣是否浓厚 □将游戏中幼儿一些值得表扬和推广的行为、遇到的问题在集体中进行讨论。幼儿在此环节可以表达自己的想法，分享交流经验，与教师共同解决在游戏中遇到的问题	

二、室外游戏

(一) 室外游戏实习目标

(1) 了解室外游戏的保教流程和基本常识。
(2) 掌握室外游戏的操作要点和注意事项。
(3) 能够根据实习的实际情况对室外游戏进行问题诊断,并提出应对策略。

(二) 室外游戏实习内容

1. 室外游戏的保教流程和基本常识

幼儿园室外游戏能够促进幼儿身心健康发展,增强社交能力,激发认知与探索欲,塑造积极情感与性格,同时提升环境适应性,为幼儿全面发展奠定坚实基础。室外游戏保教流程包括游戏前准备阶段、开展游戏阶段和游戏后整理阶段(见图11-11)。

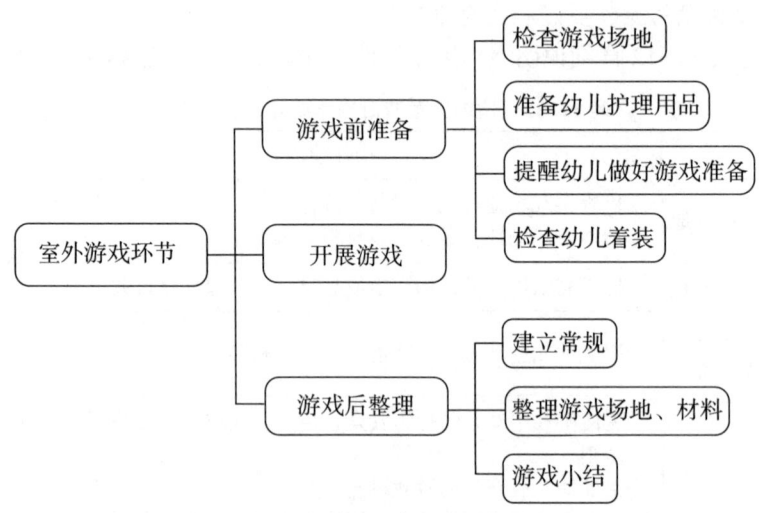

图 11-11 室外游戏保教流程

2. 室外游戏的操作要点和注意事项

下面将通过表11-13详细说明室外游戏三阶段的操作要点和注意事项。

表11-13 室外游戏操作要点和注意事项

环节		操作要点	操作情况
游戏前准备	检查游戏场地	□检查游戏场地与玩具材料,确保安全 □清洁游戏场地,做好游戏材料消毒卫生工作	
	准备幼儿护理用品	□准备好幼儿生活护理用品,如擦汗毛巾、衣物收纳篮等	
	提醒幼儿做好游戏准备	□提醒幼儿主动做好游戏前如厕、饮水、垫毛巾等准备	
	检查幼儿着装	□检查幼儿着装是否便于室外游戏	

（续表）

环节		操作要点	操作情况
开展游戏		□关注游戏中幼儿的行为安全、情绪、兴趣，以及是否遵守游戏规则 □观察幼儿游戏中的面色、出汗量、心跳情况，及时调整游戏时间和形式 □保证幼儿有充足的游戏时间 □运用多种策略支持幼儿，陪伴不愿参与游戏的个别幼儿 □提醒个别有如厕、饮水、穿脱衣服、物品需求的幼儿进行自我服务	
游戏后整理	建立常规	□引导幼儿按照信号停止活动 □帮助幼儿或引导、鼓励幼儿自己收拾、整理材料并归位。 □引导幼儿收拾整理完毕后进行擦汗、如厕、洗手、饮水等	
	整理游戏场地、材料	□整理游戏场地，归放材料，进行卫生消毒工作 □将可清洗玩具进行消毒，用清水擦拭除去残留消毒剂后置于紫外线灯照射处进一步消毒	
	游戏小结	□利用语言、行为引导幼儿分享交流游戏活动的快乐 □帮助幼儿提炼游戏经验，梳理、总结新经验	

第四节 幼儿园环境创设

幼儿园环境创设是学前教育专业学生必备的技能之一。良好的环境创设不仅有助于营造安全、舒适的学习氛围，还有助于促进幼儿身心全面发展。

一、幼儿园环境创设实习目标

（1）营造安全、舒适的环境。
确保幼儿在安全、舒适的环境中学习和玩耍，是环境创设的首要目标。
（2）促进幼儿认知发展。
通过创设富有启发性和趣味性的环境，激发幼儿对周围事物的兴趣，提高他们的认知能力。
（3）培养社交技能。
创设鼓励合作、分享和礼貌交往的环境，帮助幼儿建立良好的人际关系，提高他们的社交技能。
（4）塑造健康生活习惯。
通过创设有利于养成良好生活习惯的环境，如定时作息、规律饮食，帮助幼儿养成健康的生活习惯。
（5）激发创造力和想象力。
提供丰富多样的材料和空间，鼓励幼儿进行探索、创作和想象，激发他们的创造力和想象力。

二、幼儿园环境创设的有效步骤

（1）需求评估。
了解幼儿园的场地、设施和幼儿需求，评估现有的环境条件，找出需要改进的地方。
（2）制订计划。
根据评估结果，制订详细的环境创设计划，包括预算、时间安排和人员分工等。
（3）空间规划。
合理划分室内外空间，确保幼儿有足够的活动空间和充足的阳光。
（4）家具与设施。
选择合适的家具和设施，如桌椅、床铺、洗手池等，确保其安全、舒适且符合幼儿的使用习惯。
（5）环境美化。
添加一些装饰元素，如墙画、植物等，为幼儿园创造温馨的氛围。
（6）互动性设计。
创设能够促进幼儿与环境互动的空间，如设置阅读角、科学角等，以便于开展各种活动。
（7）实践与调整。
完成环境创设后，观察幼儿的使用情况，根据反馈进行调整，确保环境真正满足幼儿的需求。

三、操作反思

环境创设实践操作反思记录（见表11-14）可以用于记录学生在环境创设实践操作过程中的感受和体验，并对过程中出现的问题及解决方法进行深入分析，包括团队协作、技能掌握、应用能力等方面。通过反思，学生将更加清楚自己的不足之处，也能了解自己做得好的环节和原因，从而确定下一步学习的方向和目标。下面请你结合个人实践和思考，完成该表。

表11-14 环境创设实践操作反思记录

操作环节：	操作内容：
操作对象：	操作情况：
反思要点：	
问题的表征：	
问题的原因：	
改进措施：	

第五节 家园共育

家园共育是指家庭和幼儿园共同合作，共同承担幼儿教育的责任。通过家园共育，可以促进家长和幼儿园之间的沟通和合作，形成教育合力，共同促进幼儿的全面发展。

一、家园共育实习目标

（1）促进家长参与幼儿教育。

通过家园共育，让家长更加了解幼儿园的教育理念和教学方法，鼓励家长积极参与幼儿教育，提高家长的教育能力和水平。

（2）增强家园沟通与合作。

家园共育可以增强家园之间的沟通与合作，消除教育理念和方法上的分歧，共同承担幼儿教育的责任，形成教育合力。

（3）促进幼儿全面发展。

通过家园共育，可以让幼儿在家庭和幼儿园中得到一致的教育支持和引导，促进幼儿在认知、情感、社会和身体等方面的全面发展。

二、进行有效家园沟通的路径

（1）建立家园联系平台。

建立家园联系平台，如家长群、幼儿园网站等，方便家长和幼儿园之间的沟通和联系。

（2）定期召开家长会。

定期召开家长会，让家长了解幼儿园的教育、教学情况，同时也可以让家长提出意见和建议，共同改进教育工作。

（3）开展家长志愿者活动。

组织家长志愿者活动，让家长参与幼儿园的教育教学工作，如组织户外活动、协助课堂活动等。

（4）鼓励家长参与教育决策。

让家长参与幼儿园的教育决策，如共同制订教育计划、课程方案等，增强家长对幼儿教育的参与感和责任感。

（5）定期反馈幼儿发展情况。

定期向家长反馈幼儿的发展情况，如身高、体重、认知和情感等方面的发展，让家长了解幼儿在幼儿园的学习和生活情况。

（6）建立家庭教育支持机制。

建立家庭教育支持机制，如提供家庭教育咨询、开设家长课堂等，帮助家长更好地承担幼儿教育的责任。

三、操作反思

家园共育实践操作反思记录见表 11-15。该表可用于记录学生在家园共育实践操作过程中的感受和体验，并对过程中出现的问题及解决方法进行深入分析，包括团队协作、技能掌握、应用能力等方面。通过反思，学生将更加清楚自己的不足之处，也能了解自己做得好的环节和原因，从而确定下一步学习的方向和目标。下面请你结合个人实践和思考，完成该表。

表 11-15　家园共育实践操作反思记录

操作环节：	操作内容：
操作对象：	操作情况：
反思要点：	
问题的表征：	
问题的原因：	
改进措施：	

习题

1. 幼儿入园前教师需要完成哪些工作内容？
2. 如何为幼儿创设适宜的午睡环境？
3. 若离园时来接幼儿的家长没有携带接送卡应如何处理？
4. 思考区域教学活动应如何帮助幼儿培养规则意识，建立常规？
5. 开展区域教学活动，在观察幼儿的活动参与状况时应关注哪些具体要点？
6. 教师应如何有序地结束区域教学活动？
7. 准备室内区角游戏材料时应注意什么？
8. 请尝试提出 1~2 条支持幼儿参与室内区角游戏的策略。
9. 幼儿园室外游戏活动前的准备环节包括哪些内容？
10. 幼儿园环境创设应遵循什么步骤？
11. 有利于幼儿发展的环境应具备哪些要素？
12. 简述家园共育的主要实习目标并解释"促进家长参与幼儿教育"这一目标的具体含义。
13. 列举并解释进行有效家园沟通的三种路径。
14. 在家园共育中，为什么需要定期向家长反馈幼儿的发展情况？并解释建立家庭教育支持机制的意义。

第五篇
综合实训指导

第十二章

幼儿园保育技能训练

第一节　幼儿心理发展

幼儿园保育技能是学前教育专业实践教学的重要组成部分，保育技能训练对培养学前教育专业的学生具有重要意义，不仅能够提升他们的专业水平和教学质量，还能够增强他们的实践能力和应对能力，为幼儿的健康成长和全面发展提供保障。幼儿园保育技能是指在幼儿园环境中，教师和保育员为幼儿提供全面照顾和关爱的能力和技巧。本节将从幼儿心理发展出发，探寻幼儿心理发展的概念、特点和幼儿心理发展的常见问题及干预措施。

一、幼儿心理发展概述

（一）幼儿心理发展的实习目标

（1）了解幼儿心理发展的概念。
（2）掌握幼儿心理发展的特点。

（二）幼儿心理发展的内容

1. 幼儿心理发展的概念

幼儿心理发展是指幼儿在认知、情感、社会和身体等方面逐步发展和成长的过程。这个阶段是幼儿最快速的成长时期之一，也是他们建立基本心理和情感基础的关键时期。

（1）认知发展。

幼儿时期的认知发展涉及世界的理解、思考、记忆和问题解决能力的逐步发展。从最初的感知和反应，逐渐发展为符号性思维，如语言、幻想和符号性游戏。

（2）情感发展。

幼儿时期的情感发展涉及情感的认知、表达和调节。幼儿开始感受到喜怒哀乐，并逐渐学会区分不同的情绪，同时也在家庭和社会环境中学会如何表达和处理情感。

（3）社会发展。

在幼儿时期，幼儿开始与他人互动，建立友好关系、分享和合作。这个阶段也涉及自我意识的发展，以及对社会规则和期望的初步理解。

（4）语言发展。

语言是幼儿认知和社会交往的重要工具。他们从最初的哭泣和咿呀声逐渐发展出能够表达思想和情感的语言能力。语言的习得对认知发展具有重要影响，因为它能帮助幼儿思考、表达和与他人沟通。

（5）游戏与想象活动。

幼儿时期的游戏和想象活动对于认知、情感和社会发展都至关重要。通过角色扮演和创造性的游戏，幼儿可以表达自己的想法和情感，同时也能够培养解决问题能力和合作精神。

2. 幼儿心理发展的特点

（1）形象性。

与婴儿阶段心理的直觉行动性不同，到3岁之后，幼儿的心理与行为表现出明显的形象性，他们开始模仿父母、教师或周围其他成年人，热衷于各种各样的成人角色扮演游戏。在这个时期，幼儿虽然有了初步的逻辑思维能力，但其思维仍是以形象性为主要特点，还不能摆脱印象或具体形象的束缚，抽象出事物的本质属性，不能理解事物之间的必然联系。

（2）随意性。

经过婴儿阶段的发展，幼儿大脑皮质的调节作用和控制作用有所增强，第二信号系统进一步发展，意识和自我意识开始萌发，心理与行为也开始有了随意性的萌芽。在这个时期，幼儿开始逐步成为自己行为的主体，不仅在生活上具有初步的独立能力，而且能通过语言进行基本的交流和表达自己的想法。随着活动范围的进一步扩大和生理上的快速发展，幼儿的心理与行为活动开始以"我"为主，不仅表现出好奇、好问、好动、好冲动、好模仿的特点，而且往往表现出很强的随意性。

（3）个性倾向性。

到了幼儿期，幼儿最初的个性倾向开始形成，开始表现出区别于其他人的个性倾向性，如有的活泼开朗，有的沉默寡言等。但是，幼儿的个性倾向还不稳定，容易受周围环境的影响，如在家里活泼开朗的幼儿到幼儿园就可能变得沉默寡言，在熟人面前表现倔强的幼儿在教师面前变得顺从等。同时，幼儿的自我意识进一步发展，能初步评价自己的行为，并按成年人的要求逐步掌握社会规范。

（4）敏感性。

幼儿阶段心理发展具有敏感性。在这一时期，幼儿大脑的结构和功能逐渐成熟，到幼儿末期基本接近成年人的水平。研究表明：2~3岁是口头语言发展的关键期，是计数能力发展的关键期；3~5岁是音乐能力发展的关键期；5~6岁是数的概念发展的关键期；此外，3~8岁是学习外语的关键期。

二、幼儿心理发展常见问题及干预

（一）幼儿心理发展常见问题及干预的实习目标

（1）知道幼儿心理发展常见问题有哪些。
（2）能正确识别幼儿心理发展常见问题。
（3）能掌握不同幼儿心理发展常见问题的干预方法。

（二）幼儿心理发展常见问题及干预的具体内容

在幼儿心理发展过程中，常常会出现一些常见的问题和挑战。这些问题可能与认知、情感、社交等方面有关，需要教师、家长等的支持和应对。以下是幼儿心理发展中常见的问题。

1. 分离焦虑

在幼儿时期，尤其是幼儿园阶段，幼儿可能会出现分离焦虑，即在与父母或主要照顾者分离时会感到不安或担忧。这可能导致他们哭闹、拒绝上幼儿园等情况。分离焦虑可能是幼儿对新环境和陌生人的自然反应。婴幼儿时期建立的依恋关系和产生的分离焦虑可能影响幼儿对幼儿园的适应。家庭环境和父母关系的稳定性也可能引发幼儿分离焦虑的出现。幼儿分离焦虑观测可从情绪反应、行为表现、生理反应三方面入手，如表12-1所示。

缓解幼儿的分离焦虑可以从以下几个方面入手。首先要建立安全感，幼儿需要感受到父母和照顾者的支持和安全感。建立良好的依恋关系有助于降低幼儿的分离焦虑，因为他们知道可以信任和依赖他们的照顾者。其次要进行渐进性分离，让幼儿逐渐适应分离，避免突然分离造成的不安。逐步延长分离时间，同时使幼儿保持积极的情绪，有助于幼儿逐渐适应新环境。最后要鼓励幼儿积极体验，如与同伴一起玩耍、学习新东西等，让幼儿认识到新环境的乐趣，从而减轻他们的焦虑情绪。

表12-1 幼儿分离焦虑观测

幼儿焦虑反应		等级（评分：1-5分）
情绪反应	显示哭泣或易怒	
	表现出过分担忧或恐惧	
	表现出不安或焦躁	
行为表现	拒绝与其他人互动或玩耍	
	显示依恋行为（如过分黏附照顾者）	
	显示分离拒绝行为（如拒绝去幼儿园）	
生理反应	表现出生理反应（如失眠或食欲不振）	
	出现吸吮手指等行为	
	出现腹泻、恶心或头痛	

2. 情绪调节困难

幼儿常常在情绪调节方面存在困难，无法有效地管理自己的情绪，这可能导致情绪爆发、情绪波动和不适当的行为。幼儿的情绪调节能力在幼儿期尚未充分发展，可能导致情绪不稳定。这可能与大脑的发展和生理成熟度有关，也可能受到家庭环境和情绪表达的教育方式的影响。

针对情绪调节困难的幼儿，我们可以采取以下办法。首先是情绪认知，幼儿时期的情绪表达通常比较直接和直观，帮助他们用简单的词汇表达情感，有助于提高他们的情绪认知，减少沟通障碍。其次是情绪管理技巧，通过教授情绪管理技巧，如深呼吸和冷静计数，幼儿可以学会如何在情绪激动时平复心情，从而减轻情绪波动。最后是模仿行为，幼儿会模仿他们身边成年人的行为。以自己作为情绪管理的示范，教授他们积极的应对方式，将有助于他们学会更有效地管理情绪。

3. 社交问题

幼儿时期，幼儿开始与同龄人互动，但有时可能出现社交问题，如与他人分享、合作和解决冲突的困难。幼儿的社交技能正在发展中，一些幼儿可能因为缺乏经验、沟通障碍或情感问题出现社交问题。家庭、学校和社会环境的社交互动方式也可能对幼儿的社交技能产生影响。

幼儿的社交问题可以从以下几方面解决。一是角色扮演，角色扮演游戏可以让幼儿模拟不同的社交情境，从而培养幼儿与他人互动和解决问题的能力。在游戏中，他们可以尝试不同的社交技巧，逐步建立自信。二是合作游戏，合作游戏强调与他人合作，分享资源和解决问题。通过这些游戏，幼儿可以学会沟通、合作和解决冲突，促进积极的社交互动。三是社交技能培训，可以提供有针对性的社交技能培训，如与他人打招呼、分享玩具等来解决幼儿的社交问题。通过上述方式，幼儿可以逐渐掌握一些关键的社交技能。

4. 自我控制困难

在幼儿时期，自我控制和延迟满足能力还不够成熟。因此，一些幼儿可能难以控制冲动或延迟满足。幼儿期的自我控制能力正在发展，可能受到大脑前额叶发展和成熟的影响。家庭教育和环境中的规则与限制也可能影响幼儿自我控制能力的发展。

解决幼儿自我控制困难的问题，主要有两点。首先是规律性和预测性，规律和预测性有助于幼儿建立预期和期望。在日常生活中，保持一致的规律性，能够让幼儿逐渐掌握自我控制的技能。其次是构建奖励系统，通过积极反馈来增强幼儿的自我控制意愿。奖励不仅可以是物质上的，还可以是赞扬、鼓励和特殊待遇。

5. 挑食、拒食和偏食问题

幼儿可能会出现挑食、拒食和偏食的饮食问题。如：幼儿只接受特定类型或风味的食物，对其他食物不感兴趣；可能会拒绝进食，或者只吃少量食物；可能对尝试新食物抱有抵触情绪，担心食物的味道或外观；可能会挑选食物中的某些部分，如只吃食物的一部分而不吃其他部分。这些问题的出现，可以从以下几方面来解释。一是感官敏感，幼儿对食物的颜色、质地、味道等感官特性更为敏感，可能导致其偏好特定类型的食物。二是控制欲，在幼儿期，食物可能是幼儿表达控制欲的一种方式。他们可能试图通过拒绝食物来掌握一些控制权。三是习惯和喜好，幼儿可能因为习惯和喜好而偏好某些食物，对其他食物产生抵触情绪。四是焦虑和担忧，新食物可能引起幼儿的焦虑和担忧，他们可能担心新食物会引发不适。五是家庭环境，家庭的饮食偏好、餐桌氛围等因素都有可能影响幼儿的饮食习惯。

针对上述问题，可以采取以下措施。多样化食物选择，提供多种颜色、口味和质地的食物。这有助于培养幼儿对各种食物的兴趣。正面鼓励，在幼儿吃饭或尝试新食物时使用正面、鼓励的语言，避免使用惩罚性的言语。共同参与，让幼儿参与食物的选择和准备，这可以增加他们对食物的兴趣，并让他们感受到参与其中的快乐。逐步引入新食物，以减少幼儿的抵触情绪。可以将新食物与他们已经喜欢的食物一起呈现。创造积极的进餐环境，如积极、轻松的环境，家庭成员可以一起用餐，分享愉快的时光。

第二节　幼儿行为管理

幼儿阶段是幼儿发展的关键时期，他们的行为习惯和社会交往技能正在逐步形成。良好的行为管理是帮助幼儿建立积极行为和社交技能的关键。本节将探讨幼儿行为管理的概念、原则、策略以及如何与幼儿共同构建健康的行为习惯。

一、幼儿行为管理概述

（一）幼儿行为管理概述的教学目标

（1）了解幼儿行为管理的概念。
（2）熟悉幼儿行为管理的原则。
（3）掌握幼儿行为管理的策略。

（二）幼儿行为管理的教学内容

1. 幼儿行为管理的概念

幼儿行为管理是指通过合适的方法和策略，引导、引发和维护幼儿积极、适应性的行为，培养他们的社会交往技能，帮助他们逐步形成良好的行为习惯。这涉及教师和家长的合作，以创建积极的学习和生活环境，促进幼儿健康的心理和情感发展。

2. 幼儿行为管理的原则

幼儿行为管理的原则是确保幼儿能够在积极、适应性的行为环境中成长和发展的关键。幼儿行为管理的原则提供了指导和框架，能够帮助教师和家长更好地与幼儿互动，建立积极的行为习惯，促进幼儿的全面发展。这些原则的实施需要耐心、关注和适应性，以确保幼儿在温暖、支持的环境中成长。幼儿行为管理的原则包括以下几方面。

（1）正面引导原则。

正面引导原则是一种积极肯定幼儿良好行为的方法。通过赞扬、鼓励和奖励来强化幼儿的积极行为，有助于他们建立自信心和自我价值感。积极的反馈可以激发幼儿，使他们更愿意积极参与有益的行为。这个原则也能够帮助幼儿理解什么是受欢迎的行为，从而培养良好的行为模式。

（2）一致性原则。

一致性原则要求教师和家长在行为管理上保持一致。幼儿往往会对不一致的反应感到困惑，因此，教师和家长需要共同协作，制定一致的规则和反应。一致性有助于幼儿理解哪些行为是可以接受的，哪些是不被允许的，从而减少混淆和误解。

（3）合理期望原则。

根据幼儿的年龄、发展水平和个体差异，制定合理的期望和要求。过高的期望可能使幼儿感到沮丧和挫败，而过低的期望可能限制了他们的潜力发展。了解幼儿的能力，为他们设定适当的目标，有助于促进幼儿积极的行为发展。

（4）示范模仿原则。

幼儿在早期阶段容易受到成年人行为的影响。教师和家长应该成为积极行为的榜样，通过自己的行为示范来引导幼儿。如果成年人展示了积极的情感调节技能和丰富的社交技能，幼儿有可能会模仿这些行为，逐渐形成健康的行为模式。

（5）个体化原则。

每个幼儿都是独特的，有自己的性格、需求和背景。因此，行为管理应该因人而异，根据每个幼儿的特点制定。个体化的方法可以更好地满足幼儿的需求，应避免一刀切的方法，以确保行为管理的有效性。

3. 幼儿行为管理的策略

幼儿行为管理策略是教师和家长引导幼儿积极行为和纠正不适应性行为的方法和手段。这些策略应该根据幼儿的年龄、发展阶段、性格特点以及具体情境进行调整，以达到有效的行为引导和培养目标。幼儿行为管理的策略包括以下几方面。

（1）积极引导。

积极引导是通过创设丰富多样的环境和情境，鼓励幼儿自愿培养积极行为的策略。创设各种有趣的游戏和活动，让幼儿参与其中，有助于培养他们的社交技能、合作意识和自我管理能力。鼓励幼儿通过角色扮演来模仿和体验积极行为，从而培养他们的情感表达和解决问题的能力。在日常生活中创设各种情境，鼓励幼儿模仿成年人的积极行为，能够培养他们的礼貌行为和社会技能。

（2）规则与预期。

制定简单明确的规则和预期有助于幼儿理解哪些行为是可接受的，哪些是不被允许的。如使用图片、图标或符号来表示不同的规则，帮助幼儿更好地理解和记忆。将规则表述为正面行为，例如"我们保持安静"，而非"不要吵闹"。定期和幼儿一起回顾规则，强化他们的理解和记忆，同时也提供机会让他们提出问题和建议。

（3）激励与奖励。

积极的激励和奖励能够鼓励幼儿继续展现积极行为。及时给予幼儿赞扬，强调他们的积极表现，有助于增强他们的自尊和自信。设立奖励系统，通过积分、小奖品等方式，鼓励幼儿积极参与并保持良好行为。设立集体奖励，鼓励幼儿团队合作和整体积极行为。

（4）情绪管理。

帮助幼儿学会认识和管理情绪是重要的行为管理策略。教导幼儿识别不同的情绪，并通过绘画、游戏等方式来表达自己的情感。引导幼儿学会通过深呼吸、数数等方法来平复自己的情绪。提供温暖的环境，鼓励幼儿与他人分享情感，帮助他们建立情感联结。

（5）解决冲突。

幼儿可能会因为合作、分享等问题而产生冲突，教师和家长可以引导他们学会解决冲突。让幼儿模拟冲突情境，通过角色扮演来找到解决问题的途径；教导幼儿通过表达自己的感受和意见来解决冲突，鼓励幼儿能够倾听他人的观点；引导幼儿一起探讨解决冲突的不同方法，培养他们的合作和解决冲突的能力。

4. 幼儿行为观察记录

幼儿行为观察是通过感官或仪器，有目的、有计划地对自然状态下发生的幼儿行为及现象进行观察、记录、分析，从而获取事实资料的方法。幼儿行为观察包括幼儿所有行为表现的内容，概括起来分为：幼儿日常生活的行为（如厕、进食、睡觉等），幼儿使用工具（材料）的行为（建构、使用笔等），幼儿与同伴的互动行为、与成年人的互动行为，幼儿的游戏行为，幼儿的语言和阅读发展情况，幼儿的认知能力发展情况，需要特殊照顾的幼儿行为等。对幼儿行为观察的记录可以采用表格的形式，如表12-2所示。

表12-2　幼儿行为观察记录

姓名		年龄	
班级		性别	
喜好			

(续表)

性格	
观察地点	
观察时长	
幼儿表现	
其他幼儿表现	
幼儿行为评价	
幼儿行为干预	
干预后表现	
幼儿行为管理指导策略	

第三节　幼儿安全和急救

幼儿安全意识是保障幼儿健康成长的基石。了解家庭、幼儿园和社会环境中的安全隐患，培养幼儿正确的安全意识，能够帮助他们避免潜在危险，预防意外事件的发生。具备安全意识的幼儿更容易适应各种环境，他们能够更加自信地与他人互动，自觉遵守规则，减少与同龄人之间的冲突，形成积极的社会关系。

一、幼儿安全隐患及排除措施

（一）幼儿安全隐患及预防的教学目标

（1）熟悉常见的幼儿安全隐患。
（2）掌握幼儿安全隐患的预防措施。

（二）幼儿安全隐患及预防的教学内容

幼儿在成长过程中面临着许多潜在的安全隐患，家庭、幼儿园和社会都需要注意采取措施来排除这些隐患。

1. 幼儿常见安全隐患及预防
（1）教室安全。
①安全隐患。
电源插座和电线暴露，容易引发触电危险。
锐利物品（如刀、剪刀）存放不当，可能导致划伤。
窗户、阳台缺乏安全护栏，容易导致坠落事故。
②排除措施。
安装电源插座盖板，确保插座安全。
将锐利物品存放在幼儿无法触及的地方。
安装牢固的窗户护栏，避免幼儿误闯危险区域。

（2）交通安全。

①安全隐患。

幼儿未按规则过马路，可能导致交通事故。

幼儿在车内未正确使用安全座椅，受伤风险较高。

②排除措施。

教育幼儿过马路时寻找安全通道，遵循交通信号。

使用合适的幼儿安全座椅，确保幼儿在车内安全乘坐。

（3）游玩安全。

①安全隐患。

游玩场所设施可能存在安全隐患，如缺少维护、设计不合理等。

幼儿在水域玩耍时，可能发生溺水危险。

②排除措施。

选择符合安全标准的游玩场所，避免幼儿玩耍时发生事故。监护人陪同幼儿玩耍，确保他们的安全。

让幼儿学习游泳，提高他们在水域的自我保护能力，远离野外水域。

（4）火灾和烫伤。

①安全隐患。

火源和热水温度未加控制，可能会导致烫伤。

在火灾隐患区域（如厨房）幼儿能接触到易燃物品。

②排除措施。

安装火灾报警器，确保发生火灾时能及时察觉。调节热水温度，避免幼儿烫伤。

将易燃物品放在幼儿无法触及的地方。

（5）窒息和误食。

①安全隐患。

小玩具和食物可能会导致幼儿窒息。

药品和化学品未妥善存放，幼儿可能会误食。

②排除措施。

避免给幼儿玩具中的小零件，以防止窒息。

将药品和化学品存放在幼儿无法触及的地方，使用安全锁。

2. 幼儿园安全工作检查

幼儿园要定期或不定期进行安全检查，发现问题，及时解决，消除幼儿园的安全隐患。同时，幼儿园要加强对教师安全工作的考核，并及时记录在册，教师安全工作考核记录如表12-3所示。每学期期初、期末都必须就幼儿园安全工作进行全面的自查，并及时进行记录，安全工作检查记录如表12-4所示。

表12-3　教师安全工作考核记录

被考核人：　　　　　　　所在班级：　　　　　　　考核时间：

考核内容	具体要求	分值	得分	备注
安全意识	安全责任意识强，熟知幼儿园各项安全工作细则，对安全隐患（事故）及时上报	15		

(续表)

考核内容	具体要求	分值	得分	备注
教学安全	在日常教育、教学活动中时刻注意幼儿安全，确认室内、室外活动设计及各项教学用具都符合安全规范；严格执行各项教学常规，在岗期间不擅离职守，对于幼儿人数及出勤率做好记录工作	15		
管理安全	做好幼儿入园、离园安全管理工作；做好食品安全管理工作	15		
活动安全	按规定参加幼儿园组织的各项安全活动；组织幼儿参加园内、园外活动时注意保证幼儿安全	15		
卫生安全	对幼儿进行卫生常识、疾病预防等各种安全教育工作，并做好患传染病幼儿的排查、记录、报告、回访工作	15		
安全教育	认真完成幼儿园安全日志；安排幼儿进行火灾、地震等突发自然灾害或遇袭等恐怖事件的自我保护演练和逃生演练	10		
设备安全	及时关闭教室的门窗、各类电源，保护好幼儿园的各类教具、玩具	15		
总评				

表 12-4 安全工作检查记录

幼儿园名称：　　　　　　　　年　月　日

	检查项目	存在的隐患问题	整改负责人	整改措施及时限	是否上报
1	设施安全				
2	房屋安全				
3	食品卫生安全				
4	消防安全				
5	周边地质安全				
6	周边交通安全				
7	周边治安状况				
8	其他				

二、幼儿急救知识

（一）幼儿急救知识的教学目标

（1）熟悉幼儿急救知识。
（2）掌握幼儿急救基本方法。

（二）幼儿急救知识的内容

幼儿的健康与安全是家长和幼儿园共同关注的重要议题。在幼儿园，意外情况难以避免，因此掌握基本的幼儿急救知识与技能对于保障幼儿的生命安全至关重要，这是每位教师的责任。以下将介绍幼儿急救的基础知识，帮助学生学习在紧急情况下如何能够迅速做出正确的判断与处理，保障幼儿的安全与健康。

幼儿急救技能是幼儿急救知识的重要部分，掌握幼儿急救技能至关重要，因为幼儿在脆弱的成长阶段更容易遭受意外伤害和突发疾病的威胁。这些急救技能不仅可以为幼儿减轻伤害、提供安全保障，甚至还能在危急时刻挽救幼儿的生命，有助于为幼儿家庭、幼儿园及社区营造一个更安全的环境。同时，掌握急救技能能够增强教师个人信心，为幼儿树立榜样，有效应对突发情况，培养社会责任感，为他人提供关键的帮助，从而构建一个更健康、更安全的社会生态。

1. 窒息急救

如果幼儿窒息，先用后背拍打法尝试排出堵塞的食物或异物。

如果后背拍打无效，可以进行人工呼吸。将幼儿放在硬表面上，按下胸部使空气排出，然后通过口对口或口对鼻进行人工呼吸。

在进行人工呼吸时，首先要确保幼儿周围环境的安全，避免造成进一步的伤害。然后检查幼儿呼吸道，使用手指小心地清除幼儿口腔内的任何异物或分泌物，确保其呼吸道通畅。将幼儿的头轻轻仰向后方，以确保其气道通畅。

（1）口对口法。

将幼儿仰卧在坚硬的平面上，确保幼儿的头部适当仰起，颈部伸直。使用手指捏紧幼儿的鼻孔，防止空气从鼻孔逸出。将施救者的嘴唇紧紧贴住幼儿的嘴巴，同时用一只手托住幼儿的下巴，以确保二者口唇紧密贴合。轻柔地呼气，将空气缓慢地吹入幼儿的口腔，让其胸部稍微抬升，然后等到幼儿胸部自然下降。重复以上步骤，保持每分钟10~12次的频率。

（2）口对鼻法。

对于不能完成口对口呼吸的情况，可以使用口对鼻法。与口对口法类似，将施救者的嘴唇紧紧贴住幼儿的鼻孔，同时用一只手托住他的下巴，缓慢吹气，让其胸部抬升，然后等待他的胸部自然下降。重复以上步骤，保持每分钟10~12次的频率。

请注意，在进行人工呼吸时，施救者动作要轻柔，避免用力过度，以免造成幼儿不适。同时，在进行人工呼吸的同时，也应注意观察幼儿的胸部抬升和呼吸是否恢复正常。除此之外，还应该尽快拨打急救电话或寻求专业医疗帮助。

2. 心肺复苏

心肺复苏是一种在心脏停搏或呼吸停止的情况下进行的急救措施，旨在维持幼儿血液流动和氧气供应，以挽救生命。在进行心肺复苏之前，首先应确认幼儿是否没有反应、无呼吸或只有异常的喘息声。其次在确认幼儿需要心肺复苏后，应立即拨打急救电话或指示他人拨打，急救专业人员会提供指导和支持，施救者应在专业指导下继续进行心肺复苏。

3. 摔伤与骨折急救

幼儿摔伤与骨折是常见的意外情况，教师应该掌握基本的急救方法，以确保幼儿在遭受摔伤与骨折时得到及时的帮助。以下是幼儿摔伤和骨折的急救步骤。

（1）摔伤急救。

在幼儿发生摔伤时，首先保持冷静，安抚幼儿情绪，避免恐慌和紧张。小心观察幼儿的伤势，确定其是否有明显的外伤，如淤血、肿胀、擦伤等。让幼儿休息，将其受伤部位抬高，有助于减轻肿胀。在休息期间，可以使用冰袋或冷湿毛巾敷在伤处，每次持续约15~20分钟。如果幼儿出现擦伤或瘀伤，可以用湿凉的纱布轻轻包裹在幼儿伤口上，以减轻疼痛和肿胀。待伤势处理后，继续观察幼儿的状况，如果伤势严重或症状加重，应尽快协助幼儿就医。

（2）骨折急救。

若幼儿可能骨折，要求幼儿尽量不要移动，以免加重伤势。使用软垫或衣物轻轻支撑伤处，避免幼儿的肢体活动，以减轻疼痛和避免骨折处骨头进一步错位。可以在伤处附近使用冰袋或冷湿毛巾，有助于减轻幼儿伤处的肿胀和疼痛。如果幼儿出现骨折，特别是复杂的骨折（如开放性骨折），应立即拨打急救电话或协助幼儿前往医院就医。

4. 幼儿烫伤急救

幼儿烫伤是一个紧急情况，正确的处理方法可以减轻疼痛、降低烫伤程度，并防止感染。如果出现幼儿烫伤，应该立即将烫伤部位放在流动的冷水下，持续冲洗10～20分钟。冷水可以帮助降低烫伤部位的温度，减轻疼痛，并防止热能继续损害组织。不要直接将冰敷在烫伤部位上，因为过度的低温可能会损伤皮肤组织。使用冷水冲洗是更好的选择。如果烫伤部位有衣物黏附，不要强行撕扯，因为这可能会损害皮肤。轻轻地剪掉衣物，以免进一步加重伤害。如果出现水泡，不要用针或其他尖锐物品刺破，以免感染。水泡应在医疗专业人员的指导下处理更安全。在冷水冲洗后，可以裹上一层非黏性材料，如纱布，以保护烫伤部位。切勿使用黏性材料，以免附着在烫伤部位。观察烫伤的程度和症状，如果烫伤范围较大、皮肤出现严重损伤或有大面积的水泡，应尽快协助幼儿就医。对于严重的烫伤，特别是三度烫伤，应立即拨打急救电话或协助幼儿前往医院就医。就医期间如果幼儿出现疼痛，可以咨询医生并按照医生的建议给予幼儿适量的止痛药。

5. 幼儿食物中毒急救

幼儿食物中毒是一种紧急情况，正确的处理方法可以帮助幼儿迅速康复并减轻症状。首先要观察症状，如果幼儿出现食物中毒的症状，如腹痛、呕吐、腹泻、发热等，要及时观察症状的严重程度。如果幼儿腹泻、呕吐不止，可能会导致脱水。要确保幼儿充分摄取水分，以防止脱水加剧。随后要进行就医咨询，如果症状较轻，可以让幼儿留园观察，确保其充分休息和适当饮食。但如果症状严重或持续，应尽快协助幼儿就医。不要自行给幼儿使用抗生素或止泻药物，特别是在没有医生指导的情况下，药物可能会干扰病情的判断和治疗。如果怀疑食物中毒或与某种食物有关，要使幼儿暂时避免食用该食物，以免症状加重。

第四节　游戏与活动设计

幼儿游戏与活动是幼儿园教育中的重要组成部分，它们不仅是幼儿身心发展的有效途径，也是促进幼儿社交能力、创造力和认知能力发展的重要手段。本节将介绍幼儿游戏与活动设计的原则、步骤和案例，旨在帮助学生在今后的幼儿教师工作中更好地开展丰富多彩的教育活动。

一、幼儿游戏与活动设计的概述

（一）幼儿游戏与活动设计的教学目标

（1）了解幼儿游戏与活动设计的原则。

(2) 掌握幼儿游戏与活动设计的步骤。

(二) 幼儿游戏与活动设计的内容

1. 游戏与活动设计的原则

(1) 幼儿发展原则。

幼儿游戏与活动设计的首要原则是根据幼儿的年龄、发展阶段和个体差异，确保活动内容和难度与幼儿的认知、情感、社交和运动能力匹配。如根据幼儿注意力短暂、好奇心强的特点，制定具有挑战性且有趣的游戏与活动。

(2) 综合性原则。

游戏与活动应该涵盖多个发展领域，包括但不限于身体运动、社交互动、语言沟通和认知思维。通过综合性的设计，可以促进幼儿全面的发展，帮助他们在各方面取得均衡的发展。

(3) 互动与合作原则。

幼儿游戏与活动设计应鼓励幼儿互动与合作。通过小组活动、合作任务等方式，培养幼儿与他人合作、分享、倾听和交流的能力，同时促进他们的社交发展。

(4) 创造性与自主性原则。

游戏与活动设计应该为幼儿提供创造和自主的机会。创造性的活动可以激发幼儿的想象力和创造力，让他们自由表达思想和感受，从而培养他们独立思考和解决问题的能力。

(5) 趣味性与情感关联原则。

游戏与活动应当富有趣味性，能够吸引幼儿的兴趣。通过趣味性的设计，可以增强幼儿的参与度和投入感。同时，设计时要考虑活动与幼儿情感体验的关联，为幼儿创造积极的情感体验，促进其情感的健康发展。

(6) 持续性与挑战性原则。

游戏与活动设计应该具备一定的持续性，通过积累性的活动帮助幼儿建立连贯的经验。同时，设计时应该让幼儿感到适度的挑战性，既要满足他们的能力，又能够推动他们的发展。

2. 幼儿游戏与活动设计的步骤

(1) 设定目标。

设定目标是幼儿游戏与活动设计的出发点，也是最终目的，它指引着整个幼儿游戏与活动的全过程。设定目标就是希望通过该游戏与活动达到的教育目标。这可以是认知方面的目标（如提高幼儿的数字理解能力）、情感方面的目标（如培养幼儿的合作意识）、社交方面的目标（如加强幼儿与同伴的互动）等。要确保目标是具体、可衡量的，并且与幼儿的年龄和发展阶段相适应。

(2) 选择内容。

选择游戏与活动的内容时，要兼顾幼儿的兴趣和发展需求。同时，根据幼儿的年龄和能力，适度地增加活动的挑战性，以鼓励他们积极参与和学习。不同领域的游戏与活动可以交替进行，确保幼儿在多个方面得到全面的发展。幼儿游戏与活动的内容可以涵盖多个领域，以促进幼儿的认知、情感、社交和身体发展。

(3) 选择形式。

在选择游戏与活动的形式时，要根据幼儿的特点、发展阶段和兴趣进行调整。同时，也要考虑活动所需的材料、场地以及幼儿的安全等因素。通过多样的形式，可以帮助幼儿在不同领域得到全面的发展。选择适当的形式对于幼儿游戏与活动的设计至关重要，不同的形式可以帮助幼儿在不同方面获得全面的发展。

（4）准备材料和创设环境。

根据游戏与活动的内容，准备所需的材料、道具和活动场地。确保材料、道具的安全、幼儿适用性，并创设一个合适的环境。根据游戏与活动的目标和内容，列出所需的材料和道具清单，确保清单涵盖所需的所有物品。选择适合的材料、道具，确保它们安全、无毒，并且与幼儿的年龄和能力相匹配。确保材料、道具的数量充足，以应对可能出现的需求。选择质量良好的材料助于提升游戏与活动的可玩性和持久性。

（5）制定规则和流程。

通过制定适当的规则和流程，可以为幼儿提供清晰的指导，帮助他们养成积极参与和合作的习惯。同时，也可以提供一个积极的学习和游戏环境。在制定规则和流程之前，明确活动的教育目标和期望结果，规则和流程应该有助于实现这些目标，同时也应该简单明了，容易理解，避免使用复杂的措辞，确保幼儿能够轻松理解规则和流程的内容。规则和流程的表述应该是积极的，鼓励幼儿的积极参与，避免使用否定性的措辞，以增强其可接受性。

（6）示范和引导。

示范和引导在幼儿游戏与活动中是非常重要的一步，它可以帮助幼儿理解游戏与活动的目标、内容、规则和流程，以及如何参与其中。在示范过程中，教师要及时给予幼儿赞赏和积极的反馈，增强幼儿的自信心和积极参与感。在引导幼儿进行实际操作时，要确保包容个体和团体差异，尽量满足每个幼儿的需求。

（7）组织和引导。

组织和引导是确保幼儿游戏与活动有效进行的关键步骤。这涉及了要创造积极的学习环境，促进幼儿参与、合作和学习的能力。游戏与活动中要强调合作、互动和团队精神，鼓励幼儿一起解决问题和完成任务。如果出现冲突或不合作的情况，要及时介入并引导幼儿解决问题，培养其良好的社交技能。时间应安排在幼儿注意力集中的阶段，避免过长或过短。根据幼儿的反应，适时调整节奏，确保他们能够保持积极的参与状态。

（8）提供反馈与总结。

提供反馈与总结是幼儿游戏与活动设计中的重要环节，它能够帮助幼儿从参与的活动中获取更多的学习和发展经验。在活动过程中，应及时注意并鼓励幼儿的积极参与。用肯定的语言表达对他们的赞赏，提高他们的自信心。必要时要提供针对个体化的反馈，根据每个幼儿的表现进行评价。给予幼儿展示自己成果的机会，可以是绘画、手工制作、口头表达等形式，增强他们分享和展示的能力。鼓励幼儿相互学习和总结，分享彼此的想法和经验，从中获得更多的启发和理解。

二、幼儿游戏与活动设计案例

（一）幼儿游戏与活动设计案例的教学目标

（1）掌握游戏与活动设计方法

（2）能进行幼儿游戏与活动设计案例开发

（二）幼儿游戏与活动设计案例的内容

（1）案例：小小探险家探索丛林。
（2）目标：培养幼儿的团队合作意识、想象力和动手能力，激发他们对自然的兴趣。
（3）年龄：3~4岁的幼儿。
（4）步骤：

①设定目标：明确目标，希望幼儿通过活动培养团队合作意识、想象力和动手能力，了解自然丛林。

②了解幼儿特点：考虑幼儿的年龄，选择有趣、可操作的材料，以激发他们的好奇心。

③选择形式：形式主题为"小小探险家探索丛林"，以丛林为背景，创造游戏情境，激发幼儿兴趣。

④制定内容：

准备一片玩具丛林，可用彩色纸板、动物玩具等搭建。设计探险任务，如找到特定的"丛林宝藏"（小石头、树叶、玩具等）。选择小组合作游戏，让幼儿一起充当小小探险家。设立活动区域，布置玩具丛林，准备丛林宝藏和小篮子。将幼儿分成小组，每组有一个"探险队长"。探险队长带领小组成员，在丛林中寻找"宝藏"。在活动中，鼓励幼儿分享自己的发现，使他们互相帮助，增强其团队合作意识。

⑤进行示范和引导：探险队长示范如何找到宝藏，如何遵循丛林规则，激发幼儿参与的兴趣。

⑥组织和引导活动：幼儿跟随队长的引导，逐步探索丛林，寻找"宝藏"，通过合作完成任务。

⑦提供反馈和总结：活动结束后，一起总结每个小组的探险成果，分享寻找宝藏的过程。

⑧不断改进：根据幼儿的反应和活动效果，调整游戏规则和任务，以持续优化活动体验。

通过"小小探险家探索丛林"案例，学生可以更加深入地了解如何在实际中遵循幼儿游戏与活动设计的步骤，创造出有趣、有益的学习体验，培养幼儿的团队合作意识、想象力和动手能力。

第五节　语言和沟通技巧

在幼儿教育中，语言和沟通技巧是建立积极师生关系、促进幼儿全面发展的基石。有效的沟通能够帮助教师更好地了解幼儿的需求、兴趣和情感，从而提供更个性化的支持和引导。同时，与家长和团队成员的良好沟通也能够创造一个协作的教育环境，促进共同教育目标的达成。

一、与幼儿沟通

（一）与幼儿沟通的教学目标

（1）熟悉与幼儿沟通的技巧。

（2）能正确使用与幼儿沟通的技巧。

（二）与幼儿沟通的内容

与幼儿沟通的技巧，通常包括使用简洁明了的语言、面部表情和肢体语言等以下7种方式。这些技巧将帮助教师更好地与幼儿互动，促进他们的语言和社交能力的发展。

1. 简单明了的语言

在与幼儿进行沟通时，使用简单明了的语言是一项关键策略。这包括使用短句子，避免复杂的词汇和术语，重复关键信息，以及使用直观的比喻和具体的动词、名词来描述事物。教师应该用友好的语音语调，避免双重否定的句子，并关注情感词汇，让语言更生动有趣。此外，教师还可以通过使用简单的开放性问题和情感词汇，鼓励幼儿表达自己的想法和情感。通过这些策略，教师能够创造一个更容易理解的沟通环境，促进自身与幼儿的有效互动。

2. 面部表情和肢体语言

在与幼儿进行沟通时，运用面部表情和肢体语言是至关重要的。保持温和的面部表情，如微笑，能够传达友好和亲近感，而适度的眼神接触则显示出教师的关注和专注。通过使用肢体语言，可以帮助幼儿更好地理解教师的意图。与此同时，保持与幼儿同一眼高，适度的身体接触以及与语言结合，都可以加强教师的沟通效果。然而，要时刻注意关注幼儿的反应，尊重他们的个人空间和界限，确保沟通是舒适的。通过合理运用面部表情和肢体语言，教师可以增加与幼儿的情感联系，使沟通更加丰富和生动。

3. 亲近的沟通姿态

亲近的沟通姿态是在与幼儿互动时极为重要的。保持适度的眼神接触，可以传达对幼儿的关注和尊重，让他们感受到被重视。此外，保持与幼儿同一眼高，例如蹲下来与他们平视，不仅能够消除彼此身体上的距离感，还建立了一种平等和亲近的关系。温和的面部表情，尤其是常常微笑，能够传达友好、善意和亲近感，让幼儿在与教师互动时感到舒适和放松。除了面部表情，适度的肢体接触，如拥抱、轻拍等，可以在适当的情境下传递安全感和情感联系，进一步加强教师与幼儿之间的亲近感。通过这些亲近的沟通姿态，教师能够创造一个温暖和亲切的沟通环境，促进自身与幼儿的深入交流和情感联系。

4. 示范和模仿

示范和模仿是与幼儿沟通的有力工具。通过自己的行为和动作示范，教师能够帮助幼儿更清楚地理解传达的信息。例如，当要教幼儿如何正确使用画笔时，教师可以在纸上示范正确的动作，让幼儿模仿，从而使他们更容易掌握技能。此外，示范和模仿还能够激发幼儿的兴趣和想象力。教师可以通过角色扮演、模拟情境等方式，创设有趣的场景，引导幼儿参与并学习。通过模仿教师的动作、声音和表情，幼儿能够更深入地体验所学内容，更好地吸收和理解。

5. 倾听和反馈

倾听和反馈是与幼儿进行有效沟通的关键要素。首先，倾听意味着给予幼儿充分的注意和时间，以理解他们表达的想法、感受和需求。在与幼儿交流时，要营造一个安静、专注的环境，避免分散注意力，以便全神贯注地倾听他们的话语。通过眼神接触、肢体语言和面部表情进行反馈，可反映教师在倾听中的积极参与和关注。

6. 赞扬和鼓励

赞扬和鼓励是在与幼儿沟通中极为重要的肯定性策略。通过及时赞扬和鼓励，教师能够增强幼儿的自信心、积极性和自尊心，促进他们的成长和发展。当幼儿展现出积极的行为和进步时，教师要及时表达肯定和赞赏，让他们感受到自己的价值和成就。赞扬可以是直接的，例如称赞幼儿的努力、创意或完成的任务。同时，也要注意给予具体的赞扬，明确指出他们做得好的方面，以便他们知道自己在哪些地方取得了成功。鼓励则可以利用积极的话语，例如鼓励幼儿继续尝试、探索和学习新事物。

7. 鼓励互动对话

鼓励互动对话是促进幼儿语言和社交发展的重要策略。在与幼儿沟通时，创造一个鼓励互动的环境，能够帮助他们表达想法、分享经验，从而促进他们流利地运用语言和提升社交技能。在鼓励互动对话过程中，教师要表现出真诚的兴趣和关注。积极回应幼儿的言语，以及回应他们的情感和体验，能够让他们感受到被理解和被重视。教师可以通过肯定性的回应、眼神接触和微笑来传达自身的积极参与。除了提问，分享教师自己的经历和故事也能够激发幼儿的参与和回应。通过分享，教师可以为对话提供新的话题和内容，引导幼儿展开讨论。同时，鼓励幼儿彼此的对话和互动，可以培养他们与人交往的技能，促进其社交发展。

二、与家长沟通

（一）与家长沟通的教学目标

（1）熟悉与家长沟通的技巧。
（2）能正确使用与家长沟通的技巧。

（二）与家长沟通的内容

良好的沟通技巧对于建立积极的教师、家长合作关系，促进幼儿全面发展，以及创造支持性的学习环境至关重要。

1. 建立信任和共同目标

在与家长合作时，建立信任和共同目标是确保积极合作的基石。首先，初次接触时教师可通过友好的面部表情、真诚的语气和开放的姿态传递亲切和尊重。倾听是建立信任的关键，要花时间聆听家长的想法、担忧和期望，表现出对他们的尊重和重视。其次，明确强调共同的教育目标，让家长了解教师在关注幼儿的全面发展，并愿意与他们携手合作。透明的沟通是建立信任的桥梁，要与家长分享教学计划、课程安排和幼儿的进步，让他们感受到教师对幼儿学习的关注。最后，教师可以邀请家长参与决策，共同制订幼儿的学习目标和计划，让家长感知到自己在教育中的重要作用。通过这些方法，教师可以建立起与家长的信任，确立共同目标，从而形成紧密的合作关系，促进幼儿的成长和发展。

2. 积极倾听和开放性沟通

积极倾听和开放性沟通是与家长建立亲近合作关系的重要手段。积极倾听意味着教师要全身心地专注家长的话语，真正理解他们的意见和情感。这不仅可以让家长感受到被尊重，还有助于建立双方之间的信任和共鸣。开放性沟通要求教师以真诚、包容和非批判的态度与家长交流。这意味着不仅要传达自己的信息，还要鼓励家长分享他们的观点和想法，创造一个平等的沟通氛围。

3. 赞扬和反馈

赞扬和反馈是构建积极教育合作关系的重要元素，不仅能增强家长的参与感，还能对幼儿的自尊心和学习动力产生积极影响。赞扬时，教师要强调幼儿的努力和成就，具体指出他们取得的进步，以建立积极的认知。同时，要提供具体而肯定的反馈，详细描述幼儿在何处表现出色，这样家长能更准确地理解幼儿的优势和努力。不仅限于成绩优异，也要关注幼儿的努力、创造力和社交技能等。此外，为了营造积极的学习氛围，反馈中也可以提供建议和持续支持，让家长明白教师关注幼儿的全面发展。与此同时，可以建立双向的反馈机制，鼓励家长分享在家中对幼儿的观察，以获得更全面的信息。综合而言，赞扬和反馈旨在建立教师和家长积极的合作氛围，促进幼儿的综合成长。

4. 解决问题和共同策划

解决问题和共同策划是教师与家长紧密合作的关键环节，有助于共同关注幼儿的成长和发展。首先，在解决问题时，教师要保持开放性和合作的态度，鼓励家长分享任何关切或困惑；倾听家长的观点，理解他们的需求，并寻找共同的解决方案；共同制订解决问题的计划，确保双方的想法得到充分尊重。此外，还可以共同策划幼儿的学习和发展路径，鼓励家长参与制订教育目标和学习计划。通过合作制定学习目标、讨论学习方法以及规划课外活动，可以加强家庭和幼儿园之间的联系，促进幼儿综合素质的提升。通过解决问题和共同策划，教师和家长能够携手合作，为幼儿提供一个更全面、支持性的学习环境。

5. 尊重家长的意见和角色

尊重家长的意见和角色是建立积极合作关系的重要方面，有助于营造家园合作的良好氛围。教师应以开放的心态倾听家长的意见和想法，理解他们的期望和关切。不仅要在正式的会议中倾听，还要鼓励家长随时提出反馈，让他们感受到被重视。同时，也要认识到家长在幼儿的教育中扮演着不可替代的角色，他们是幼儿的第一位教育者，了解幼儿在家庭环境中的需求和表现对于制订有针对性的教育计划至关重要。要尊重家长在幼儿教育中的决策权，尊重他们的文化背景和教育价值观，以共同的目标为基础，共同关心幼儿的发展和学习。通过积极尊重家长意见和角色的方式，可以建立起家园合作的信任基础，共同为幼儿的成长提供支持。

6. 使用积极的语言

在与家长进行沟通时，使用积极的语言是营造合作氛围的关键。积极的语言可以有效地传达教师对家长和幼儿的支持，增强他们的参与感和积极性。教师应肯定幼儿的努力和成就，例如强调他们在课堂、活动中的积极表现，让家长感受到幼儿在学校中的价值和成长。同时，鼓励幼儿的持续努力，使他们树立积极的学习动力。在解决问题时，采用积极的措辞，强调共同寻找解决方案的愿景，让家长感到教师在共同关心幼儿的成长。

习题

1. 简述幼儿心理发展的特点。
2. 如何缓解幼儿的分离焦虑？
3. 如何调节幼儿的情绪？
4. 什么是幼儿行为管理？
5. 简述幼儿行为管理的原则。
6. 幼儿行为管理的策略有哪些？

7. 教室安全隐患有哪些，排除措施有哪些？
8. 简述幼儿窒息的急救方法。
9. 简述幼儿摔伤的急救方法。
10. 简述幼儿游戏与活动设计的原则。
11. 阐述幼儿游戏与活动设计的步骤。
12. 自选主题，设计一份幼儿游戏与活动的方案。
13. 简述与幼儿沟通的技巧。
14. 在与幼儿沟通中如何鼓励幼儿？
15. 简述如何与家长沟通。

第十三章

幼儿园教育活动设计

第一节 幼儿园教育活动设计概述

幼儿教育活动是幼儿园为实现教育目标,在一日生活中安排的各种活动的总和,是指在专门的社会幼教机构中,由社会培养和指派专职幼教人员实施的幼儿教育活动。幼儿教育活动体现了国家或社会的意志和要求,是一种依据社会需要来培养人的社会教育活动,具有明确的社会目的性,极强的规定性、组织性和计划性。

一、幼儿园教育活动设计意义及原则

(一)幼儿园教育活动设计意义及原则的教学目标

(1)了解幼儿园教育活动设计的意义。
(2)理解幼儿园教育活动设计的原则。

(二)幼儿园教育活动设计意义及原则的内容

1. 幼儿园教育活动设计的意义

教育活动在幼儿园教育中具有多重作用,它不仅是幼儿学习和发展的有效途径,也是培养其综合素质和社会适应能力的关键。幼儿教育活动通过多样的游戏、艺术、科学、运动等内容,促进幼儿认知、语言、社交、情感、运动等多个领域的发展,这有助于培养幼儿的全面发展。

2. 幼儿园教育活动设计的原则

(1)适应幼儿发展水平原则。

适应幼儿发展水平是教育活动设计的关键原则之一。在教育活动中,必须充分考虑幼儿的年龄、认知能力、兴趣和心理等特点,以确保活动内容和难度与其发展水平相匹配。这意味着活动应当既不过于简单也不过于复杂,避免由于太简单无法激发幼儿的好奇心和思维,或太复杂使幼儿感到挫败和沮丧。适应幼儿发展水平的设计需要综合考虑他们的生理、认知、情感和社交发展,确保活动能够引导他们积极参与、主动探索,使活动既满足了他们的学习需求,也提供给他们愉悦的体验。

(2)启发性原则。

具有启发性的教育活动是指能够激发幼儿思维、好奇心和自主学习的活动。这种活动设计鼓励幼儿自主探索、提出问题、寻找答案,而不是简单地教师传授知识,以此来培养他们的观察力、分析力和解决问题的能力。具有启发性的活动通常涉及情境模拟、发现性实验、

探索性游戏等，通过创造性的方法激发幼儿的好奇心，使他们在积极参与中体验到学习的乐趣，同时培养了他们探索未知世界的勇气和兴趣。这种类型的活动不仅仅起传递知识的作用，更是在培养幼儿自主思考、学习和提升问题解决能力方面扮演着重要的角色。

（3）以幼儿为中心原则。

以幼儿为中心是教育活动设计的重要原则，强调将幼儿的需求、兴趣和发展摆在教育活动的核心位置。这一原则指出每个幼儿都是独特的个体，有着不同的背景、经验和能力，因此在设计活动时，教师应该关注幼儿的个体差异和需求。

（4）连贯性和渐进性原则。

连贯性和渐进性是教育活动设计中的两个重要原则，旨在确保活动的有序性，逐步推进幼儿的学习和发展。连贯性强调活动之间的逻辑联系和有机衔接。教育活动的设计应该在主题和内容上保持一定的连贯性，让幼儿能够在不同的活动中找到关联和延续，形成系统的学习经验。渐进性意味着教育活动应该根据幼儿的发展水平，逐步提高难度和复杂度。通过将连贯性和渐进性原则融入活动设计中，教师可以创造出更有组织、有深度的教育活动。这不仅能够帮助幼儿更好地理解知识，还培养了他们的学习能力、问题解决能力和批判性思维。

二、幼儿园教育活动类型及内容

（一）幼儿园教育活动类型及内容的教学目标

（1）熟悉幼儿园教育活动的不同类型。
（2）掌握幼儿园教育活动的具体内容。

（二）幼儿园教育活动类型及内容

1. 幼儿园教育活动的类型
（1）以组织形式划分。

根据活动的组织形式，幼儿园教育活动可分为集体教育活动、小组教育活动、个别教育活动和自选教育活动。

①集体教育活动。

集体教育活动是教师与全体幼儿直接沟通的方式，主要由教师选择活动的内容、手段和方法，布置相应的教育环境。整个活动过程以教师的直接引导或指导为主。

②小组教育活动。

小组教育活动是教师与部分幼儿直接沟通的方式。通常有两种形式：一种是活动过程基本等同于集体教育活动；另一种是活动过程以幼儿主动学习为主，教师的作用是提供环境和材料，观察了解幼儿并给予适当的引导和指导。

③个别教育活动。

个别教育活动是教师与幼儿个体直接沟通的方式，是教师按照个别幼儿的特殊需要而展开的教育活动。

④自选教育活动。

自选教育活动是幼儿与环境直接互动的方式，幼儿可根据自己的兴趣和需要，自由选择活动的内容、材料，并自己决定活动的方式和合作伙伴等。教师的作用是创设环境，为幼儿提供活动的材料和空间，面向全体幼儿，间接参与观察或指导幼儿的活动。

（2）以教育活动的预设程度划分。

根据教育活动的预设程度，可将幼儿园教育活动分为正规教育活动与非正规教育活动（包含随机教育活动）。

①正规教育活动。

正规教育活动是指教师按计划专门设计并组织实施的，以教师直接指导为主的，组织严密的教育活动。大部分集体教育活动和小组教育活动及个别教育活动都属于这种类型。

②非正规教育活动。

非正规教育活动是指由教师组织和实施的，以教师间接指导为主的教育活动。例如，自选教育活动，进餐、如厕等常规的生活活动都属于这一类型。

（3）其他方式划分。

根据教师指导的程度，可分为指令性活动和自主活动；根据知识经验的组织形式，可分为分科活动和综合活动；根据活动的空间，可分为室内活动、户外活动、社区与郊游活动；根据幼儿的学习形式，可分为阅读活动、游戏活动、探索活动等。

2. 幼儿园教育活动的内容

《幼儿园教育指导纲要（试行）》明确指出：幼儿园的教育内容是全面的、启蒙性的，可以相对划分为健康、语言、社会、科学、艺术等五个领域，也可进行其他不同的划分。各领域的内容相互渗透，从不同的角度促进幼儿情感、态度、能力、知识、技能等方面的发展。

第二节　幼儿园教育活动设计步骤

无论是高结构化活动还是低结构化活动，教育活动设计总是遵循一定的思路开展，教师在设计教育活动时，总是要按照一定的程序来组织安排活动，这个程序就是设计的步骤，也就是教育活动设计的流程，如图13-1所示。

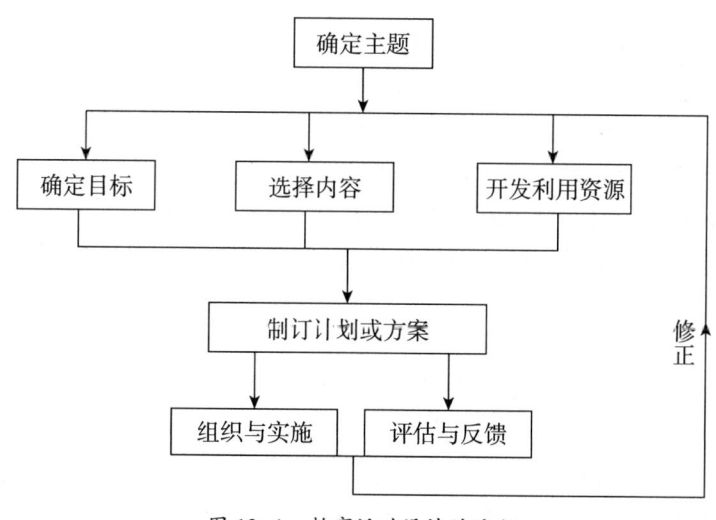

图13-1　教育活动设计的流程

1. 确定主题

在确定主题时，首先，要深入考虑幼儿的年龄特点、兴趣爱好以及发展需求，以确保主题与幼儿的成长状态相契合。其次，要考虑教育目标，主题应该能够引导幼儿在探索、互动和创造中得到全面的成长。同时，可以根据季节和节日来调整主题，以便在特定时间为幼儿创造更有趣的学习体验。最后，要考虑幼儿的个性差异，为每位幼儿提供能够满足其兴趣和能力的多样性主题，以引导他们独立思考和积极参与，使他们能在欢乐中实现全面的成长。

2. 确定目标

确定目标是幼儿园教育活动设计的基础，它涵盖了对幼儿发展需求的了解、教育意义的明确以及实际可行性的考量。活动目标应具体、可衡量，并与所选主题紧密相关，以引导幼儿在认知、情感、社交等多个领域全面发展。通过设定明确的目标，可以确保教育活动在培养幼儿能力的同时，也能够在教育上达到有意义的效果。

3. 选择内容

内容是实现教育活动目标的载体，在教育活动目标确定的基础上，教师要有针对性地选择教育内容并合理地加以组织编排，以保证目标的落实。高结构化教育活动的内容往往比较具体、固定，由教师决定活动内容；而低结构化活动的内容由幼儿决定，往往是可变的、泛化的。因此在选择幼儿园教育活动内容时，教师应该根据活动的类型来选择内容并加以组织和安排。

4. 开发利用资源

幼儿园教育活动设计离不开丰富的教育资源，活动的开展也需要在一定的教育环境之中。因此，教师在设计教育活动时，需要利用各种教育资源，创设丰富的教育环境，让幼儿在活动的环境中，充分利用各种资源与材料来自主活动。幼儿园教育活动设计要充分利用各种有效的教育资源，其资源来自多个方面：有幼儿自身的资源，有家庭资源，有社区资源，还有网络资源，更有教师自身资源等。在利用这些资源时，教师要本着适宜性、经济性、合作性等原则，综合各方面的资源，做好教育活动设计。

5. 制订计划或方案

幼儿园教育活动设计的最终结果就是形成教育活动的计划或方案，计划或方案不是一成不变的，在实施过程中会随着活动开展的情况而不断改变，教师需要根据实际情况修订活动计划或方案。教育活动设计的成果也是体现在活动计划或方案上的，它是教育活动实施的主要依据。因此，当教师设计教育活动时，都要形成计划或方案。教育活动的实施过程实际上就是计划或方案执行、修订与完善的过程，教育活动评价也是依据教育活动的计划或方案来确定的，用来衡量活动的成效。幼儿园教育活动有着不同性质，其活动的计划或方案也具有很大的差异。

6. 组织与实施

幼儿园教育活动的组织与实施是确保活动顺利展开、取得预期效果的核心环节。首先，充分的活动前准备至关重要。教师需准备好所需的教具、材料等，并明确活动的目标、内容和步骤，以确保活动的顺利进行。其次，在活动中，教师扮演着引导者和组织者的双重角色，需要创造积极的学习氛围，激发幼儿的学习兴趣，并通过设立互动环节和合作任务，促进幼儿之间的社交互动和团队合作。同时，教师应注重个体差异，适应不同幼儿的需求，确保幼儿有效参与活动。

7. 评估与反馈

幼儿园教育活动的评估与反馈是确保教育质量和活动有效性的重要环节。首先，在活动开始前，明确活动的教育目标和期望。在活动进行中，教师需以多元化的评估方法，如观察、记录、问答、作品展示等，收集幼儿的学习数据。同时，教师还需通过积极的反馈鼓励幼儿，增强他们的学习动力和自信心。通过活动结束后的评估，将幼儿的表现与活动目标进行对比，以确保预期的目标得以实现。

习题

1. 分析幼儿园教育活动设计的意义。
2. 阐述幼儿园教育活动设计的原则。
3. 简述幼儿园教育活动的类型。
4. 幼儿园教育活动设计的步骤包括哪几个方面？
5. 如何确立幼儿园教育活动的目标？
6. 如何选择幼儿园教育活动的内容？

第十四章

幼儿园游戏指导与观察

第一节　幼儿园游戏概述

幼儿园游戏对幼儿的发展至关重要，它不仅是幼儿快乐时光的一部分，更是他们成长道路上的重要组成部分。通过游戏，幼儿不仅能够发展社交技能，学会与他人合作、分享和解决冲突，还能够促进身体的发育，提高认知能力，丰富语言表达，并逐步培养情感管理能力。因此，幼儿园游戏既是幼儿愉快时光的体现，更是他们综合发展的重要推动力，能够为他们未来的学习和生活奠定基础。

一、幼儿园游戏概念及特点

（一）幼儿园游戏概念及特点的教学目标

（1）熟悉幼儿园游戏的概念。
（2）掌握幼儿园游戏的特点。

（二）幼儿园游戏概念及特点的内容

1. 幼儿园游戏的概念

幼儿园游戏是指针对幼儿设计的各种有趣、互动性强的活动，旨在促进幼儿身体、认知、社交和情感等多方面的发展。游戏通常以幼儿感兴趣的方式展开，包括角色扮演、模仿、运动、探索、艺术创作等。通过游戏，幼儿能够积极参与、探索世界、培养技能，并且在玩乐中建立对学习的积极态度。幼儿园游戏不仅是娱乐活动，更是幼儿全面发展的重要途径之一，有助于幼儿塑造个性、培养自信心，以及建立与他人的良好关系。

2. 幼儿园游戏的特点

（1）自由性。

游戏是幼儿自愿、自主的活动，游戏是出于自己的兴趣和愿望。游戏形式、材料和过程应符合幼儿身心发展的要求，使其能够主动做游戏。在游戏中没有强制性，幼儿可随自己的兴趣和能力进行游戏、停止游戏或变换游戏，从中得到快乐并充分地培养个人能力。总之，教师只有充分地尊重幼儿的游戏愿望，发挥其主动性，才能使幼儿真正地享受游戏。

（2）趣味性。

趣味性是游戏本身固有的特性。游戏没有物质目的，而是以幼儿愉快地参加并获得积极的体验为目的。幼儿通常在情绪积极时才做游戏，通过游戏来获得更大的快乐。游戏是没有负担的活动，是幼儿精神和身体的享受过程。

（3）虚构性。

游戏的虚构性是指以现实生活的某一侧面为原型，但又不是原样照搬。幼儿通常称游戏为"玩"，在游戏中的角色、情节、行为等均具有明显的虚构性。幼儿是在这种假想的、虚构的游戏情景中体验快乐的。

（4）社会性。

游戏是人类社会生活的产物，是一种有目的、有意识的社会活动，受社会生产方式、观念、习俗、文化、道德以及自然环境等因素的影响，具体表现为游戏的种类、内容、玩法等随历史发展与社会文化的变化而不同。幼儿游戏是对周围现实生活的一种特殊反映，游戏的各成分也均能体现出社会性。

（5）实践性。

游戏是一种具体的、特殊的实践活动。在游戏中有角色、动作、语言、玩具等。幼儿在游戏中实际练习并培养自身的动作协调、语言交往、心理活动等，能够不断地积累有关生活的知识和经验，这有助于他们在实践中逐渐走向社会。

正是因为游戏的上述特点，幼儿才愿意主动参与，并从中受益。教师在实际工作中应充分理解游戏的特点，指导幼儿进行游戏活动，使游戏能够发挥其最大的教育作用。

二、幼儿园游戏种类及功能

（一）幼儿园游戏种类及功能的教学目标

（1）熟悉幼儿园游戏的种类。

（2）理解幼儿园游戏的功能。

（二）幼儿园游戏种类及功能的内容

1. 幼儿园游戏的种类

（1）创造性游戏。

创造性游戏是创造性地反映现实生活的一种游戏形式，包括角色游戏、结构游戏、表演游戏。

①角色游戏。

角色游戏是通过扮演角色，运用想象，创造性地反映个人生活印象的一种游戏，通常都有一定的主题，具有印象性、自主性和想象性的特点。该种类的游戏有助于培养幼儿的主动性、独立性和创造性，可以巩固和加深幼儿经验，使他们手脑协调，发展他们的语言和认识能力，为其获得良好的社会交往能力打下基础。

②结构游戏。

结构游戏是利用多种结构材料，通过想象和实际的创造行为，构造建筑物或建筑形象的游戏活动，具有多样性和造型性的特点。该类型游戏对幼儿手的技能训练和大脑的思维发展有着十分积极的作用。

③表演游戏。

表演游戏是根据故事、童话的内容，运用语言、动作、表情，进行表演的游戏，具有表现性、自娱性和自创性的特点。该类型游戏对培养幼儿对文艺作品的兴趣，加深其对文艺作品的理解，发挥文艺作品的教育作用具有重要意义。此外，还能锻炼幼儿的人际交往能力，促进其集体观念的发展和良好个性品质的形成。

（2）规则性游戏。

规则性游戏是教师根据教学要求为发展幼儿的各种能力而编制的游戏，包括智力游戏、体育游戏、音乐游戏。

①智力游戏。

智力游戏是根据一定的智力任务设计的，以智力活动为基础的一种有规则的游戏。智力游戏的特点是将学习因素与游戏形式紧密结合。在愉快的游戏中，幼儿可运用已有的知识，提高自己的学习兴趣。

②体育游戏。

体育游戏是由各种基本动作组成的一种有规则的游戏。按基本动作分为走的游戏、跑的游戏、跳跃的游戏、投掷的游戏、钻爬和攀登的游戏、平衡的游戏等；按性质分为模仿性游戏、有主题情节的游戏、竞赛性游戏、躲闪性游戏、球类游戏等。体育游戏有助于促进幼儿身体的正常发育和身体能力的发展，有助于培养幼儿良好的性格和优秀的品德。

③音乐游戏。

音乐游戏是在音乐伴奏或歌曲伴唱下，按一定规则和音乐要求进行各种动作的游戏。该类型的游戏有助于提高幼儿学习音乐的积极性，使他们在愉快的情绪中轻松、自然、饶有兴趣地学习，从而取得最佳的教育效果。

2. 幼儿园游戏的功能

（1）促进幼儿身体发展。

身体发展在幼儿阶段至关重要，因为它为幼儿的整体成长奠定了基础。幼儿时期的身体游戏，如跑步、跳跃、爬行和投掷球类，对于他们的肌肉增长和运动协调至关重要。这些游戏不仅有助于强化肌肉，还能够提高身体各部分之间的协调性，有助于发展精细和粗大肌肉的控制能力。通过运动，幼儿可以发展平衡感和空间意识，这对于日常生活中的各种活动至关重要。从探索自己的肢体到学习运动技能，身体发展为幼儿的整体成长和日后的健康打下了坚实的基础。同时，通过身体游戏，幼儿能够建立健康的生活习惯。积极参与体育游戏可以培养他们的体能，降低患肥胖病等健康问题的风险。此外，游戏活动还有助于促进幼儿的心血管健康，提高心肺功能和耐力。早期的游戏运动经验可以激发幼儿对运动的兴趣，培养他们日后参与体育锻炼的意识。从追逐游戏到户外冒险，幼儿时期的身体发展为他们的健康生活方式奠定了坚实的基础。

（2）促进幼儿心智发展。

幼儿时期的心智发展是他们智力成长的基石，游戏在其中扮演着重要角色。通过认知游戏，如拼图、记忆游戏等，幼儿可以培养注意力、集中能力和解决问题的能力。这些游戏鼓励幼儿观察、分析和理解信息，从而培养他们的思维能力。拼图游戏不仅可以提高幼儿的空间感知和形状辨识能力，还可以培养他们在整合碎片信息时的逻辑思维。记忆游戏则要求幼儿在记忆的基础上快速做出决策，这有助于提升他们的认知处理速度和集中注意力的能力。通过游戏，幼儿不仅能够在娱乐中学习，还能够在挑战中培养出色的认知技能。

（3）促进幼儿良好品行的养成。

游戏是幼儿与社会互动、体验价值观和情感表达的场所。通过角色扮演游戏，幼儿能够模仿成年人的行为，理解情境中的道德选择，并在游戏中尝试不同的角色。这有助于他们逐渐形成对诚实、友善、分享和尊重的认知，并将这些品质融入日常与他人的互动中。此外，合作游戏有助于幼儿在团队合作中体验分享、等待和理解，有助于培养他们的合作意识和社会责任感。

（4）促进幼儿审美的发展。

游戏过程中，幼儿可以通过创造性的活动了解自然界和社会生活中的美好事物以及艺术作品中的美好形象。通过各种艺术和创意游戏，如绘画、手工艺和雕塑，幼儿可以感知不同的颜色、形状和材料，从而培养了他们对美的敏感性。这些游戏鼓励幼儿表达自己的想法和情感，促进其创造力的发展，同时也使他们能够欣赏不同形式的艺术和设计。音乐和舞蹈游戏也是培养幼儿审美能力的有力工具。幼儿通过参与音乐游戏，学会区分不同的音调、节奏和音乐元素，从而培养了他们对声音和音乐的感知。此外，通过舞蹈游戏，幼儿能够用身体表达情感和创意，从而培养了他们对舞蹈和动作的审美意识。这些游戏经验有助于培养幼儿对艺术的敏感性，使他们能够欣赏和理解多样的表现形式。

（5）促进幼儿社会性的发展。

游戏是幼儿社会交往的主要形式，幼儿在游戏过程中进行各种交往。游戏是幼儿与同伴互动、合作和分享的契机，从中他们可以学习各种社交技能，建立友好关系，理解与他人互动的重要性。例如，合作游戏是培养幼儿社交能力的有效途径。通过与其他幼儿一起完成任务、解决问题或达成共同目标，幼儿可以学习合作、沟通和分享。这类游戏促使幼儿协调行动、交流观点，培养了他们解决分歧和冲突的能力，同时也建立了相互信任和支持的基础。角色扮演游戏可以帮助幼儿理解社会角色和情感交流。在游戏中，他们模仿不同角色，如家庭成员、医生、老师等，从而理解不同的角色责任和情感。这有助于培养他们的同理心，理解他人的能力，从而更好地与他人相处。此外，团体游戏可以让幼儿体验集体合作和互助的重要性。在这类游戏中，幼儿需要遵循规则、分配任务以及为整体目标共同努力。这有助于培养他们的团队合作意识、领导能力和集体意识。

三、幼儿园游戏指导

（一）幼儿园游戏指导的教学目标

（1）熟悉创造性游戏的指导工作。
（2）熟悉规则性游戏的指导工作。

（二）幼儿园游戏指导的内容

1. 创造性游戏的指导
（1）角色游戏。

角色游戏是典型的幼儿游戏形式，在整个幼儿期占的时间最长，大约从幼儿2岁开始直到升入小学，其高峰期出现在3～5岁。这是一种通过使用替代物并扮演角色，以模仿和想象创造性地反映周围生活的游戏。促进角色游戏主题、内容、情节的发展是指导角色游戏的关键，为此，教师应做到以下几点。

①丰富和扩大幼儿的生活经验。
②及时深化游戏主题，生成新的游戏主题。
③营造游戏环境，提供游戏所需的玩具、设备和材料，促进幼儿角色游戏的开展。

④以间接指导为主，帮助幼儿组织和开展游戏。

（2）结构游戏。

幼儿园常用的结构游戏材料有积木、积塑、沙、土以及泡沫塑料、橡胶等。结构游戏是幼儿自己动手操作的游戏，具有实践性和操作性的特点，能满足幼儿自己动手的愿望。结构游戏可以发展为角色游戏，幼儿在完成他们的结构作品之后就会使用他们的作品进行角色游戏。结构游戏的指导策略如下。

①应丰富和加深幼儿对物体和建筑的印象。

②让幼儿熟悉各种材料，掌握造型的基本技能。

③对不同年龄的幼儿，指导结构游戏的方法应有所不同。

④利用各种结构游戏材料丰富游戏的主题，促进幼儿认知水平的提高。

⑤利用游戏的成果发展幼儿的评价能力。对待幼儿的游戏作品，教师应多鼓励、多赞美。

（3）表演游戏。

表演游戏的特点在于幼儿按照童话或故事中的情节扮演一定的角色，按照作品规定的内容进行表演。表演游戏的指导策略如下。

①要选择适合幼儿表演的作品。

②帮助幼儿熟悉作品，充分理解作品的内容。

③帮助幼儿创设环境。

④帮助幼儿组织游戏，使幼儿的表演逐渐做到自然、生动。

2. 规则性游戏的指导

在幼儿园游戏中，规则性游戏占了很大的比例，它与幼儿园教学活动密切相关，往往作为教学活动的重要组织方式。那么，如何让幼儿在游戏中既能"玩"好又能"学"好呢？这和教师的指导工作是分不开的。具体的指导要点分为以下三个方面。

（1）做好游戏准备。

①选择或设计合适的游戏。

②熟悉游戏的玩法及规则。

③准备游戏场地和材料。

（2）教幼儿玩游戏。

每一个规则性游戏都有一定的玩法和规则，幼儿需要先学习，学会之后才能开始玩。教师既可以用语言说明、动作示范的方法教会幼儿玩游戏，也可以事先教会个别幼儿，然后再采取幼儿教幼儿的方法使所有幼儿都掌握游戏的玩法和规则。

（3）做好结束工作。

①引导幼儿对此次游戏做出客观评价。

②对游戏胜利者或表现良好的幼儿予以口头表扬、鼓掌、颁发小红旗等奖励。

③鼓励幼儿在下次游戏中争取获得更好的成绩。

四、幼儿园游戏观察

（一）幼儿园游戏观察的教学目标

（1）了解幼儿园游戏观察的意义。

（2）掌握幼儿园游戏观察的策略。

（3）掌握幼儿园游戏观察记录的方法。

（二）幼儿园游戏观察的内容

1. 幼儿园游戏观察的意义

教师是否对幼儿园游戏进行观察，直接关系到活动的水平和质量。观察不仅是教师为幼儿园游戏做好准备工作的基础，而且也是教师介入幼儿园游戏的前提。它把教师的游戏准备工作和介入游戏联结起来，起着纽带的作用。通过观察，教师不仅能知道是否需要延长游戏的时间、扩大游戏的空间、增加游戏的材料、丰富游戏的经验，还能把握游戏的现状，了解幼儿的兴趣，意识到自己是否需要介入、如何介入等。

2. 幼儿园游戏观察的策略

（1）在自然状态下对幼儿进行观察。

教师在观察幼儿的游戏时，一定要做到不妨碍幼儿的游戏，使游戏能按照幼儿预先的设计、预定的目标进行下去。同时，一定要选择好位置，和幼儿保持适中的距离，既不能太近，也不能太远。如果太近，教师会干扰到幼儿的游戏；如果太远，教师则听不清幼儿的话语，看不清幼儿的表情和动作。

（2）在幼儿彼此熟悉以后进行观察。

幼儿处在陌生的环境和熟悉的环境中，表现出来的行为是大不相同的。如果幼儿相互还不熟悉，那么教师对其游戏的观察结果就不能真实地反映其游戏水平。为了客观地了解幼儿的游戏水平，教师应在幼儿彼此认识以后，再来对幼儿的游戏进行观察。这样才能为日后的评价工作提供更科学的依据。

（3）对全班幼儿的游戏水平进行观察。

教师要对全班幼儿在游戏中的表现进行观察，以了解本班幼儿游戏的总体发展水平。例如，观察是否全班每个幼儿都参加了游戏；是否都玩得很开心；大多数幼儿是喜欢室内游戏，还是更喜欢室外游戏；他们在游戏中都使用了哪些材料，是成品的，还是半成品的，或是自己制作的；他们都有哪些言语、动作和表情。

（4）对个别幼儿进行深入观察。

教师在对全班幼儿进行普遍观察的基础上，还要有选择地对某个幼儿进行观察。比如，在体育游戏中，教师集中精力观察王伟小朋友的情况：他是否喜欢体育游戏；他最喜欢的体育游戏是拔河、跳绳，还是拍皮球、踢毽子；他最喜欢和谁一起拍球；他喜欢先拍球，还是后拍球；他说了哪些话；他的语气如何；他能拍到多少个；他是怎样拍的；拍球游戏结束以后，他的情绪如何；他是否感到很满足或很累。而在积木游戏中，教师却将观察的焦点集中在李华小朋友的身上：她是处在拿着积木闲逛、没有用于建构，或开始建构时只能做平铺、堆高积木的低级阶段；还是处于能架空搭出一座桥，围合出一个空间的中级阶段；或是能建构多种建筑，并会装饰建筑及命名建筑，处于游戏中的高级阶段。

（5）对全班每个幼儿进行多次观察。

教师仅凭对幼儿游戏的一次观察，是难以推断出幼儿的游戏特征的。教师只有对幼儿的游戏进行多观察，持之以恒，才能减少偶然因素对游戏的影响，以确保观察的结果能正确地反映幼儿典型的游戏行为。例如，教师连续几次观察都发现张江、钱兵、谢飞三位男孩，一直沉浸于玩沙游戏区之中。第一次是张江用铲子把沙子装到小推车上，钱兵把沙运到"工地"上，谢飞指挥"小动物"用沙建造"动物园"；第二次是钱兵装沙，谢飞运沙，张江堆沙；第三次是谢飞装沙，张江运沙，钱兵堆沙。每次当他们发现沙太干，堆不起来时，他们都能想办法把水池里的水引过来，撒在沙子上，以便建造。在离开沙池之前，他们都能相互用软毛刷把身上的细沙刷掉。据此，教师就可以判断出这三位小朋友都很喜欢玩沙，善于交往、合作，有着较强的想象力和解决问题的能力。

3. 幼儿园游戏观察记录的方法

教师在对幼儿游戏进行观察的同时，还要注意利用多种手段加以记录，作为今后宝贵的资料加以保存，为今后指导幼儿的游戏服务。

(1) 以幼儿为视角的观察记录。

教师可以幼儿为主线对幼儿的游戏行为进行记录。在对某个幼儿的观察工作结束以后，教师要立即在相应的记录表格中记下观察的结果。然后再观察、记录第二个幼儿，依次类推，直至对所要观察的幼儿全部观察完、记录完为止。例如，为了观察记录幼儿在游戏中的社会性发展水平，教师自制了观察记录（见表14-1）。

表14-1 幼儿社会性发展水平观察记录

观察时间：　　　　　观察地点：　　　　　记录者：

幼儿			社会性发展水平					
学号	姓名	性别	非游戏行为	无所事事	旁观	独自游戏	平行游戏	集体游戏
1								
2								
3								
4								
5								
6								

注：在符合幼儿情况的栏中打"√"。

在观察中，当教师发现1号、2号、3号这几个幼儿在图书角看书，没有参加任何游戏时，就在他们名字后面的"非游戏行为"栏中分别打"√"；当教师发现4号幼儿在班级里转来转去，没有参加任何游戏时，就在他名字后面的"无所事事"栏中打了"√"；当教师发现5号幼儿在看同伴玩"麦当劳快餐店"游戏时，就在他名字后面的"旁观"栏中打了"√"；当教师发现6号幼儿独自一人在地板上用积木搭"东方明珠电视塔"，而旁边又无其他同伴时，就在他的名字后面的"独自游戏"栏中打了"√"。这样，就可根据上述案例得出本次的观察记录（见表14-2）。

表14-2 幼儿社会性发展水平观察记录案例

幼儿			社会性水平					
学号	姓名	性别	非游戏行为	无所事事	旁观	独自游戏	平行游戏	集体游戏
1	**		√					
2	***		√					

(续表)

学号	姓名	性别	非游戏行为	无所事事	旁观	独自游戏	平行游戏	集体游戏
3	**		√					
4	**			√				
5	***				√			
6	**					√		

（2）以游戏区为视角的观察记录。

教师可以游戏区为线索进行记录。教师可先以一个游戏区为中心，进行观察记录，然后再以另一个游戏区为中心，进行观察记录，直到所有的游戏区都被记录完毕为止。例如，为了了解相应游戏区对幼儿的吸引力，教师设计了相应的观察记录表（见表14-3）。

表14-3 游戏区对幼儿吸引力的观察记录

观察时间： 观察地点： 记录者：

游戏区	位置	面积	提供材料	参与人数	使用材料	持续时间	备注
角色游戏区							
结构游戏区							
智力游戏区							
音乐游戏区							
体育游戏区							

有些游戏区的游戏是由若干个子游戏组成的，所以，教师也可制作更详细的观察表，来予以记录。此外，有条件的幼儿园和教师，还可充分利用摄像机、照相机、录音机、手机等现代化设备进行观察记录，以保证记录的全面性、立体性、长久性和有效性。

第二节 幼儿园游戏的评价及案例

幼儿园游戏评价的意义在于确保游戏的有效性与适应性，以促进幼儿全面发展。通过评价，我们能深入了解幼儿在游戏中的参与程度、学习成果和情感体验，从而调整和优化游戏的设计，更好地满足幼儿的兴趣、需求和发展。评价不仅能指导教师更科学地制订教学计划，还能促进家长和教师之间的合作，共同关注幼儿的成长。综合而言，幼儿园游戏评价不仅是提升教育质量的关键，更是塑造幼儿积极学习体验和全面成长的重要保障。

教师对幼儿的游戏活动进行评价，是提高游戏活动质量的重要一环。它既是幼儿园游戏的终端，同时也是幼儿园游戏的始端，对游戏具有反馈、强化和调节的作用。教师在评价幼儿园游戏时，可从游戏环境、游戏过程、游戏水平三个方面来进行，评价的指标要尽可能详细、具体，以便于操作。

一、幼儿园游戏的评价

（一）幼儿园游戏评价的教学目标

（1）熟悉幼儿园游戏环境评价。
（2）熟悉幼儿园游戏过程评价。
（3）熟悉幼儿园游戏水平评价。

（二）幼儿园游戏评价的内容

1. 幼儿园游戏环境评价

幼儿园游戏环境是否具有安全性、激励性、协调性和教育性；是否适合幼儿的发展；是否能引发有益于幼儿成长的各种行为与活动，从而促进幼儿的发展。针对这些方面，教师可使用下方的表格来进行评价（见表14-4）。

表14-4 幼儿园游戏环境评价

序号	项目名称	指标内容	选项	备注
1	柔和性和冷硬性	环境各因素所引起的幼儿生理或心理的感应性	A. 柔和性为主	如地毯、草坪
			B. 柔和性和冷硬性平衡	
			C. 冷硬性为主	如铁制器械
2	开放性和封闭性	游戏材料的存放和教师的行为对幼儿所造成的限制程度	A. 开放性较强	如幼儿自由选择
			B. 开放性和封闭性平衡	
			C. 封闭性较强	如不开放玩具架
3	复杂性和简单性	游戏材料在使用方式、方法上的变化程度	A. 超级材料组合	如三种材料结合
			B. 复杂材料组合	如两种材料结合
			C. 简单材料组合	如一种材料
4	干预性和隐蔽性	环境因素所暗示的人与人、人与物的互动量	A. 过多介入	如新异刺激太多
			B. 适当介入	
			C. 较少介入	如新异刺激很少
5	高活动性和低活动性	环境中所能提供或暗示的，适合开展大小肌肉活动的程度	A. 大肌肉活动为主	如走平衡木
			B. 大小肌肉活动均衡	
			C. 小肌肉活动为主	如绘画、绣花

2. 幼儿园游戏过程评价

教师要对幼儿园游戏的各个方面、每一环节进行评价。

（1）从本质上评价。

教师要评价游戏的目的、目标是否已经达到；发展幼儿体力的游戏是否与发展幼儿认知、情感、社会性、美感的游戏相平衡；为幼儿提供的室外游戏和室内游戏是否均衡，是否有利于幼儿的发展。教师可通过一些表格从本质上对幼儿园游戏过程进行评价，如可通过下方的表格来评价幼儿园室外游戏活动的适宜性，如表14-5所示。

表14-5 幼儿园室外游戏活动适宜性评价

幼儿人数： 班级： 评价时间： 评价者：

序号	评估指标	评估等级		
		符合	较符合	不符合
1	设备适合于所有幼儿			
2	有开展各种体育游戏的材料，如平衡木、秋千、绳子			
3	有进行合作游戏的设备和材料			
4	有创造性材料，如黏土、颜料			
5	幼儿能以不同的方式使用一些材料，如厚木板			
6	有各种攀爬设备			
7	有种植的地方			
8	有机会选择，不需要竞争和等待			
9	设备安置牢固			
10	在攀爬、摇荡的器械下面有毯子、橡胶粒、木屑等			
11	摇荡设备的材料柔韧性强			
12	摇荡设备与跑步、骑车的设备分开			
13	较高的设备有保护性栏杆，以防幼儿从高处掉下来			
14	设备维修较好，没有钉子和破损处			
15	定期检查、维修场地，如除草、清理下水道			
16	有保证健康的设备，如沙箱有东西可盖上，有洗手水龙头			
17	游戏区划分合理			
18	游戏区之间有过道，不会妨碍幼儿活动			
19	教师能监测到幼儿的活动			
20	相互干扰的游戏区被分开			
21	有开放的空间，幼儿可自由游戏			
22	有安静的游戏区			
23	有积木等游戏材料			

注：在每项后面的评估等级中选择合适的一栏打"√"。

(2) 从形式上评价。

教师要评价幼儿的集体游戏、小组游戏和个人游戏是否平衡；幼儿玩了什么游戏、他们是怎样进行游戏的；幼儿游戏的时间是否太短；游戏的空间是否宽阔；游戏的经验是否丰富；游戏的材料是否需要改变，是增加还是减少。例如，当教师发现最近几天进入玩水游戏区的幼儿呈现出递增的趋势时，她就做出了下面的判断：如果不及时增加相应的设备和材料，幼儿可能就要为此发生争吵、争抢，也可能会离开玩水区。据此，教师提出了改进措施：增加塑料围裙，使每个玩水的幼儿都能戴上围裙，而不会把衣服搞湿；增加一些游戏材料，如漏斗、勺子、搅拌器、漂浮及沉淀的物体、塑料瓶、量杯、盘子、水桶、塑料管、海绵、抹布等，使每个幼儿都能玩上自己想玩的东西。

（3）从进程上评价。

教师要对游戏的开端、过程和结尾进行评价。比如，教师在评价幼儿玩沙游戏的过程时，应注意下面几个问题：幼儿在用铲子把沙装进桶里时，是否能学会满与空、多与少的概念；幼儿把沙子倒出时，是否能知道它和液体一样能倒出；幼儿在摇动沙子时，是否能发现粗沙子被留在上面，而细沙子被筛到下面；幼儿在用放大镜看沙子时，是否能发现每一粒沙子的形状、大小都是不相同的；幼儿在用力吹沙子时，是否可知晓空气能使沙子移动；幼儿在用相同的容器称量沙子时，是否能知晓干沙比湿沙轻等。此外，在游戏结束时，教师还可组织全班幼儿巡回参观，观赏同伴的创作成果，并给予表扬、鼓励。例如，当教师和幼儿一起来到了积木游戏区时，教师赞赏道："这个博物馆搭建得又高又大，雄伟壮观！"当来到木工游戏区时，教师又赞叹道："这架飞机造得很精致，也很奇特，能朝前飞，也能往后飞！"当来到绘画游戏区时，教师也称赞道："这幅画画得很美，上面有蓝蓝的天，是白云的家；中间有绿绿的草地，是小兔的家；下面有清清的河水，是小鱼的家！"这样使每一个幼儿都能体会到创作的乐趣和成功，感受到教师和同伴对自己劳动成果的尊重和认可，有助于激发幼儿再创造的欲望和行为。

3. 幼儿园游戏水平评价

口头评价和书面评价对幼儿园游戏的发展具有不同的作用。教师不仅要对幼儿的游戏水平进行口头评价，还要对其做出书面评价。

（1）口头评价。

在幼儿游戏过程中进行个别评价。幼儿虽然非常喜欢游戏，但他们的注意力容易被转移，兴趣变化多端，因此，教师要在幼儿游戏活动的过程中，及时给予强化，以保证游戏能更好地进行下去。例如，教师公正地对幼儿的表现进行了口头评价："今天，我发现你这个'调料师'干得很出色，你把蓝色颜料和黄色颜料混合在一起，最后形成了绿色，你真棒。"这样就能使幼儿知道自己所做的事情是很有价值的，有助于激起幼儿再次尝试探索的欲望。

在幼儿游戏结束时进行集体评价。教师要在全班游戏结束时，给予必要的集体评价，以保证游戏能持久地进行下去。比如，在角色游戏结束时，教师在全班幼儿面前进行了讲评。先表扬了"健身房"的"经理"，很爱动脑筋，会招揽生意（如说"今天新开张，免费。"），后夸奖了两位"教练"，很认真、很耐心地教"顾客"使用"健身器材"。与此同时，教师还指出了"建筑工地"存在的不足之处，如说"有的工人在造大楼时，材料和工具摆放凌乱，既不安全，又影响周围环境，以后一定要改进。"这样，就能帮助幼儿扬长补短，提高游戏的水平。

（2）书面评价。

教师要对全班幼儿的游戏水平进行详细的书面评价。教师可以通过一些表格来评价每个幼儿在游戏中的水平，如可用下方的表格评价室外游戏中幼儿的游戏水平（见表14-6）。

表 14-6 幼儿室外游戏水平评价

幼儿姓名：　　　　性别：　　　　年龄：　　　　评价时间：　　　　评价者：

游戏名称	评价指标	评价等级		
		符合	较符合	不符合
跳跃	A. 幼儿自己能想出多种跳跃的方式进行游戏，如单脚跳、双脚跳			
	B. 幼儿自己能想出 2 种或 2 种以上跳跃方式进行游戏			
	C. 幼儿只能想出 1 种跳跃方式进行游戏			
荡秋千	A. 幼儿的身体能随着秋千的摆动而协调地摆动			
	B. 幼儿自己能慢慢地荡起秋千			
	C. 幼儿能在别人的帮忙下，荡起秋千			
滑滑梯	A. 幼儿的姿势正确，滑得又快又好			
	B. 幼儿能控制速度，慢慢地下滑			
	C. 幼儿虽能下滑，但动作不够协调			
玩沙	A. 幼儿能根据沙子难以黏合的性质，创建各种造型			
	B. 幼儿不注意沙子难以黏合的性质，不会建立造型			
	C. 幼儿无目的的活动较多，没有建出造型			

注：在符合幼儿情况的评价等级栏中打"√"。

二、幼儿园游戏案例

（一）幼儿园游戏案例的教学目标

（1）熟悉幼儿园游戏设计步骤。
（2）能自主设计幼儿园游戏活动。

（二）幼儿园游戏案例的内容

1. 跳房子
（1）游戏准备。
①教师和幼儿一起制作沙包（用一块小布裹好沙子、米粒或豆子等）。
②教师和幼儿共同在地上画出房子的形状（可由长方形、正方形、半圆形、三角形组成），并在上面依次（由近及远）写出各个数字（1 至 10），以表明房间的号码。
（2）游戏规则。
①幼儿在单脚跳跃的过程中，另一只脚始终不能落地，否则就算输了。
②房间的号码越大，表明所赢得的房间数量越多。
（3）游戏过程。
①幼儿站在房子外围，用手把沙包丢向某间房子，尽量丢远一些，这样就可能赢得更多的房子。
②幼儿任意抬起一脚（左脚或右脚），按照房间的号码进行跳跃，从小号跳到大号，直

至跳到沙包所在的位置。

③幼儿弯腰捡起地上的沙包，拿在手里，或用脚使劲地把沙包踢出房子。

④幼儿依次跳回最后一间房子里。

⑤幼儿往回跳，从大数字房子跳回小数字房子。

（4）游戏功能。

①培养幼儿单脚跳跃的能力，增强幼儿肢体的协调能力。

②培养幼儿合作游戏的能力，提高幼儿的判断推理能力。

2. 奇幻动物园探险

（1）游戏目标。

通过模拟奇幻动物园探险游戏，激发幼儿的想象力、观察力，培养他们的创造力和问题解决能力。

（2）游戏准备。

设计一个虚拟的奇幻动物园，包括各种奇特的动物，如彩虹狮子、星空兔子等。准备一张地图，标记不同的"动物展区"和"探险任务点"。准备一些小道具和任务卡片，如收集动物食物、寻找宝藏等。

（3）游戏规则。

幼儿分成几个小组，每个小组有一名"探险队长"。每个小组选择一个虚拟动物作为自己的导游，探险队的目标是完成各种任务，与奇幻动物互动。

（4）游戏过程。

教师向幼儿介绍奇幻动物园探险游戏的目标和规则。幼儿分成不同小组，每个小组选择一个探险队长，分发任务卡片。小组按照地图上的标记，前往不同的动物展区，与虚拟动物互动，完成任务。任务可以是喂食动物、解谜、寻找宝藏等，每完成一个任务，都会有小道具作为奖励。在探险过程中，幼儿可以根据任务卡片提出问题，合作解决问题，这有助于培养其团队合作精神。

（5）游戏总结与评价。

游戏结束后，教师与幼儿一起回顾整个游戏过程，鼓励幼儿分享他们的体验和感受。教师可以询问幼儿在游戏中学到了什么；如何与其他幼儿合作；如何解决问题。

这个奇幻动物园探险游戏通过虚拟场景的创设，鼓励幼儿发挥想象力和创造力，培养了他们合作和解决问题的能力。通过模拟情境，幼儿能够在游戏中体验各种任务和挑战，促进自身的综合发展。教师可以通过观察和评价，了解幼儿在游戏中的表现情况，以指导后续的教学活动。

习题

1. 幼儿园游戏的种类有哪些？
2. 分析幼儿园游戏的功能。
3. 简述表演游戏的指导策略。
4. 设计一份幼儿园游戏观察表。
5. 简述幼儿园游戏评价的意义。
6. 简述幼儿园游戏评价的内容。